呂定茹，陳雪梅 編著

U0059325

😀 Yes!

十堂
說話啟蒙課

孩子開口不再忐忑

速讀、背誦、複述……從不善言辭到侃侃而談，
孩子只是欠缺一點口才訓練

塑造語言環境＋克服心理恐懼＋培養基本功
＋探討說話藝術＋改變不良習慣

HAPPY 😊

已經學說話一段時間，講話還有「落風」問題
面對外人提問，明知答案卻結結巴巴很沒自信
需發表意見時大腦一片空白，半天吐不出一字
──你的孩子是否有以上的「口才」煩惱？

本書透過多種技巧訓練將理論實際應用於生活中，
幫助孩童練就如簧巧舌，增加未來社交的競爭力！

目 錄

下篇　會說話的孩子最受歡迎

第十章　避免不良的說話習慣

前言

在家沉默寡言，除了讀書，就是上網、看電視；一有陌生人來訪，馬上躲到一旁，不知道該如何面對；若有人問他什麼問題，明明知道答案卻無法條理清晰地回答，結結巴巴、顛三倒四、不知所云；一旦上臺，面對很多人講話，更是面紅耳赤、心慌意亂、大腦空白，甚至連背熟的講稿也忘得一乾二淨。

為什麼孩子不善言談？究竟要怎樣才能培養孩子敢說、善說的能力呢？

良好的口才是一種能力，也是一種資本。無論是政壇還是商界的風雲人物，個個都是能言善辯的高手。我們無法想像：歐巴馬沒有良好的口才就能戰勝麥肯（John McCain）登上總統的寶座；一個企業家沒有良好口才就能說服投資人掏腰包、鼓舞員工跟隨自己。

毫無疑問，幼時的口才與長大後的口才有著必然的關係。因此，從小重視培養孩子的口才，等於為他（她）將來出社會打下了一個堅實的基礎。此外，口才還關係到孩子正常的人際交往、良好的性格、頭腦與自信心等多方面的發展。

東漢時期，孔融的父母非常重視孩子的教育，在他們的悉心教導下，孔融自幼就表現出超凡的膽識與過人的才智。相傳孔融在 10 歲時跟著父親，專程去洛陽拜訪李元禮。當時，李元禮名氣很大，擔任司隸校尉，到他家去的人，只有才智出眾的或親戚才會被通報。孔融到了他家門前，對門人說：「我是李府君的親戚。」於是得以通報上去，並如願見到李元禮。李元禮問孔融父子：「我們有什麼親戚關係嗎？」孔融回答說：「我的祖先孔子曾拜您的祖先老子（李耳）為師，所以我和您是世代友好往來

的親戚關係。」李元禮和他的那些賓客沒有不對他的話感到驚奇的。太中大夫陳韙後來才到，別人把孔融說的話告訴他，陳韙說：「小的時候很聰明，長大後未必會很有才華。」孔融馬上反擊道：「我猜想您小的時候一定也很聰明吧！」陳韙聽了感到手足無措，忐忑不安。

從機智求見，到巧妙釋疑，再到借力回擊，孔融的口才真是叫人讚賞不絕。口才看似只是耍嘴皮子，實則是一個人學識、才幹和智慧的結晶，也是想像力、創新能力、應變力和交際能力的重要展現。身為負責任的家長，同時也是孩子的第一任老師，父母應該有意識地培養孩子的口才，幫孩子累積人生成功的資本。

本書從孩子口才訓練的實際情況出發，用通俗易懂的語言，全面、系統性地介紹了孩子口才訓練的基本知識、方法以及說話的技巧等，並配合了一系列的教育實例，可讀性強、簡單實用，是家長培養孩子口才的必備教材。

編者

上篇　訓練口才越早開始越好

　　口才好的孩子能在學習和生活中展示自己的文化涵養與迷人風采，讓自己受到他人的喜歡和關愛。透過口才，孩子能迅速地走進他人的心靈，獲得更多的友誼與喝采。但教孩子口才是一門學問，要想讓孩子「能說會道」、「能言善辯」，最好的辦法就是從小便有意識地訓練孩子的口才能力。

要是你想達到你的目的，最好用溫和的態度與人家講話。 —— 莎士比亞

和藹可親的態度是永遠的介紹信。 —— 培根

良言一句三冬暖，惡語傷人六月寒。 ——《增廣賢文》

一個人可以面對多少人，就代表這個人的人生成就有多大！ —— 邱吉爾

思維的淺陋讓我們的語言變得粗俗且有失精準；而語言的隨意凌亂，又使我們更易於產生淺薄的思想。 —— 喬治・歐威爾

第一章　口才能力關係孩子一生

每個人從咿啞學語起，到壽終正寢止，幾十年的光陰中，不知道要說多少話。朱自清在〈說話〉一文中說：「人生不外言動，除了動就只有言，所謂人情世故，一半兒是在說話裡。古文《尚書》裡說，『唯口，出好興戎』，一句話的影響有時是你料不到的，歷史和小說上有的是例子。」

口才是否高超，關乎一生成敗。如果說知識是人生的財富，那麼口才就是人生的資本！

▌口才好的孩子易成功

良好的口才，帶給人的不僅僅是溝通的順暢，還能帶來自信與融洽的人際關係。一個人在別人面前、在眾人面前，若能夠清晰準確、生動具體地表達出自己的思想和意念。這個人的自信心必定會大增，性格也會越來越溫和，而人際關係和口才的好壞更是有直接的關係。「良言一句三冬暖，惡語傷人六月寒」——怎樣說、多說良言不出惡語，還真不只是個人的意願問題，更涉及口才能力的好壞。

毫無疑問，孩提時的口才與長大後的口才有著必然的連繫。因此，從小重視培養孩子的口才，等於為他（她）將來走向社會打下了一個堅實的基礎。一個善於言談，口才突出的孩子能在人群裡做到談笑自如、幽默得體，贏得他人的喜歡。透過口才，這些孩子能迅速走進他人的心靈，為自己贏得更多的友誼與喝采。一個口才突出的孩子，長大以後，更容易從人群裡脫穎而出，為自己贏得更多的發展空間與成功的機遇。相反，如果孩子不善言辭，就很可能會阻礙到他（她）今後的發展。

韓非為戰國末年韓國的公子，與李斯一同在荀子門下學習。雖然韓非才華洋溢，但患有口吃的毛病，所以多次向韓王陳述他的抱負，都沒有被韓王重視。

後來，韓非寫的《韓非子》這本書流傳到了秦國，書中的〈孤憤〉、〈五蠹〉等內容秦王嬴政看了非常喜歡，他讚嘆說：「如果本王能見到這個人，與他一起交遊，現在死也不感到遺憾了！」李斯聽了非常嫉妒，就騙秦王說：「這本書不是韓非寫的！」

　　為了證實李斯的話，秦國以戰爭要脅，逼韓非出使秦國。韓非到秦國後，受到秦王的欣賞，並準備重用他。但李斯怕韓非受重用後，秦王會從此冷落了自己，就在秦王面前告狀說：「韓非是韓國的公子，今天大王想要兼併諸侯國，他最終是會為韓國而不是為了秦國的利益著想的，而且如果把他放回韓國，最終只會留下禍害，不如現在就把他殺了！」

　　才高八斗，但不善言辭的韓非就這樣被奸人的讒言害了。

　　由此可見，口才不好，不但可能使孩子坐失良機。還可能讓孩子因不善言辭而被人誤解，蒙受冤屈。

　　與韓非不同的是，神童甘羅不僅才思敏捷、聰慧過人，而且能言善辯，12歲就已經憑著卓越的口才被秦王破例拜為上卿（戰國時諸侯國最高的官職，相當於丞相）。

　　據說，甘羅在祖父甘茂的教導下，自幼就智力超人，成了秦相呂不韋的賓客了。

　　有一次，呂不韋請張唐赴燕國為相，聯合燕國夾擊趙國，張唐因故稱病不肯出行，讓呂不韋很不高興。甘羅聞訊找到呂不韋，自告奮勇前去勸說張唐。呂不韋見他小小年紀很不以為然。甘羅卻說：「項橐7歲能當孔子的老師，我現在都12歲了，不妨讓我試試！」呂不韋最後還是同意讓甘羅前去勸說張唐。碰面時，甘羅讓張唐與白起比戰功，再讓張唐比較范雎與呂不韋的權勢，最後以「白起不敢出征攻打趙國，結果被范雎逐出咸陽、死於杜郵」的故事威脅張唐，使之如夢初醒，立即整裝出發。

後來，甘羅先行一步到達趙國，憑著出色的計謀與口才，說服了趙國的國王讓出了五座城池給秦國。秦王不費一兵一卒就獲得了五座城池，自然大喜過望，他讚賞甘羅：「你的智慧真是超出了你的年紀啊！」於是就封他為上卿。

不難看出，在才智方面，韓非絕不遜色於少年甘羅。然而，在口才上面，甘羅就略勝一籌了。聰明、善辯的少年甘羅懂得分析利害關係，知道可以用什麼樣的話去打動別人、說服別人，為自己贏得主動權。正因如此，甘羅受重用而韓非被無端迫害。

連結實際生活，我們必然能更加明白口才的重要性。人生活在這上，與他人有利益上的競爭與衝突是難免的。想要解決衝突和矛盾，單靠暴力的手段，輕率、魯莽地行事是行不通的，應該把智慧的頭腦、優秀的口才作為「戰鬥」的利器，這樣才能確保自己立於不敗之地。

身為家長，你不可能時時刻刻陪伴在孩子身邊，去幫助他們解決問題，唯一能做的，便是培養他們解決問題的能力。而從小培養孩子的口才，便是讓孩子學會解決問題、獲得成功的最有效方法和最直接途徑。

▍孩子的口才培養要抓緊關鍵期

在孩子成長的過程中，有一些時期是孩子某些能力發展的敏感期，心理學家把這些時期稱為關鍵期。在這些關鍵期內，孩子的某種能力如果沒有得到有效發展，那麼，日後再發展可能就很難了。

心理學研究顯示，幼兒期是語言發展的關鍵期，因大腦皮質中支配語言的神經組織已經逐漸發育成熟，抓緊這個時期，有意識地對孩子的語言進行訓練，對日後孩子的語言表達能力，有很大的促進作用，對發展孩子的智力、理解能力等方面也有很大的幫助。如果錯過了這個時期，孩子就

有可能表現出口吃、表達能力差等現象。

　　小莫夫婦都是喜歡安靜的人，可是自從有了孩子以後，這個溫馨寧靜的小家庭就改變了。為了不讓孩子影響到小倆口工作與生活，孩子剛斷奶，就被寄養在鄉下奶奶家。等到孩子3歲，才接回身邊上幼稚園。

　　孩子剛回來的時候，一口臺灣國語，而且老愛喋喋不休地問這問那。漸漸地，小莫夫婦就不耐煩了。孩子只要一說話，他們就大聲喝止：「有什麼好說的，安靜看電視！」、「吃飯的時候不能說話」……久而久之，孩子就變得不愛說話了，有時不得不說話時，他一邊說話還要一邊惴惴不安地觀察父母臉色，生怕說多了父母不高興。再加上班上的小朋友老愛嘲笑他的臺灣國語，孩子的性格變得越來越內向。著急起來，孩子的眼淚在眼眶打轉，但就是說不出話來。

　　孩子的變化引起了夫婦倆的注意，他們這才意識到孩子「說話」的重要性。但孩子膽怯、自卑、不敢說話的個性早已養成了！

　　案例中，小莫夫婦因為沒有意識到孩子口才訓練要抓緊關鍵期，忽視了孩子口才訓練的最佳時期。在孩子語言發展的最初階段裡，小莫將孩子送到鄉下奶奶家裡，使孩子失去原有的語言環境薰陶，卻習得了一口臺灣國語；等到孩子上幼稚園，小莫夫婦又缺乏與孩子交流、談話的耐心，導致孩子不愛說話；而小朋友的嘲笑又讓孩子羞於說話，最終，導致孩子社交困難和說話障礙，這對孩子其他能力的發展也是不利的。

　　孩子語言能力的發展是一個連續性的過程。如0～1歲，是孩子口才發展的預備期，是簡單發音和初步理解階段，又稱「準備期」。在這一時期，父母應有意識地培養與孩子交談的習慣，讓孩子沉浸在充滿溫情的「語言世界」裡。這時期孩子也會表現出傾聽的習慣，會因為有人跟他說話而顯得精神愉悅。到後期，孩子還會發出「咿咿呀呀」的聲音來回應父母的話。

語言發展第一期（1～1歲半）的特點是能使用簡單字，還會運用手勢、表情輔助語言來表達需求；會發出動物的聲音來代替自己想說的是什麼動物；會模仿自己聽到的聲音。根據孩子這一時期的語言特點，家長可以從以下幾個方面培養孩子的口才：

✧ **做孩子的「嚮導」**：在這個階段，父母不妨做好孩子的「嚮導」，只要和孩子在一起，無論走到哪裡，都可以把周圍看到的東西介紹給孩子，讓孩子模仿自己聽到的聲音，進而從聲音辨別出東西。

✧ **和孩子玩聲音遊戲**：這個時期，孩子喜歡聽各種不同的聲音，所以家長可以跟孩子玩各種聲音遊戲。比如爸爸媽媽發出各式各樣的聲音，鼓勵孩子模仿。

✧ **讀「書」給孩子聽**：家長還可以利用孩子愛聽聲音的特點，幫孩子讀一些朗朗上口的兒歌、故事，教孩子數數字等，有意識地培養孩子對語言的感知。

語言第二期（1歲半～2歲）又稱「稱呼期」。這個時期的幼兒開始知道「物有其名」，喜歡問名稱，詞彙量迅速增加。不過，這時，孩子還只是知道名稱，卻不能正確地認識某物。

在這個階段，隨著孩子詞彙量的增加，孩子會變得愛說話，所以，一些簡單的詞語他們學得相當快。最重要的是，他們已經懂得聽指令做一些事情，如「幫媽媽拿抹布」、「寶寶擦嘴巴」等。這個時期，家長可以從以下幾個方面培養孩子的口才：

✧ **協助孩子學習新詞**：這個時期孩子學習語言的重要任務是擴大詞彙量，為了讓孩子學習新詞，家長必須一遍一遍地教，讓孩子記住某一物體或者是某一動作的名稱。

◇ **鼓勵孩子背誦兒歌**：是鍛鍊孩子語言表達能力的好辦法。這個階段，家長可以對孩子說：「寶寶，你背誦兒歌的聲音真好聽，再背一次給媽媽聽！」

◇ **與孩子一起翻閱圖書**：能讓孩子的語言表達能力和想像力都得到快速發展。這時候，家長引導孩子把看到的東西說出來，能鍛鍊孩子的語言表達能力。

口語發展的關鍵期（2～3歲）中，孩子能說短句，會用代詞「你」、「我」、「他」，開始接受母語所表現出的獨特語法習慣，如用感嘆句來表示感情，用疑問句來詢問等。孩子2歲半以後，已經會使用複雜的句子，喜歡提問，因此這一時期又稱「好問期」。

在這個時期，因孩子大腦皮質中支配語言的神經組織已經逐漸發育成熟，所以，這一時期是孩子口頭語言發育的最佳年齡。有意識地對孩子的語言進行訓練，對日後孩子的語言表達能力，即口才的「天資」有很大的促進作用。在這一時期培養孩子的口語表達能力應注意以下幾點：

◇ 教孩子的詞彙要結合孩子常見的、特別感興趣的事物進行。例如，親人的稱呼、喜愛的玩具、動物的動作等。

◇ 豐富的生活是發展孩子語言的泉源。可多帶孩子到戶外觀察大自然、遊覽公園等。透過觀察，擴大孩子的眼界，豐富他的生活，發展孩子思維、想像及語言表達能力。

◇ 父母要有意識地尋找孩子善於表達的話題和孩子交談。如：「這是什麼？」、「我要吃餅乾」等句型練習，隨時強調規範的語言。

◇ 練習語言的形式多樣化。講故事、說兒歌、看圖說話、打電話等都是練習口語的好辦法。培養孩子語言表達的良好習慣，指能在人前大膽

地表達自己的意見，講話有正確的姿勢，回答問題看著對方，語音、語調正確等。

這一階段，孩子無論問什麼，家長都應該給予充分的肯定與重視，讓孩子感覺到自己受到大人的重視。多給孩子肯定，多給孩子鼓勵，孩子的語言能力將發展地更迅速！

完備期（3～6歲）時的孩子說話流利，會使用大量詞彙，能從成人的言談中發現語法關係，修正自己錯誤的語法，逐漸形成真正的語言。

這一階段，孩子的語句已經慢慢變得完整起來。家長可以讓孩子透過講故事、朗誦詩歌等方式來提升他們的表達能力。具體作法如下：

✧ 在這個階段，家長對孩子進行看圖說話練習，如先讓孩子形容書中的角色：「是誰？」「一個男孩。」「他在做什麼呢？」「他在踢球。」然後讓孩子把整句話連起來說。

✧ 講故事給孩子聽，並鼓勵孩子自己也來講故事，這能鍛鍊孩子對故事的理解能力和表述能力，還能鍛鍊孩子的膽量，讓孩子說起話來更有信心。

✧ 在這個時期，家長還可以培養孩子學習外語的興趣。可引導孩子背單字，並把生活中的實物和單字結合起來，從而更有利孩子記憶單字。

口才最佳期（6～13歲）是系統性的學習、頻繁的口才展示，會讓孩子變得越來越自信。

這一時期，孩子的自我意識越來越強，讓孩子系統性地訓練口才，給孩子充分的口才展示機會，能讓孩子的口才更上一層樓。這一時期的口才訓練包括：繞口令、複述、演講等方面。有效頻繁的訓練，能讓你的孩子成為一名優秀的演說家。這些訓練方法將在第四章的內容中詳細介紹。

當然，這些階段是循序漸進的。身為父母，了解每個階段孩子語言發展的特點是非常重要的。孩子口才的發展，正是兒童心理發展過程中一個顯著的進步。只要把握住孩子口才培養的關鍵時期，挖掘孩子學習語言的天賦和潛力，努力培養孩子的口才能力，那麼，孩子擁有好口才就指日可待了。

▎家長培養孩子口才的盲點

　　張海是個務實者，研究所畢業後，他就致力於「冶金技術」的開發，且不太愛說話。與張海一樣，妻子李梅也是一個不愛說話的人，她總是說：「做人應該就要像我家老公張海那樣，少說話、多做事！」對於孩子小凡的教育，張海夫婦也是從現實層面出發，認為孩子從小就應該踏實地學點本領，這樣才能「不輸在起跑點上」。

　　孩子剛上幼稚園時，李梅就幫孩子報了象棋學習班和鋼琴學習班。孩子跟爸爸、媽媽一樣，不太愛說話。遇到問題只會用眼睛「詢問」老師，搞得老師很頭痛。最重要的是，孩子不喜歡打招呼，每次來上課，都一聲不吭地坐到自己的位置上。老師笑著招呼：「小凡來了？」孩子只會簡單地回應一聲「嗯！」老師心裡常嘀咕：「這家長是怎麼教育孩子的呢？」

　　當今社會上，像張海和李梅這樣的夫婦很多。他們在對待孩子口才能力的培養上存在一些盲點，導致孩子小小年紀就出現了交流障礙。這不僅影響到孩子與人交往，還影響到孩子其他能力的發展，這是很值得所有家長重視的。家長對孩子口才培養的錯誤，歸結起來多表在以下幾個方面：

✧　琴棋書畫才是技能、才是專長，至於「說話」——只要不是啞巴，
　　誰都會。現在說不好，等長大了，孩子慢慢就能把話說好了。
　　基於這種認知，許多家長很注重培養孩子「琴棋書畫」等技能，常讓
　　孩子加入各種補習班，以確保孩子「不輸給別人」，因此也忽略了孩

子的語言能力，這種最見成效的技能訓練。造成許多孩子「懶得說話」、「不懂表達」、「在陌生人前說話常結結巴巴、語無倫次」。

✧ 「口才」是大人的事情，小孩子需要什麼「口才」呢？耍嘴皮子還差不多。難道耍嘴皮子還需要培養嗎？

許多家長不喜歡總是喋喋不休、耍嘴皮子的孩子。孩子一說話，他們就開始喝斥：「你就不能安靜點嗎？整天跟鸚鵡一樣！」，「你能不能安靜幾分鐘呢？」類似的語言暴力，無形中傷害了孩子的自尊心以及表達的積極心，孩子便慢慢失去說話的興趣。

✧ 對「成功」的狹隘認知。許多家長受「沉默是金」這一說法的影響，認為「少說話多做事」、「埋頭做事」才是成功之道。正因如此，這些家長總希望自己的孩子能專注做作業，不說閒話；能像大人一樣思考，不要一有什麼小事情就打小報告；能保持沉默，也不會因為說錯話而惹上麻煩……這樣的家長培養出來的孩子往往是眉頭深鎖，一副若有所思的「小大人」樣。這樣的孩子一般也就更不善於表達了。

✧ 家長的認知不足。一是考試領導教學的觀念，認為升學考試只考讀寫，不考「口才」，沒必要浪費時間去培養「口才」能力，能把課堂的學習學好、考試考好就可以了，其他額外的都是次要的；二是初淺的認知，看不到口才培養對其他能力培養的促進作用，看不到口語表達能力的培養是素養教育的一個重要組成成分。

✧ 還有一些家長認為自己的孩子口才不錯，在家裡說起話來總是伶牙俐齒，根本不需要什麼練習。但正是這些伶牙俐齒的孩子，在家裡和父母說話滔滔不絕，但到了人多的場合，他們就像變了一個人似的，不是一聲不吭就是唯唯諾諾，絲毫沒有在家的「健談」。這是怎麼回事呢？專家認為孩子有這樣的表現，一個方面可能是缺乏自信心，另一

個方面則是因為在家說話時，孩子可能沒有注意到語言的邏輯性，總是想到哪就說到哪，而在外面就不太一樣了。

事實上，真正的口才不是耍嘴皮子，不是不分場合誇誇其談、東拉西扯。而真正擁有好口才的孩子必然能夠做到看場合說話，說起話來有理、有物、有序、有文、有情。最重要的是，口才好的孩子不僅僅善於說，還善於觀察與傾聽，只有這樣，才能把話說到別人的心坎上，才能真正討人喜歡。

言語表達的流暢、敏捷、精確，一方面是孩子現有思維能力的表現，同時也對孩子的大腦發育以及思維能力的發展具有很好的促進效果。可以說，孩子的口才能力，是所有能力當中表現最突出，也最卓越的技能，是不容忽視的。唯有走出以往的認知，才能把孩子培養成聰明、活潑、富有說服力的「巧嘴天使」。

▎你的孩子口才如何

口才是一種綜合能力，是一種將自己的感受正確地傳遞給他人的能力。它不僅是表達，還包括聆聽、應變等多項能力。專家認為：善表達、會聆聽、能判斷、巧應對，是衡量一個人擁有好口才的重要標準。如果我們注意從小培養孩子的口才能力，你就會發現孩子將在許多方面受益：

✧ 他將成為一位自信、樂觀、豁達的人；

✧ 他將成為一位心胸寬廣、心理健康的人；

✧ 他將懂得如何去關愛別人，也懂得如何得到別人的愛，他會因此擁有更多真摯的朋友，也將擁有一個幸福美滿的家庭；

✧ 他將擁有較強的語言表達能力，用自己的語言魅力去打動別人，為自己贏得他人的信賴與成功的機遇。

✧ 他將具備與人合作的優秀能力，有很強的影響力，甚至具有領袖氣質，這些能力將使他的事業如虎添翼。

如何評價孩子的口才能力呢？以下的口才測試題可為你提供一個參考：

✧ 你的孩子是否膽小內向，不善於用語言表達自己的想法呢？

✧ 你的孩子是否語言邏輯不當呢？

✧ 你的孩子是否詞彙單一、缺少規範呢？

✧ 你的孩子是否發音錯誤、講話毛病百出呢？

✧ 你的孩子在表達自己的情感時，是否很難選擇準確、恰當的詞彙呢？

✧ 你的孩子口語所表達的意思，別人是否難以準確地理解呢？

✧ 你的孩子是否無法流利地用口語表達自己的情感，特別是在生氣的時候，通常是透過哭鬧等方式發洩，卻不知道控制自己的情緒，告訴別人自己生氣的原因呢？

✧ 在班上，孩子是否總是自己一個人玩，不喜歡與其他同學接觸、交流，並顯得特別沉默，覺得別人都無法了解自己，所以心情沉悶呢？

✧ 上課的時候，孩子是否不敢舉手發言，即使發言了，說話也總是結巴、不流暢呢？

✧ 孩子是否不習慣和別人聊天，家裡有客人時，他總是躲到自己的房間裡，或者自己看電視呢？

✧ 與老師或是其他長輩說話時，孩子是否會覺得壓力很大，不知道該怎麼說話呢？

✧ 有些時候，孩子是否不懂得怎麼回答別人問的問題，只好發脾氣呢？

✧ 孩子是否無法清楚地辨別他人心情的好壞呢？

第一章　口才能力關係孩子一生

✧ 在與他人有矛盾衝突時，孩子是否不善於說服別人，儘管有時他覺得自己是對的，但總無法把話說清楚呢？

✧ 孩子是否一直認為自己可以這麼說，但總是說不出來，或說出來的話跟想像中的不一樣呢？

✧ 孩子是否認為自己無法在一位內向的朋友面前，輕鬆自如地談論自己的情況呢？

✧ 孩子是否不能自在地使用非口語（眼神、手勢、表情等）傳達內心情感呢？

✧ 講故事的時候，孩子是否邏輯很差、顛三倒四，遇到一點點挫折就乾脆不講呢？

✧ 孩子是否不善於讚美別人，覺得很難把話說得自然親切呢？

✧ 孩子是否總是不等別人把話說完，就急著表達自己的想法呢？

口才能力測試結果：每題均有兩個測試結果：「是」、「否」。答一個「是」得 1 分。如果你的孩子得分在 14 分以上，那就表示他的口才能力較弱；如果孩子的測試分數是 9 ～ 13 分，表示孩子的口才一般；如果孩子的得分是 6 ～ 8 分，那就表示他的口才較好；如果孩子的測試得分是 5 分以下那表示他的口才非常好，是值得家長高興的。

那麼，為什麼孩子的口才水準參差不齊呢？兒童發展專家認為，造成孩子口才參差不齊的因素有以下幾個方面：

1. **家庭語言環境**：父母是孩子的啟蒙老師，一個口才出眾的孩子，必然有一個能言善道的爸爸或者媽媽。而有些家長天性比較內向，不善言語交際，孩子在父母的內向性格長期影響下，也逐漸養成內向寡言的性格。所以，內向、不善言辭的父母不可能培養出口若懸河的孩子。

另外，家庭氛圍也與孩子的口才發展有密切關係。有些家庭重視自由意志，父母給予孩子很大的言語空間，並願意傾聽，在這種環境下成長的孩子，表達能力就比較強。相反，一些家庭對孩子的約束較多，父母與孩子間的交流也比較少，這樣，孩子發展語言的機會不多，自然就影響到語言能力的發展。

2. **學校語言環境的影響**：有一些老師受傳統教育觀的影響較深，忽視學生朗讀和口語交際訓練，他們更多地把時間用在題海戰術上，這樣的教學模式不可能促進孩子語言的發展。

　　另一方面，如果老師在學生朗讀課文或回答問題等口語訓練的過程中缺少鼓勵教育，沒有充分去調動學生發言的積極性，也會間接影響孩子的口語訓練。

3. **孩子自身性格的影響**：有些內向的孩子膽子小，對人際關係較敏感，學習上沒有信心，發言時常臉紅怕出錯，表現欲不強，因此缺少口語訓練的機會。相反，那些樂觀、開朗、有自信的孩子，一定有突出的口才能力。

　　總之，身為家長，我們不僅要了解孩子的口才能力，更應該了解造成孩子口才差的原因，這樣才能好好地對症下藥，透過各種有效的方法與手段提升孩子的口才能力。

▎好口才是練出來的

　　生活中，經常聽到一些家長這樣形容孩子：「哎，某某家的孩子天生就口才好，說起話來跟抹了糖蜜似的，聽得我滿心高興。我家的孩子就是不會說話，家裡來了客人，要他打聲招呼，比刀架在他脖子上還難受，一句話沒說完就臉紅脖子粗，四、五句話支支吾吾了半天，真讓人無奈

啊！」事實上，口才並不是一種天賦，它完全是靠後天培養訓練出來的。古今中外那些能言善道的演說家、雄辯家無一不是靠著後天刻苦訓練而獲得成功的。

民國初年演說家蕭楚女，更是靠著平時的艱苦訓練，造就非凡的口才。蕭楚女在四川重慶國立第二女子師範教書時，除了認真備課外，他每天天剛亮就跑到學校後山上，找一處僻靜的地方，把一面鏡子掛在樹枝上，對著鏡子開始練演講，從鏡子中觀察自己的表情和動作，經過這樣的刻苦訓練，他掌握了高超的演講藝術，他的教學能力也很快進步了。1926年，他才30歲就在大型的農民運動講習所工作，他的演講至今仍受到世人的推崇。

無獨有偶，日本前首相田中角榮同樣有過苦練口才的經歷 ——

日本前首相田中角榮年少時曾有口吃問題，但他沒有被現實的困難所打倒。為了克服口吃，練就口才，他常常朗誦、慢讀課文，為了準確發音，他對著鏡子糾正嘴和舌根的部位，嚴肅認真、一絲不苟。

為了訓練口才，西方偉大的政治家林肯也做出了不懈的努力 ——

美國最偉大的總統之一 —— 林肯，為了訓練口才，他徒步將近50公里，到遠處的一個法院去聽律師們的辯護詞，看他們如何在臺上論辯，如何做手勢，他一邊傾聽、一邊模仿。他聽到那些雲遊四方的福音傳教士揮舞手臂、聲震長空的布道，回來後也學他們的樣子。他曾對著樹、樹椿、成行的玉米練習口才。

以上的故事無不說明：好口才是持之以恆練出來的。一勤天下無難事，這些名人與偉人正是透過反覆思索與練習，才練就了一副好口才。對於孩子來說，口才訓練應該練什麼呢？

✧ 就一般情況而言，孩子要想做到準確、得體、生動、巧妙、有效地運用自己的口才，首先要克服的就是心理這一關。想要孩子「敢說話」，就必須幫助孩子克服心理障礙，消除害羞、恐懼等心理。事實上，每個人都具有說話的潛能，關鍵就在於敢不敢開口說話，把這種潛能開發出來。只要具備足夠的膽量，孩子就敢說出口。所以要訓練口才，首先要過「心理」這一關。只要不斷地加強孩子的心理素養訓練，孩子一定能夠克服最終的心理障礙。只要敢說多練，你的孩子也能成為「口若懸河」的說話高手。

✧ 家長還應該加強孩子說話的基本功以及技巧訓練，做到持之以恆。家長也應該明白，口才的培養是一個循序漸進的過程，不要希望一蹴而就、急於求成。只有這樣按部就班地練習，才能不斷提升孩子的口才能力。

✧ 口才訓練，還應該加強孩子的思維能力。口才是現代複合型人才的基本要求，思維敏捷、能言善辯是事業成功的保證。一個善於說話的人，首先必定具備敏銳的觀察力，能深刻認識事物。只有這樣，說出話來才能一針見血，準確地反映事物的本質。

此外，要想孩子擁有出色的口才，家長還應該培養孩子具有一定的人文素養，讓孩子掌握與人說話的技巧。例如讓孩子多看書，增加口才素材；或讓孩子了解一些應對的技巧，以便於孩子在與人對話的過程中巧妙應用。

做到以上幾點，就能根本上解決孩子在與人交流過程中的實際問題，使不敢說話的孩子變得不但敢說話，還能「巧說話」。

▍猶太人怎麼教孩子口才

　　說起猶太民族，世人無不驚嘆其智商之高、能力之強。在猶太人中產生的諾貝爾獎得主、學科領域的代表人物以及各類專業人才，其人數之多，占人口比例之高，是其他民族望塵莫及的。然而大家可能不知道，猶太人在家庭教育中，是非常重視語言教育的。可以說，良好的語言能力是猶太人成長的基本要求，所以猶太家庭從孩子幼年就開始注重孩子語言能力的養成。他們認為，語言是一切學習的基礎與工具，語言能力的高低與智力測驗的成績關係極為密切，語言能力越強的人將來大都能夠學得更多、更快，而且不管做什麼事都比較容易成功。

　　弗萊明一家是典型的猶太家庭，在他們家裡經常召開「家庭會議」。按照猶太教的規定，父親應該是「家庭會議」中的「主席」。家庭會議要討論家中遇到的一切難題和重要事務。家中的每一個成員，包括年幼的、未成年的孩子都要參加，並可以發表意見或舉手表決。

　　在弗萊明不滿 10 歲時，家裡人就喜歡讓他發表議論，談自己對一些事物的看法。別看弗萊明小小年紀，但他說的話往往令家人都刮目相看。

　　有一次，家庭會議在討論要幫弗萊明的小弟弟取什麼名字的問題。弗萊明主張替這位比自己小 8 歲的弟弟取名亞歷山大。他解釋說，亞歷山大大帝是一位見義勇為的英雄。他還向大家滔滔不絕地引述了與此有關的一段馬其頓凱旋的故事。

　　家人聽了弗萊明說的故事後，都非常贊成他的建議，因此把弗萊明的小弟弟取名為亞歷山大。

　　你看，這個猶太小男孩表現出來的口才與淵博的知識是多麼令人驕傲啊！類似的家庭會議在猶太家庭中比比皆是。正因為親子間的這種平等、民主、理解以及寬容的情感，使許多猶太孩子從小就能言善辯。

在古代的猶太社區裡，時常會有很多人聚集在一起，這是因為社區裡有事情要商量，他們要對重大問題進行討論。在討論的時候，主持會議的年長領袖總會讓一些年輕人先發言，然後再讓那些有點資歷和經驗的人發言，接著就是大家自由地討論和辯論，最後由最年老的、富有權威的領袖根據大家的意見，進行公正地評價和總結，並作出決定。

在猶太教口傳律法典集《塔木德》裡，也有這樣的規定：在猶太法庭上，首先由年輕的法官發言，然後大家依次發言。這樣在猶太人的內部就形成了讓年輕人首先發言的體制，這個體制或慣例讓猶太人一直保持著新鮮的氛圍。

這種做法也要求年輕人具備良好的語言表達能力，客觀上要求他們在平時鍛鍊自己的語言能力。

美國猶太教士戴魯希金寫道：「言辭咄咄逼人、步步緊逼，是大家熟知的猶太人性格。」在 19 世紀的東歐，有一句諺語說：「保佑我不再受基督徒的手和猶太人的舌頭傷害。」只要看看電視轉播的以色列國會辯論，你很快就可以理解。對猶太人而言，表達自己的意志或想法的能力經常是成功的一種利器。

有些猶太父母固定會在睡覺前與孩子交談，有些每週都有固定的時間在飯桌上和孩子隨意聊天，還有些會在長時間散步或開車出行時，充分利用一對一的對話機會。這些談話是「隨意」的，但實際上卻是有意識的，是雙方思想的自然表現。

猶太人還認為，學習應該以思考為基礎。思考是由懷疑和答案組成的。學習便是經常懷疑，隨時發問、懷疑是打開智慧的大門，知道的越多，就越會產生懷疑，而問題也就隨之增加，所以發問使人進步。發問和答案一樣重要。

第一章 口才能力關係孩子一生

　　正是基於這種認知，猶太家庭特別注意與孩子的思想交流，孩子便一直受到成人的教誨和指導；孩子們可以和成人談話和討論問題，偶爾成人還會和孩子們「糾纏」個沒完，主要就是在引導他們投入學習與研究的思考裡。

　　猶太家庭培養孩子口才的故事告訴我們從小培養孩子口才的重要性。生活中，如果每一位家長都能像猶太家庭中的家長一樣，充分給孩子說話的機會，培養孩子善辯的能力，那我們的孩子日後一樣能夠擁有雄辯的口才！

第二章　家庭 ── 孩子口才成長的沃土

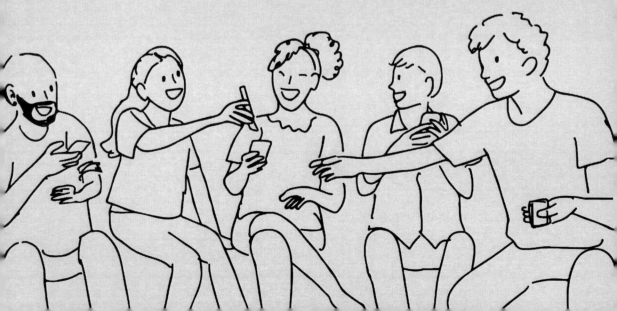

孩子是天生的「模仿大師」，身為孩子學習語言的第一任老師——父母，說話時一定要當孩子的表率。一位美國心理語言學家說：「要想知道你孩子將來的語言如何，就必須先研究你本人現在的言語。」

　　家庭是孩子口才成長的沃土，一個良好的家庭語言環境能夠激發孩子的口才潛能，促進孩子口才能力的發展。在良好的家庭語言環境的薰陶下，孩子一定會變得更加聰明、善辯、具有說服力！如果父母在孩子面前隨意說粗話、髒話，對孩子的身心健康和語言發展都會產生不良影響。為此，年輕的父母在孩子面前一定要注意自己的一言一行，萬萬不可粗心大意。

▎父母是孩子的口才啟蒙老師

　　孩子從出生的那一刻起，就是一個孜孜不倦的「學習者」，他們將在父母精心營造的愛的環境裡開始自己漫長的「學習之旅」，他們將從父母——自己的「啟蒙老師」身上習得成長所需要的一切本領。父母的一聲呢喃、一個微笑都將投射到孩子幼小的心靈裡，供他們參照、效仿、學習。孩子口才的學習，也是一樣的道理。正因如此，培養孩子良好的口才，要先從父母自身做起。

● 營造輕鬆愉悅的語言學習環境

　　對於孩子來說，他們的語言能力的發展有賴於家庭環境。一個在良好語言環境中成長的孩子，一般都具有優秀的口才。前史丹福大學心理學和教育學教授羅伯特・赫斯博士就曾說：「家庭中的語言環境會直接影響孩子的思維能力。」事實也是如此，語言是思維的外衣，什麼樣的思維想法，就會有什麼樣的語言表達方式。

冬冬的爸爸、媽媽喜歡扯著嗓子說話，所以，冬冬要表達自己的想法時，最直接的方式就是大喊大叫，如果達不到自己的要求就大吵大鬧。

有一天，冬冬的媽媽打電話給一個朋友，冬冬這個時候卻想吃冰箱裡的果凍。於是，他在旁邊一直叫媽媽幫他拿果凍。冬冬的媽媽被孩子一鬧，就心煩了，粗暴地對冬冬大喊：「別吵啦！看我等等收拾你！」冬冬聽了，「哇」一聲，大哭了起來。

無獨有偶，娟娟家也發生過類似的一幕。但與冬冬的媽媽相比，娟娟的媽媽就顯得有耐心多了 ——

娟娟在媽媽身邊鬧個不停，媽媽小聲對娟娟說：「媽媽在給阿姨打電話，你先別說話，等媽媽打完電話就拿給你！」聽完媽媽的話，娟娟果然聽話地跑到一邊去玩了。

兩個媽媽對孩子哭鬧的方式採取不同的處理方式，所得到的結果自然也不同。第一個媽媽性格比較急躁，平常說話就喜歡大嗓門，所以孩子也養成了達不到要求就大哭大鬧的習慣，加上媽媽又粗暴地命令他安靜，所以他學到了對粗魯命令的服從和對母親的恐懼；相反，娟娟的媽媽有耐心，她使孩子理解和遵守了兩個原則：必須在他人打電話時保持安靜，要懂得與他人合作。赫斯博士認為，僅僅要求寶寶「別吵啦！」的單一命令，不太可能使寶寶把他的行為與正在發生的事情連結起來。相反的，一個比較複雜的口頭請求則能鼓勵寶寶去思考自己的行為，並將其行為與周圍的人和事進行連結。因此，當寶寶在日後遇到類似的情況時，就會以更成熟的方式進行反應。

● **注意自身的說話習慣**

正如美國心理語言學家所言：「要想知道你孩子將來的語言如何，就

必須先研究你本人現在的言語。」

　　父母是孩子最早、最願意模仿的對象，是孩子口才學習的第一任老師。父母的一言一行都將深深影響到孩子的行為與說話方式。正因如此，父母們在說話、做事時一定要當孩子的表率。

　　如果父母在孩子面前隨意說粗話、髒話，對孩子的身心健康和語言發展都會產生不良影響。為此，年輕的父母在孩子面前一定要注意自己的一言一行，萬萬不可粗心大意。

　　龍龍是個活潑、可愛的小男孩。爸爸媽媽上班比較忙，龍龍就由爺爺、奶奶照顧。爺爺、奶奶是隔代教養，自然對龍龍寵愛有加。爺爺因為覺得孩子學說話比較有意思，所以時不時會教龍龍一些罵人的話如「小鬼、死老太婆」等；而奶奶跟爺爺逗嘴，也會在龍龍面前罵爺爺「老不死、死老頭等。

　　如此一來，龍龍聽在耳裡，記在心裡。

　　有一天，一家人一起吃晚飯，龍龍突然冒出一句：「死老太婆，你就不會給我夾菜嗎？」原來，龍龍想吃奶奶面前的菜。孩子原本以為，爺爺平常這麼說的時候，奶奶都笑呵呵的，這下，奶奶一定會誇自己吧！沒想到，奶奶臉一沉，訓斥道「你這龜孫子，我都白疼了！」爸爸索性一個巴掌摔過去說：「你個兔崽子，什麼時候學會這樣罵人了？『死老太婆』是你能說的話嗎？今天我一定要教訓你！」只見爺爺臉上紅一陣、白一陣的！

　　就這樣，好端端的一頓飯全被破壞了。冬冬的哭鬧聲與冬冬爸爸的打罵聲攪成一片！

　　正因冬冬家的「大人」沒有起到好的表率效果，才會讓不懂事的冬冬有樣學樣，學會了「罵人」的話語。最終，若要追究起責任，這才知道都是「逗趣」惹的禍。可見，在孩子面前，大人的一言一行都要謹慎才是。

不要因為覺得有趣，讓孩子學會了「罵人」的話。等到孩子「出口成髒」將粗話說成習慣的時候後悔都來不及了！

在孩子面前，做大人的，不但要「淨化」自己的語言，還應該注意引導孩子說「請」、「謝謝」、「對不起」，做個知書達禮的人。

● 多花時間與孩子交談

赫斯博士研究證明：在學齡前期，讓兩個孩子接受不同的交流形式和不同的學習刺激，會產生不同的智力和語言能力，例如孩子的詞彙量是由和他交談的次數所決定的。交談的次數越多，孩子掌握的詞彙也就越多。如果你經常與孩子交談，到 2 歲時，他就能掌握豐富的詞彙；2 歲半時，他已經可以進行正常的交談。

所以，在孩子語言潛能發展的關鍵期，父母應多讓孩子說話，多聽孩子說話，多跟孩子說話，多提供孩子表達自己的機會，讓他大膽地表達自己的想法。

父母只要在家，就要主動和孩子說話，哪怕是孩子還不會說話的時候，父母也要有意識地與孩子說話。實際上，孩子儘管不會說，他也會明白父母的意思。而且，父母的善於表達和交流也會對孩子產生影響，孩子會學著父母的樣子和別人說話，從交流中得到許多資訊和經驗，也會讓他們更樂於與別人交流。

遺憾的是，許多父母由於工作忙，沒有時間多和孩子說話，於是，孩子大多時間都交給電視。結果，孩子因為缺少與人對話的機會，語言表達能力沒有適時被開發出來，從而導致不善於表達的自己。

沙沙今年 6 歲，馬上就要上小學了。按理，這個年齡的孩子，應該正在嘰嘰喳喳、活潑好動的時候。但沙沙平常從不主動和其他孩子玩耍，只

喜歡坐在電視機前看卡通片，或者坐在房間裡看書、玩玩具。一見到陌生人，她就急忙躲到奶奶的背後，小臉漲得通紅，更不用說張口與人交談了。

看著孩子這個樣子，沙沙父母也不知如何是好，他們分析來、分析去，覺得是自己工作太忙，與沙沙在一起玩的時間太少；不僅如此，由於工作勞累的原因，他們很少和沙沙說話，也沒有耐心聽孩子講話；時間長了，沙沙就變得內向、不愛說話了。

可見，孩子口才的強與弱取決於父母的教育和影響。良好的語言環境，正確的語言啟蒙，恰當的交流與溝通能讓孩子的口才能力得到很大的進步。反之，就可能導致孩子語言表達能力發展遲緩，甚至會停滯、倒退。

此外，家長還應該努力豐富孩子的生活，因為生活是發展語言能力的泉源，豐富的生活可以讓孩子的語言內容豐富起來，讓孩子有話可說、願意說，例如參加校內外的各項活動、觀看演出、逛公園、爬山、到各地觀光旅遊等。活動的目的在於使孩子在五彩繽紛的實際生活中取得大量、有價值的說話材料，找到說話的源頭。當孩子說得興趣盎然的時候，家長還可以適當地提醒他注意自己口述的條理是否清楚，用詞是否恰當，語言是否流暢等，久而久之，孩子的口語表達能力自然會得到了提升。

一粒小小的種子，吸取了土壤中的養分，得到了陽光的撫慰與雨水的滋潤，才能茁壯成長起來，開出美麗的花，結出豐碩的果實。孩子的口才培養也是一樣，良好的語言環境是土壤，父母的言語方式與恰當的溝通是口才形成的思維枝幹，而父母的關心與鼓勵是陽光和雨水，結合了這些條件，孩子才能妙語生花！

幫孩子擬個「口才發展計畫」

在我們的生活中，常常有這麼一些人，他們有一定的才華和抱負，但因為個性相對內斂、缺乏自信、不喜歡成為公眾的焦點等原因導致他們在公共場合講話或與人溝通時，往往會心跳、緊張、不知所措，不懂得如何組合語言，導致他們根本無法清晰地表達自己的意思，因此失去了許多展示自我的寶貴機會，甚至與成功擦肩而過。

因為吃過太多的「口才虧」，這些人逐漸意識到從小培養孩子好口才對孩子的個人交際和未來事業發展的重要性。因此，從孩子娃娃學語開始，家長們就要尋求各種方法來鍛鍊孩子的語言表達能力、提升孩子對大眾說話的能力。

曉彤就是這些吃過「口才虧」的眾多家長之一。為了不讓孩子步上自己的「後塵」，曉彤虛心地請教了許多口才專家，終於了解到「陪孩子聊天」、「邊讀書邊交流」、「講童話故事給孩子聽」、「學習朗誦和演講」等方式對孩子的口才大有幫助。

說做就做，她立刻到附近的書店選購了許多兒童故事書和錄音帶，甚至朗誦、演講技巧訓練的書籍也全都購買回家，準備開始實行她「偉大」的教子口才計畫。

週一聊天、週二讀書、週三講故事、週四朗誦唐詩……起初，曉彤對自己的安排十分滿意。可是，一個星期過去，曉彤就發現自己力不從心了，因為白天工作晚上再進行「培訓」實在太辛苦。為此，她便開始「偷懶」。

結果，原本雄心勃勃的「每晚必訓」，變成了「三天打魚，兩天曬網」，不但孩子的口才能力沒有進步，反倒養成了「做事情三分鐘熱度」的壞習慣。為此，曉彤開始反省自己的教育方式了。

第二章　家庭─孩子口才成長的沃土

其實，培養孩子的口才，家長首先應針對孩子的興趣愛好選擇科學的教育方式，盲目的行動非但不會奏效，還可能會產生反效果。

「冰凍三尺，非一日之寒」，培養孩子的口才是一個日積月累、循序漸進的過程。身為家長，要想看到孩子口才訓練的真正效果，就應該從訓練孩子口才的那一刻起，替孩子規畫一個語言發展計畫，分階段且針對性地確立訓練目標，交替選擇方式，累積點滴進步。這樣，孩子實現了一個小目標，就累積了一點小進步，日積月累，好口才自然就養成了。

小寧是初中一年級的學生，在全市中小學生演講比賽中，他以出色的口才獲得了「初中組」演講比賽第一名。對於兒子的優秀成績，身為孩子口才的啟蒙老師 —— 段剛並沒有表現出過多的意外，因為孩子的成功都在他的意料之中。

很多對孩子的口才培養充滿了渴望的家長們紛紛來到段剛家「取經」，請他說說自己培養孩子口才的經驗。段剛不慌不忙地拿出了兩大本小寧的成長札記，其中一本專門記錄著孩子學習說話的過程和點滴進步。翻開這本札記，赫然訂著 10 張「小寧語言發展計畫書」。

原來，在小寧尚未出生的時候，段剛的語言教學計畫就已經開始，而且，這位用心的父親每一年都會為孩子制定一份語言發展計畫，並且根據進行的情況隨時修改調整：

✧ 2003 年 8 月，小寧即將入學了，教他學會自我介紹和與新同學交流怎麼說話。

✧ 2003 年 12 月，從這個月開始口頭小作文練習，每天五分鐘，替孩子糾正語言中的錯誤，順便了解他在學校的情況。

✧ 2004 年 4 月，每天背誦一首古詩，一週重新輪一次。

✧ 2005 年 9 月，已經背誦了 300 首唐詩，現在開始邊背故事、邊談個人體會。

✧ 2006 年 7 月，暑假開始，覺得孩子對現代詩歌更感興趣，所以為他選了幾本書。

✧ 2006 年 9 月，新學期，國語老師非常注重孩子的語言表達能力，10 月將進行班級辯論賽，要預做準備。

開始的時候，父親做計畫，孩子配合；到後來，孩子自己做計畫，然後家長和孩子一起討論，這樣有計畫、有針對性的訓練，對孩子語言表達能力提升，起了非常重要的作用。

孩子好口才的養成不可能一蹴而就，需要階段性的訓練，循序漸進地進行。身為父母一定要掌握好孩子口才發展的分寸。在制定計畫的時候，家長千萬不要忽略了孩子的意見。

當然，家長制定計畫還需要考慮實行方法的趣味性以及時間的合理性，讓孩子在玩中學習，帶著愉快的心情進步。此外，兒童語言的發展計畫不要過於認真並嚴格遵循，這將讓孩子覺得口才訓練乏味、無聊，從而失去了興趣。因此，在制定計畫之前，家長應該先了解孩子的語言能力、興趣愛好，先草擬一份計畫，然後根據執行情況及時調整，只有這樣才能達到事半功倍的效果。

做個善於交流的家長

「你和爸爸媽媽經常聊天嗎？」

「沒有，有什麼好聊的，他們跟我沒有共同的話題。」

「為什麼這麼說呢？也許爸爸媽媽也很想了解你呀！」

第二章　家庭—孩子口才成長的沃土

「因為爸爸媽媽每次跟我說的都是老生常談的話，什麼『讀書要認真！』、『爸爸媽媽工作辛苦，你學習要爭氣！』，這樣的話，有什麼好聊的，聽都聽煩了，他們就不想想，除了學習，我的生活中還有其他事情發生呀！」

「那你為什麼不試著讓爸爸媽媽了解你呢？」

「沒有用的，有代溝！」

乍聽此話，我們可能會忍俊不禁，誰也不相信，這是一個六年級的孩子與筆者的對話。看其對話，我們覺得這個孩子的語言能力已經相當成熟了，可是，他為什麼就是沒有辦法與父母交談呢？問題到底出在誰身上呢？

環顧我們周圍的許多家長，我們不難發現，很多父母除了例行公事般地詢問孩子在學校的表現和學習成績外，幾乎再也找不到什麼可聊的話題了。而父母與孩子的交談話題多半局限在說教和學習方面，導致孩子索然無味，久而久之，孩子和父母之間的交流意願就會逐漸衰退，他們寧願把心事藏在深深的心底，也不願意和父母交談，尤其是在遇到挫折和困難的時候。這樣，兩代之間的溝通就越來越少，彼此的代溝就出現了。

還有一些時候，家長因為太忙碌，往往把與孩子交流的任務交給了冷冰冰的玩具、電視或電腦，把幫孩子講故事的任務交給了機器。這些家長總是讓孩子面對各種沒有生命和溫度的「物品」，卻忘記了孩子最需要的是和「人」的交流。

於是，很多家長對孩子就有了這樣的評價：「我家的孩子從小就不太愛講話。」、「孩子不愛跟我們聊天，如果問得多了，他就表現出不耐煩的樣子。」、「每次都是我們問他什麼，他答什麼，從來不會主動跟我們說話。」

　　事實上真是如此嗎？其實不然。孩子之所以不再喜歡與父母交流想法，不僅僅是因為家長的話缺乏「人情味」，更多時候是因為，家長自身和孩子根本也沒有什麼聊天的興趣。他們掛在嘴邊的話常常是「吃飯時候別說話」，「出去外面玩，不要在這裡添亂」，「我沒時間和你講這些」。在他們的思維裡，大人和幾歲的小孩子有什麼好聊的呢？

　　正是以上諸多的原因，造成了父母與孩子交流上的困難。

　　其實，家長應該意識到只有多關心孩子的日常生活和情感世界，才能真正地走進孩子的心靈，更能促進父母與孩子間的情感融洽。在與孩子的交談中，家長應該替孩子創造說話的氛圍與機會，主動與孩子交談，對他的任何事都感興趣，並表現出極大的熱忱，這樣你的孩子就會更願意與你傾訴心事。家長與孩子之間的話題其實有很多很多。家長可以抓住以下幾個孩子感興趣的話題與孩子進行交流：

✧ **可以與孩子聊聊學校裡的事**：如放學回家後詢問孩子學校裡的新鮮事，課堂上的情況，或者同學、老師怎麼樣。總之，凡是與他有關的人和事都可聊。這樣，在不經意間，在看似很平常的詢問中鍛鍊孩子的口語表達能力。他能將一件事說清楚，甚至還能發表自己的看法時，這都是我們所樂見的！當然，在這中間最忌諱因沒有說清楚或說的囉嗦就訓斥孩子或頻繁地打斷孩子說話來糾正錯誤。這樣會打擊孩子說話的積極性。

✧ **可以說說孩子感興趣的電視節目**：現在電視節目種類繁多，而喜歡看電視的孩子也是不計其數。就說小陳的女兒，平時想利用搭公車的時間跟她講講什麼名家名篇，她就嘟著嘴巴似聽沒聽，可是當跟她講她電視臺正在播放的《可愛巧虎島》，她就十分興奮，滔滔不絕地與你聊劇中的人物、情節，還一個勁地發表自己的看法。可見觸及「興

趣」兩字，一切便迎刃而解。家長可以從孩子愛看的電影、電視節目中找到切入點，透過多種形式，進行說話訓練。讓孩子複述小說或電視電影的故事，練習將長故事濃縮成「短劇」，如《哪吒》是人人喜歡看的卡通，在陪同孩子觀看後，可以讓他談談劇中的精采情節，訓練其說話的條理性、準確性。此外，有些電視裡跟孩子有關的談話性節目，都是孩子進行口語訓練的好題材。透過這樣的說話訓練，孩子能在愉快的氣氛中，既回顧了電影、電視節目的內容，豐富了知識，又能使口頭表達能力得到訓練，一舉數得，是可以經常性、長期進行訓練的好方式。

✧ **還可以聊聊社會上的熱門話題：**小學生雖然尚未涉足社會，但家長平時看報看新聞時，告知他們一些社會資訊或熱門話題，一來增加他們一些見識，二來小小的腦袋已經開始學習思考，可以讓他們說說對某些事情的看法；等孩子稍長大些時就可參與非正式討論，以訓練辯論的能力。當然不要苛求孩子談及問題的本質，只要他能對問題發表自己的見解，把意思說明白，也就達到了訓練的目的。

當然，這個階段的聊天，並不一定是正式的聊天，父母可以把聊天融合在活動當中，比如，給孩子講講故事，唱唱兒歌，說說悄悄話，都是一種在自由輕鬆的狀態下進行的交談。父母經常和孩子一起交談，最能理解孩子的語言和心思。

在與孩子交談的過程中，父母如果發現孩子語言邏輯上的錯誤時要及時糾正，逐漸減少條理不清、層次不明的現象。比如，孩子說：「我丟了！幫我找找。」其實，父母知道是孩子丟了東西，想讓父母幫忙找一找。於是，父母就去幫孩子尋找，而對於孩子這句不完整的話並不在意，

時間久了，孩子會養成說半句話的毛病。因此，父母要及時糾正孩子說話中的語言錯誤，孩子的表達能力就能進步，內在的語言能力也會隨之提升。

此外，家長與孩子聊天時要注意說話的技巧。

有些家長在和孩子聊天的時候，總是生硬地問：「今天老師說什麼了？」、「今天學校裡有發生什麼新鮮事嗎？」這樣的問話很容易讓孩子做很消極的回答。他會說：「沒說什麼」、「沒發生什麼事情」。這樣，交流就會陷入尷尬的氣氛中，進而中止。

如果父母能先觀察一下孩子的表情，有意識地引導孩子說話，聊天往往就會很順利地進行。比如，發現孩子回家時比較沮喪，你就關切地問：「怎麼了？是不是遇到不順心的事情了？要不要爸爸的幫忙呢？」當孩子回家比較高興時，你可以微笑地問：「今天怎麼這麼高興，是不是學校裡發生了什麼有趣的事情，來說給媽媽聽，也讓媽媽高興高興。」

這種形式的發問因為傾注了感情，往往可以引導孩子比較積極的回答。

另外，神祕感較強的語言也往往會激發孩子的好奇心，吸引孩子主動參與到聊天當中。比如：「今天媽媽在街上碰到了一件很有趣的事。」「你知道嗎？原來你爸爸也有別人不知道的小祕密。」神祕氣氛的營造，能激發孩子的說話欲望。當然，要學會變換不同的語言和語氣，不要老是用同樣的方式來說話。

當孩子已經變得沉默不語的時候，除了多陪伴孩子，多與孩子說話外，父母還要注意尋找孩子的興趣，以此為突破點來打開孩子的語言按鈕。語言是人的一種特殊的需求和特徵。幼兒需要說話，他迫切要知道和告訴人們，「那是什麼」、「某人在做什麼」、「怎麼樣……」，這既是自

然性的生理需求，也是社會性的精神需求。進行語言教育正是為了滿足幼兒的這種需求，為其身心的健康發展準備條件。因此，每一位父母都要重視孩子的語言表達能力，主動引導孩子表達自我。

當然，交談時父母還應該要保持冷靜的心態，不要受其他事情的影響，也不要顯出不耐煩的樣子，要讓孩子感覺到輕鬆自在，而不是拘束。若能注意到以上的交談細節，那麼，孩子與你的交流將變得和諧、通暢起來！

▌讓孩子說出自己的需求

薛樂到朋友小東家串門子，小東準備了一些水果放在茶几上招待他。

這時，小東的兒子牛牛看見有好吃的便跑了過來，圍著桌子打轉。

薛樂笑嘻嘻地逗牛牛：「告訴叔叔，你想吃什麼呢？說了我就幫你拿。」孩子並不說話，只是用眼睛一直看著桌子上的香蕉。小東有些不耐煩了，就拿了兩根香蕉遞給他，並告訴他，吃一點就好了，不要貪吃。牛牛很聽話，拿著香蕉就走了。

過了一會兒，牛牛又走了過來，站在那裡一聲不吭，眼睛一會兒看看茶几上的香蕉，一會看看他的爸爸。小東見狀急了，有些生氣地說道：「你想要什麼？想要什麼就說話呀！」這下，牛牛嚇得「哇」地哭了起來。

牛牛的媽媽一看不對，連忙跑過來給牛牛拿了兩根香蕉，遞給他，並埋怨小東：「明明知道孩子要香蕉還嚇唬他做什麼呢？」

小東無可奈何地對薛樂說：「這個孩子嘴巴太笨，自己想要什麼也不說，真不知道以後大了怎麼辦？你是做教育的，幫我想想辦法，這孩子該怎麼教育呢？」

薛樂說：「其實牛牛不愛說話，跟你們太聰明有關係！」

小東一聽樂了：「這話怎麼說呢？」

「因為孩子不用說你們就明白孩子要什麼了呀，這樣，孩子還需要說話表達嗎？」

如此一說，小東才恍然大悟。

生活中，經常見到這樣的一幕，若孩子指著水瓶，大人馬上明白這是孩子想喝水了，於是把水瓶遞給他，這種滿足孩子要求的方法使孩子的語言發展變得緩慢，因為他不用說話，大人就能明白他的意圖，並達到他的要求了，因此孩子就放棄說話的機會。

那麼，當你的孩子同樣只會用手指示，懶得說話的時候，父母該怎麼做？是不假思索地拿給孩子，還是蹲下來，微笑地對他說：「你想要什麼？把名稱說出來好嗎？」如果孩子還不知道那個叫「水」的話，告訴他並讓他記下這個字。

即使已經理解了孩子的意圖，也別在他還沒說出來的時候就給予滿足。讓孩子對父母說出自己想要什麼，才能鍛鍊他站在別人面前表達自己的願望和想法。

比如，當孩子想喝水時，你可以給他一個空水瓶，他拿著空水瓶，想要得到水時，會努力去說「水」，僅僅說一個字，你就應該鼓勵他，因為這是不小的進步 —— 他懂得用語言表達自己的需求了。這樣的愉快經驗會讓孩子愛上說話。

對於孩子而言，語言是用嘴施魔法的魔杖。在他蹣跚學步的時候，一不小心摔倒在地，孩子會馬上告訴最親近的人：「爸爸，痛」、「媽媽，破了」，這就是簡單的信號彈，父母一聽到，馬上會焦急地跑到孩子面前；他說「餓了」、「渴了」，父母就會端出美味的飯菜或者甜甜的飲

料。於是，孩子從這「魔法」中嘗到了「甜頭」，帶來了愉快的體驗，他便會產生繼續使用、探索、研究和駕馭這種魔法的興趣。如果孩子從小就過於容易得到滿足，對語言探索的本能可能就少了很多機會。

聰明的家長們可試著變「糊塗」一點，讓孩子說出自己的需求，這才能支援孩子繼續尋找語言表達的趣味經驗。

▌給孩子申訴的機會

龍凱今年 6 歲，讀幼稚園大班。有一天，表妹來了，小龍凱把表妹帶到他的臥室玩。剛開始，媽媽還聽到兩個小傢伙在房間裡玩得挺開心的，但過了不久，媽媽就聽見房間裡傳來了小姪女的哭聲，媽媽聞聲跑進去，發現龍凱居然正拿玩具熊打她的頭，媽媽趕緊把兩個孩子拉開，並且對龍凱說：「你再打表妹，媽媽就不要你了！」小龍凱剛想解釋說：「是因為……」媽媽就打斷他「你打人你還狡辯？」然後就讓兩個小孩在不同的房間玩。

生活中，類似的事例數不勝數，在家長們看來，犯了錯誤還要進行解釋的孩子是在做無謂的狡辯。他們認為，孩子跟大人「頂嘴」為自己辯解就是一種沒有禮貌的行為，所以聽都不聽孩子的辯解，就給予了否定的態度。事實上，從某種意義上來說，孩子懂得「頂嘴」是孩子有自己主見的表現。有些時候，孩子並不是想「狡辯」或者「頂嘴」，他們只是想為自己的行為申訴而已。

然而，家長們卻剝奪了孩子辯解說明的權利，這樣強制性的行為可能會給孩子的成長帶來一系列危害：

✧ **使孩子產生叛逆心理**：生活中有的孩子犯了錯誤，試圖找出理由為自己辯護，其目的無非是為求得父母對自己的諒解，這種心理很正常，

也是孩子鼓足了勇氣才這樣做的。如果父母武斷地加以阻止，孩子會認為父母不相信自己。對父母的這種「蠻橫」作法，孩子雖不敢言，但心裡不服，以後孩子即便有更充足的理由也不會再辯解了。孩子一旦形成了這樣的心理定勢，父母的批評他根本就無法接受，把訓斥當成耳邊風。

✧ **讓孩子形成認知障礙**：一些犯了錯誤的孩子，因為沒有真正意識到錯誤而與父母爭辯，而這時父母簡單粗暴地不給孩子辯解的機會，不讓其透過「辯」來分清是非，將使根本性的問題沒法真正解決。由此，孩子的認知就會逐漸產生偏差。

✧ **可能扼殺了孩子的新思想**：一個想「頂嘴」、「辯解」的孩子，往往能將是非善惡權衡在自己的評判標準上，顯示了不惟命是從、求是明理的思想特質。許多孩子正是在有所聽和有所不聽的過程中，逐步學會了認識問題、處理問題的能力。而父母「不許頂嘴」的高壓使孩子產生了唯唯諾諾的心理，這該怎麼讓他們以後如何解決問題、處理問題呢？

由此可見，強行遏止孩子申訴、解釋的行為是不明智的。家長一定要保持民主、理性的態度對待那些喜歡「頂嘴」的孩子。在此，專家提出了以下建議：

✧ **寬容對待那些喜歡「頂嘴」的孩子**：愛「頂嘴」是孩子在成長過程中正常的訴求，他們透過「申訴」以表明自己的立場與願望，是孩子自我意識強的表現。這時候，父母的寬容能讓孩子意識到自己的重要性，從而變得更加自信、善於表達自己的觀點。如果父母礙於個人的面子和尊嚴，而置孩子的「委屈」和「苦衷」於不顧，以勢震人，以

大壓小，就可能會打擊孩子的自尊，導致孩子叛逆和逃避心理的形成。當然，還可能會讓孩子因此變得不再喜歡說話。

✧ **耐心傾聽孩子的辯解是有必要的**：孩子需要申訴，代表他有表達「委屈」的希望。這時，家長不要急於憑主觀或一面之詞而妄下結論，應該更具耐心、真誠地去傾聽孩子辯解的理由，並且加以具體分析。只有這樣，孩子才能感覺到大人足夠的「尊重」，他們說起話來思維才能更曉暢，也更勇於表達自己的立場。

✧ **為孩子營造辯論的氛圍**：在孩子為自己的行為「申訴」時，家長不妨因勢利導，充分讓孩子辯解，培養他們敢想、敢說的良好習慣，這樣做能使孩子既明事理，又練口才。

✧ **引導孩子學會自我分析**：讓孩子「申辯」並不是讓孩子牽著大人的鼻子走，而是鼓勵孩子說話，在表達的時候了解到自己的謬誤，正視存在的問題，鼓足信心去克服它。這樣，孩子才能夠變得更加能言善辯且明辨是非。

最重要的是，家長們不要把孩子的「頂嘴」與自身的「權威意識」連結一起，把他們的辯解和不講禮貌混為一談，這樣才能讓他們在爭辯中清楚地了解到自己的對與錯，從而更堅定正確的想法。

▍用心傾聽孩子的心聲

德國教育學家卡爾‧威特說：「我認為傾聽是一種非常好的教育方式。因為傾聽對孩子來說，是在表示尊重，表達關心，能促使孩子去認識自己的能力。如果孩子感到自己能自由地對任何事情提出自己的意見，而他的認知又沒有受到輕視和奚落，那麼他就會毫不遲疑、無所顧忌地發表自己的意見，先是在家裡，然後是在學校，將來就可以在工作上，自信、

勇敢地正視和處理問題。」可以說，有善於傾聽的父母，才能培養出善於表達想法的孩子。

　　遺憾的是，在我們的生活中，家長太多忙於自己的事情，無暇真正顧及到孩子的感受，聆聽孩子內心的想法，以致於親子關係疏離、冷淡、甚至親子雙方無法溝通。

　　小田田今年 5 歲半，但他在幼稚園已經待了 3 年了。原因是，他的爸爸媽媽工作都太忙了，根本沒有時間陪小田田，所以孩子 2 歲半後，爸爸媽媽就把他托給幼稚園的阿姨帶，一周只把孩子接回家一次，這樣，爸爸媽媽就有時間全身心投入到工作中。他們經常對小田田說的話就是「田田在幼稚園要聽阿姨的話呀，爸爸媽媽忙，都是為了田田以後能過上更好的日子呀！」

　　小田田很懂事，也很乖巧，但也有拗脾氣的時候。有一天週一上課的時候，孩子居然不願意去幼稚園了，他哭著對媽媽說：「媽媽，我不要好日子，我要媽媽像別的小朋友的媽媽一樣，每天都把田田接回家，這樣，田田每天都能跟爸爸媽媽說話了！」

　　田田媽媽雖然心裡難受，但因為太忙了，沒有時間照顧孩子，所以，還是咬著牙把孩子哄上車了！

　　此後，小田田每次回家，總是興致勃勃地給爸爸媽媽講幼稚園裡的事，不管大人愛聽不愛聽。孩子需要的是一個忠實的聽眾，而爸爸媽媽是最合適的人選。遺憾的是，一開始爸爸媽媽就沒有意識到孩子的這個需求，總覺得聽孩子說話，浪費了自己做事情的時間。所以，每次孩子在跟爸爸媽媽講話時，爸爸媽媽總做出很忙的樣子，眼睛左顧右盼，手裡還不停地翻動著書報。

　　孩子似乎意識到什麼，慢慢地，他的話越來越少；最後，他總是一回

家就看電視，爸爸媽媽跟他說話，他也懶得搭理了！這時候，小田田的爸爸媽媽才意識到事情的嚴重性。

其實，許多時候，對於孩子來說，相比較於指導和教訓，他們更需要的是有人傾聽他的想法、理解他的感受，和他分享快樂、幸福，為他分擔憂愁、痛苦。孩子透過語言，把他的所有感受，不管是積極的還是消極的東西都傾訴出來，不但口才上得到了鍛鍊，在心理上更得到了疏導，甚至滿足！這對孩子的身心健康，乃至今後的發展都是有很大好處的。

父母要耐心傾聽孩子的心聲，無論是快樂的、痛苦的、喜悅的、悲傷的，這對孩子的情緒和語言表達都是有好處的。當然，耐心傾聽孩子的心聲，也是有一定方法和技巧的。

✧ **父母應該做好傾聽前的準備**：當孩子要對父母訴說什麼時，父母都要停下來，全神貫注地聽孩子說話，同時應該給予孩子無條件的積極關注和充足的溝通時間。

事實上，許多父母在聽孩子說話時往往心不在焉，不是看電視，就是做家務，總以為孩子的事情沒什麼大不了的，自己的事情才是重要的。孩子為自己的小小挫折傷心難過，父母一笑置之；孩子與朋友發生衝突，想尋求父母的幫助，父母則認為小孩子吵架沒有什麼要緊的……父母們總以成人的視角去看待發生在孩子身邊的那些「微不足道」的事情。事實上，對於孩子來說，正是這些被大人看來「微不足道」的小事占據著他們成長過程中的整個心靈。由於父母把小孩子身邊發生的事情都認為是無關緊要的，因此他們總是不能靜下心來傾聽孩子的心聲。

對家長來說，有時候並不需要講很多的道理，只要耐心去聽，就能向孩子傳遞出理解、接受、贊同的態度。

✧ **父母應該等孩子把話說完後再發表意見**：別輕易打斷孩子說話，更不
要總是指出孩子發音錯誤。因為這樣會使孩子的思路被打斷，有時孩
子會因為緊張而忘記自己要說的話。於是他傾訴的欲望就會被削弱、
受到干擾。當傾訴者不能暢所欲言時，傾聽也就不能順利地進行。父
母耐心傾聽的時候，一邊溫和地點頭，一邊用鼓勵的眼光示意孩子繼
續說下去，有時候可以說：「嗯，對！」有時可以說：「噢？是嗎？
再講一下好嗎？」啟發孩子一步步把他想說的話全部說完。

✧ **父母應該對孩子關心的話題表現出興趣**：身為父母，除了關心孩子的
吃、住外，更要關心孩子感興趣的事情。對孩子關心的話題感興趣，
孩子就會興致勃勃地傳遞給你興趣和愉悅。

父母不光要對孩子的話題感興趣，還可以用參與的方式傳達給孩子訊
息，這更有利於引導孩子訴說一些事情的經過和想法，讓孩子自己
去分析和判斷，而父母依然扮演著傾聽者的角色。比如，你可以坐
在孩子的對面，用慈愛的目光注視著孩子，若有所思地回答：「那倒
是。」，「我想那時你肯定很傷心（高興）吧？」

你也可以抓著孩子的手，溫和地注視著孩子，說：「我理解你的感
受。」，「嗯，我理解你的心情。」這些附和性的語言往往會增加孩
子訴說的動機，孩子會滔滔不絕地把下面的事情告訴你。

✧ **父母也可以透過恰當的表情傳達自己感興趣**：其實，很多父母都知
道，不管孩子的話題多麼簡單，只要你感興趣，那麼孩子自然就會產
生訴說的熱情。如果你沉著臉，一副漫不經心的樣子，孩子很可能就
喪失了訴說的熱情。父母可以用言語傳達自己對此感興趣，也可以透
過手勢和身體的各種姿勢來傳遞訊息，比方你可以放下手中的事情，
瞪大眼睛、張大嘴巴，做個誇張的表情，說：「真的嗎？」

當孩子講的事情出乎你的意料之外時，你可以用「大驚小怪」的神情來表達自己對此感興趣，這會進一步激發孩子的表現欲。

有經驗的父母會發現，不管孩子要跟你訴說的是一件如何簡單的事情，只要你表現出認真傾聽的樣子，表現出對此感興趣，比如用眼睛注視孩子、身體略微傾向孩子，並伴隨恰當的臉部表情等，讓孩子感知到父母的關心，實現訊息的互動傳遞，孩子就會興致勃勃地講下去，進而表達出自己的思想與情感，與父母進行思想交流與情感溝通。

這些都是幫助父母用心傾聽孩子講話的良策，試試看，效果很快就會顯現在面前。當孩子長大成人，像山一樣站在父母的面前，需要仰視他時，他仍然會習慣地俯下身來，像小時候爸爸媽媽對他那樣，聽父母說話。那時，年邁的雙親，會從內心裡感到做父母的寬慰和滿足。

年幼的孩子都有一顆敏感而脆弱的心，他們能夠從父母慈愛的笑容中得到鼓勵和安慰，也會從父母冷漠或者不屑一顧的語氣中受到傷害。用心的溝通與交流是人與人之間的基本法則，對於孩子當然也不例外。如果孩子不愛說話，或者一說話就緊張，聽別人講話時漫不經心，父母應該想想，是不是自己的不耐心傾聽讓孩子喪失了表達的興趣和信心，甚至養成不良習慣。

誰的話有人聽，誰有人關心，誰就能長智慧，誰的口才就能更進一步。被傾聽，意味著被接納、被了解。今天，透過語言，孩子把自己的心情與想法傳達給父母；明天，透過口才，他能把心情與想法傳達給世界，並感動這個世界。

講故事給孩子聽豐富孩子的語言資源

　　每一個孩子都喜歡聽故事，這是因為故事具有生動的情節，典型的藝術形象和優美的語言，為孩子學習語言提供了豐富的材料；而且故事神奇的情節，能滿足兒童的好奇心。透過聆聽一個個生動有趣、富有懸念的故事，孩子的注意力集中了，詞彙量增加了，思維能力與想像能力都得到了很好的鍛鍊。同時，孩子的視野拓寬了、知識面也擴大了，並從中得到教育啟發。所以說，聽故事是孩子拓展視野、豐富情感、訓練口語表達能力的最佳途徑。經常聽故事的孩子會變得更加愛思考、愛提問、愛表達，因此，父母們應經常講故事給孩子聽。

　　「講故事」看似簡單，其實仍有不少的學問在裡面。

● 注意自己所講的內容應適合孩子的智力發展階段

　　這表現在時間上不能太長，一般控制在 20 分鐘以內最好，時間長了，孩子容易注意力分散；不過因人而異，孩子注意力若能集中，多講一會兒也無妨，若分心了就要趕快停住。

　　在內容上，2 ～ 3 歲幼兒可多講些動物、植物相關的故事，貼近現實生活的故事當然更好；故事要短、形象要生動，情節不要太曲折。一般而言，故事的篇幅控制在 250 ～ 450 字，講故事時應盡量多使用一些繪聲繪影的詞語。比如，講〈三隻小豬〉的故事時，可以多用「嚕嚕嚕」的聲音來提示。反覆多次以後，寶寶想要看〈三隻小豬〉時，他就會發出「嚕嚕嚕」的聲音。時間一長，媽媽就可以發現寶寶最喜歡哪幾個故事了。在講一個熟悉的故事時，讀到一半可以鼓勵寶寶繼續講下面的故事情節。你會驚奇地發現，兩歲大的寶寶已經可以背誦了。這時，儘管他還不能跟你一起朗讀，但他可以記住一些故事情節了。

當孩子長到 4 ～ 5 歲時就具有想像力了，因此可以講些神話、童話、民間故事等。此時，故事中的形象可以更豐富一些、詞彙量要逐步增加。為了豐富孩子的想像力，要多用誇張的手法、誇張的表情來講故事。再大了就要講些歷史人物的故事和成語、諺語等，這些故事宣揚可愛國主義或富有哲理，是啟迪兒童思維和語言的好材料。

● 留意自身的語言

盡量使用標準的國語講故事給孩子聽；講的時候，要注意語言的生動性與形象性。這樣才能引起孩子的注意力，吸引孩子認真地聽故事。有一些家長故事選材很好，可是，他們不是在講故事，而是在唸故事，他們按照書上的文字一個字一個字地唸。由於孩子對書面語言還不熟悉，有的甚至聽不懂，只是聽聽也就沒有意思了。

此外，家長在講的過程中最好要多用狀聲詞或象形字，必要時應加入抑揚頓挫、手舞足蹈，眼睛、嘴巴連同臉上的肌肉一起調動起來。只有自己講得繪聲繪影，孩子才能聽得津津有味。

當然，家長還應該注意到，講故事的語言應該用描述性的語言，而不是解釋性的語言，比如，說天氣很冷，你要生動形象地描繪出冷的情景：「這一天，天氣冷極了，我穿著厚厚的羊毛衣，牙齒還凍得『咯咯』響」，孩子一聽，就能想像冷的程度了，以後他自己形容「冷」的時候，也會跟著使用一些生動的語言。

● 隨著孩子的反應來調整講故事的語言和速度

比方，剛開始時，父母可以這樣說：「今天，我們來講一個故事。很久很久以前，有一個……」中間故意停頓，然後問孩子：「有一個誰呢？」有些孩子可能會說：「哪吒！」這表明孩子想聽哪吒的故事，或者

孩子對哪吒很感興趣，這樣，父母就可以講哪吒的故事給孩子聽。在講故事的過程中，還可以故意停下來，讓孩子自己來想像，這樣，既能激發孩子的思維，又能促進親子溝通。

● 注意創設一定的情境

講故事的過程實際是一個還原生活的過程，孩子年齡小，社會生活經驗較缺乏，往往對故事的內涵領悟較慢。因此講故事給孩子聽，首先應創造一種故事氛圍，達到藉景生情、置身於境的效果。具體作法可以透過「解題」來做鋪墊，告訴孩子這是一個什麼樣的故事，要注意哪些情節和人物等。有這樣一個開場，可以幫助孩子將注意力集中到聽故事上，並意識到這個故事的新奇，做好「聆聽」的心理準備。另外，要力求不斷渲染故事環境，促使孩子神往於故事之中。情境渲染的途徑很多，比如角度形象創設、講故事者角色要到位、努力暫時擺脫或掩蔽自己的身分、依照故事角色形象的個性及特點來寓情於境。言語情境的營造不容忽視，語言是溝通講者與聽者情感的重要媒介，講故事的語言生動，形象清晰鮮明，可使孩子移情於境，從而增強故事的感染力。

● 學會巧用「懸念」

瑞士教育家亞美路說過，教育最偉大的技巧是：知所啟發。為了讓孩子聽而有發，講故事中靈活運用懸念就十分重要。

懸念就是「掛念」，它是孩子聽故事時對故事發展和人物命運持有的一種關切的心態反映。有人說故事是人類靈感的橋梁，懸念就是靈感集成的火花。懸念的引入，就是打破故事完整性的格局，在關鍵處置疑，讓孩子依照故事的脈絡去思考、探索餘韻。故事懸念，通常有開篇懸念、情節懸念與結果懸念等，應視具體的故事內容和聽故事狀況選擇運用或兼用。

懸念的設置和運用，需要父母講故事前認真鑽研故事，精心設計講法。懸念分布既可從故事內容的教育性入手，分解為情感懸念、問題懸念、事件懸念等；也可從故事的結構上設置，如層次懸念、連鎖懸念等。當然，講故事設置的懸念，是為了使故事跌宕起伏、曲直交錯，增強故事的藝術感染力。不過，懸念設置頻率、深度也要因孩子而異，不能因設置懸念而讓孩子聽故事的興趣受損。一般情況下，講故事過程中設置的懸念，隨著故事的推進，都要適時說明清楚，不能總是懸而未決。

● 給孩子充分的想像空間

父母講故事給孩子聽時，不要只一味地自己講，也要學會引導孩子想像，並鼓勵孩子自己練習來描述。這對孩子的語言表達能力及想像能力的培養都是很有益處的。

德國詩人歌德在幼年時，母親常常講故事給他聽，但是母親每次講到精采處就停下來，以後的事情就讓歌德自行去想像。

幼年的歌德曾為這些故事做過多種設想，有時他也把故事情節和奶奶一同討論，然後再等待第二天故事情節的發展。

第二天，母親在講故事前，會先讓歌德說一說自己是如何進行設想的，然後，母親再把故事情節說出來。這樣，歌德的想像力和思維能力都被培養起來了。一般來說，孩子所編的故事往往能夠反映出他對什麼樣的事情感興趣，父母聽了孩子編的故事，可以從中了解孩子的想法。

● 提問以幫助孩子理解故事

給 3 歲左右的孩子提問題，首先要具體、簡單，例如講完「畫媽媽」的故事後，可以提問：「故事裡有誰？」，「妞妞為什麼想媽媽了？」，「她想媽媽時做了哪些事？」其次，所提的問題要逐步深入，可以幫助孩

子逐步加深對故事的理解，如上面列舉的三個問題。很顯然，第一個問題最容易，它主要是幫助孩子弄清楚故事的人物有哪幾個。要理解一個故事，起碼要知道主要人物有哪些。第二個問題是在第一個問題上的深入，它主要是幫助孩子理解故事發生的原因。第三個問題又是對第二個問題的繼續，它幫助孩子理解故事的基本情節。如果孩子依次回答了這三個問題，那麼他對這個故事的內容大概就有了基本的了解。

引導孩子表述想像中的事物

在孩子很小的時候，就已經有自己的想法了，他們的想像力與成人不同，但想像的空間已經相當豐富了。沉浸在想像的世界裡，孩子常常樂不可支。為了滿足自己豐富的想像，替自己想像中的事物找答案，孩子經常會問一些讓大人看起來很可笑的問題。許多家長無暇顧及孩子的這些看似「無聊」的問題，不是胡編一個答案矇混過關，就是根本不想去搭理孩子。殊不知，家長的這樣作法間接阻止了孩子的表達與想像能力的拓展，對孩子的語言發展與思維能力的培養是不利的。相反，如果每一位家長都能認真地看待孩子的提問、想像，鼓勵孩子把自己想像中的東西表達出來，不但能激發孩子說話的欲望，更能促進孩子智力的發展，對孩子的身心健康與個人心智的成長是很有幫助的。

下面是一個家長引導孩子表達想像力的例子：

一對父子在社區裡的花園裡玩耍。這時候，一架飛機轟鳴著飛過頭頂。爸爸引導兒子一起抬頭看。

「哦，有飛機哦！」孩子顯得非常激動。

「是呀，這飛機看起來像什麼呢？」

「像蜻蜓、像小鳥、像老鷹……」孩子一口氣說出了很多名稱。

第二章　家庭—孩子口才成長的沃土

「真棒，我兒子認識的東西真多！」孩子的爸爸由衷地讚賞道。

「可是，為什麼飛機看起來那麼小呢？飛機應該那麼那麼大才對！」孩子一邊說一邊用手比劃著，並一臉的疑惑。

爸爸笑了：「傻孩子，飛機看起來很小，那是因為它離我們很遠的緣故，如果靠近一點，自然看起來就會比較大了！」

「哦，飛機上坐著誰呢？」孩子好奇地問爸爸。

爸爸並沒有回答孩子的問題，而是引導孩子想像：「你來猜猜看裡面到底坐了一些什麼樣的人呢？」

孩子的眼前一亮，開始描繪了起來：「有長得很漂亮的姐姐、有戴著眼鏡的老人、有長得特別威武的叔叔，還有看起來很有學問的阿姨。對了，也可能有外國人呢，鼻子高高的、頭髮捲捲的……」說著說著，孩子歡快地笑了起來。

你看，這是一個想像力多麼豐富的孩子呀！美好的想像，使他充滿了快樂！生活中，我們也經常見到這樣的孩子。可是，令人遺憾的是，對待孩子的想像，許多家長不是引導，而是對孩子潑冷水「胡說什麼呀？你又沒有看見，你怎麼知道？」在這種情況下，孩子充滿了創造性的想像之火就這樣瞬間被撲滅了。

身為家長，一定要意識到：當孩子觀察某物的時候，不要制止孩子；當孩子表達疑問的時候，不要覺得反感；當孩子說出自己的理解時，不要覺得孩子幼稚。其實孩子本就應該是幼稚的，他們透過觀察那些在我們看來稀鬆平常的東西來了解事物，遇到不懂的，他們喜歡追根究底地問。如果父母配合孩子，他一問，你一答，透過引導讓他們去想像，讓他們表達想法，那麼孩子的想像力就會越來越豐富，他們的語言表達能力也會越來越好。

把自己的想像用語言表達出來，這是訓練好口才不可缺少的步驟。生活中，有些人很有想法，但是表達不出來，或是表達出來後與自己的真實想法有出入，這就是因為欠缺語言表達能力。培養孩子的語言表達能力，父母可以從引導孩子表達想像中的事物開始。

✧ **豐富孩子的生活經驗，培養孩子的想像力**：想像力是在孩子大量的生活經驗上累積起來的。當別人說「西瓜」的時候，你的頭腦中會浮現出一個「西瓜」的具體形象，這個形象就是表象。讓孩子累積生活經驗正是在孩子腦海中建立表象的過程，表象的累積越多，就越容易將相關的表象連結起來。因此，家長要經常帶孩子走向大自然、多與外界接觸，目的就是讓孩子有機會豐富生活經驗，在腦海中留下更多的表象，為想像力的發展打下基礎。

✧ **為孩子營造多彩的生活空間激發孩子的想像**：除了帶孩子外出，家長還應該把家裡布置得充滿創意，以便引發孩子的想像。在孩子的小房間掛上可愛動畫人物的壁畫；床頭用皺紋紙布置一個「親情園地」，貼上孩子從小到大獨自的、和父母一起拍攝的照片，父母用手機錄下和孩子一起說笑的影音放給孩子看；在家裡養一些花花草草或巴西龜這樣的生物，給孩子創設豐富多彩的生活環境，讓孩子既能感受到日常生活的溫馨，又能體會到樂趣。

✧ **與孩子一起分享他們的想像**：找合適的圖書與孩子一起分享故事、鼓勵孩子描述情景、讓孩子想一想故事結局如何，這些都是能幫助孩子發展想像力的好辦法。在讀故事給孩子聽時，可以讀一讀、停一停，讓孩子能想一想。

　　此外，和孩子一起遊戲時也是激發孩子想像的好機會。男孩子愛玩的積木，女孩子愛玩的「家家酒」，都是促進孩子想像力發展的遊戲。

家長的任務不是只提供玩具，還要參與到孩子的遊戲中，適時地問孩子：「你今天給娃娃做什麼飯呀？」、「怎樣才能幫大象搭一個家呢？」以此引發孩子的想像力。

✧ **做忠實的聽眾，傾聽孩子表達自己的想像**：鼓勵孩子大膽地想，目的是讓孩子把想像的東西表達出來，這才能鍛鍊孩子的表達能力。當孩子說出的話很可笑、很沒道理時，家長不能簡單地一句「瞎說」就將孩子打發，而應該追問孩子到底是怎麼回事，學會向孩子問「為什麼」，孩子的表達能力就會在不斷地為你「解釋」中獲得提升。

▌帶著孩子走進大自然

語言來自於實際生活，生活經歷和生活需求是語言的來源。但是，從根本上來說，語言和知識是一個密不可分、互相依存的有機體。要想學好語言，應該以真實的知識為前提。孩子最初學習語言時，表達思想時所用的單字、短語和句子都來自於他們的日常生活或者日常生活中經常聽到的這些話，這些話不斷重複，自然而然就進入他們的記憶中。當想表達內心想法時，這些詞彙就會從記憶庫中被提取出來。

讓我們來看看下面的一些回答：

一次，老師問幼稚園的小朋友：「花兒為什麼會開放呢？」

有的小朋友說：「花兒睡醒了，想出來看太陽。」

有的小朋友說：「花兒想跟小朋友比一下，看誰的衣服漂亮。」

有的小朋友說：「太陽出來了，花兒想伸個懶腰，結果把花朵頂開了。」

有的小朋友說：「花兒想聽聽小朋友唱什麼歌。」

你看，這些孩子們的回答是多麼富有想像力，而這種充滿想像力的語

言正是出自他們對自然的體驗。孩子們總是習慣把自己與自然界連結起來，說出來的話都極其天真，這一點必須得到父母們的重視。

英國教育家夏洛特·梅森認為，只有一些常用的詞彙能夠使孩子聯想起明確的意思，其他的對孩子來說都像是外語。但是，讓孩子面對面地去接觸事物，他理解事物的速度會比成人快 20 倍。隨著孩子對事物理解的深入、豐富，他們的詞彙量也隨之增加。我們知道，頭腦的功能就是想把我們知道的東西盡力表達出來。這個事實讓我們理解，為什麼一些孩子會提出許多表面上看來毫無關係的問題，他們的詢問不是為了知識，而是為了找到能表達知識的詞彙。

因此，父母在訓練孩子語言表達能力的時候，要盡可能多讓孩子接觸大自然，把孩子的語言學習與傳授給他的知識結合起來，這樣的語言訓練效果往往更好。

德國心理學家威特出生後，他的父親著重對他進行語言教育。當他剛會辨認物體時，他父親就教他說話，在他能聽懂話時，就天天講故事給他聽，帶他觀察家鄉的地形、畫家鄉地圖、讓他講自己的見聞，六歲時就教他學外語。結果，他九歲時就能懂五國語言，最後成為著名的心理學家。

也許父母們不相信，大自然對於孩子來說，簡直就是他們的樂園。孩子們能夠在大自然中獲得輕鬆，在大自然中獲得知識，也能在大自然中獲得成長。

如果家長們善於利用大自然，不僅孩子的語言能力能夠獲得發展，其他智慧也都能拓展開來。

讓我們來看一個特殊的例子：

美國作家海倫·凱勒從小是個失聰的孩子，但她的老師蘇利文仍像對待一個正常孩子來教育海倫·凱勒，訓練她的語言能力。蘇利文曾經這樣

記錄對海倫·凱勒的語言教育：

「在海倫早期的語言學習階段，我總是引導她到大自然中去獲得快樂，讓她在田野裡奔跑，觀察各種感興趣的東西，了解各式各樣的動植物。」

「其實，孩子們到了適當的環境中，他們就會自己教育自己。」

「對於老師來說，教孩子語言首先要找出孩子的興趣所在。我從不為了教語言而刻意去編造對話，交談應該自然而然，並且以思想的交流為目的。老師就應該引導和啟發孩子感興趣的問題，並注意回答孩子急於想知道的問題答案。當我明白海倫急著要告訴我什麼事情，但由於不會運用詞彙而無法把它表達清楚時，我便會及時地把這些詞彙和常見的習慣用語告訴她，這既能激發她學習語言的興趣，也能有效地提供給她有用的資訊。」

可見，海倫·凱勒早期的語言教育是透過在日常生活中不斷地實踐活動來學習的。她接觸的是新鮮的語言，蘇利文老師盡可能地避免了那些令人費解的語法、規則、定義、術語、例句等。孩子在日常生活中與各式各樣的事物打交道，就能學會用各式各樣的方法來不斷練習語言，從而學會正確地運用這些語言。

因此，父母們要多帶孩子到大自然中去玩耍，從大自然中去感受人生的快樂，在大自然中學習各種知識和能力。

▌讓孩子學會與人交往

現在的很多家庭都只有一個孩子，一家子大人圍著一個孩子轉，容不得孩子受半點的委屈。因為擔心孩子與其他小朋友玩時受欺負，所以，許多家長寸步不離地跟在孩子身後，不讓孩子與別的孩子接觸。家長的這種作法嚴重地阻礙了孩子與同伴之間正常的交流，使孩子的性格變得孤僻、不合群，甚至養成以自我為中心的毛病。最重要的是，長期不與他人交

往，還可能導致孩子語言能力低下，不懂得與他人交談。這是眾多家長所不願意看到的情況。

小怡的父母在外地工作，在小怡很小的時候他們就把小怡托給外婆照看。老人家對孫女非常疼愛，總擔心孩子太小了，容易受到其他小朋友的欺負。所以，小怡一出去玩，外婆就連忙跟出來把小怡叫回家去。

因為怕孩子遇到什麼危險，平時外婆也很少帶小怡出去玩。小怡是個乖巧的孩子，平常很聽外婆的話，外婆叫她別出去，她就安靜地待在家裡看電視，也不吵鬧。即使有些時候一些小朋友就在她家的樓下玩，小怡也只是坐在窗臺上看著。

慢慢地，小怡的性格變得越來越內向。在班上她沒有什麼好朋友，大家都覺得她怪怪的，很難接近。小怡心裡非常難過，但她不知道怎麼跟班上的同學交談，更不知道怎麼讓別人喜歡上自己。

小怡這樣的問題，是現在許多性格內向，從小受到「愛」的限制的孩子的共同遭遇，值得家長以及整個社會重視。

事實上，每一個孩子都需要從小朋友那裡獲得資訊，學習他們的經驗和智慧，學會與人溝通，協調與其他小朋友的關係。孩子的小朋友從某種意義上來說就是孩子的小老師，小朋友的聰明、勇敢，會啟發、激勵孩子；孩子從小朋友身上，可以看到自己的優缺點。當然，孩子的小朋友在孩子的言語發展過程中也起著重要作用。他們能一起相互交流自己的想法、看過的圖書、新奇的發現以及孩子特有的語言等，孩子只有和小朋友們順暢的交流，才能融入其中。所以，孩子與同伴之間的交往是十分必要的，它不僅能使孩子將來更快地適應社會，對其健康成長也非常重要。正因如此，父母應該鼓勵孩子多與別人交流。

與小怡不同的是，小蘭有一位開明的媽媽。她認為孩子就應該多出去

跟別人交流，這樣才能培養孩子樂觀、開朗的性格。為此，小蘭很小的時候，就在院子裡跟小朋友們一起玩，孩子的語言能力、社交能力都有了很大的進步。上小學以後，能言善辯、辦事能力強的小蘭一直擔任班長，不僅團結了同學，還幫老師做了很多工作。班上的同學有什麼問題，都喜歡找小蘭商量，而小蘭也總是一副小大人的模樣。

可見，父母不必過分擔心孩子在與同伴交往中發生的小摩擦。孩子自有孩子的遊戲規則，只要大人不出面干涉，孩子自己就會想出辦法去對付突然出現的小矛盾、小問題，在處理這些矛盾和糾紛的過程中，孩子不僅鍛鍊了自己的語言技巧，同時也逐漸明白交往中的一些方法和原則。

孩子的人際關係很大一部分來自於家庭教育。什麼樣的教育方式就能造就什麼樣的孩子。因此，每一位家長都要重視孩子的人際問題，為孩子創造一個利於與他人交往的家庭環境，並引導孩子學會與他人往來。要想培養出一個交際能力強，善於言辭的孩子，家長應注意做到以下幾個方面。

✧ **接納孩子的伙伴**：接納孩子的伙伴是父母鼓勵孩子與同伴交往的第一步。比如，父母應該常常歡迎孩子的朋友到家中做客。孩子在一起玩時，不必太在意孩子們對家中整潔環境的「破壞」。父母多鼓勵孩子拿自己的食物、玩具，來招待他的朋友。父母還要給孩子自由的空間，允許孩子們單獨在一起說「悄悄話」、進行「祕密」的小活動，主動為孩子們創造機會，讓孩子和朋友們一起玩耍、一起活動。
對於孩子與同伴交往的活動內容、形式，父母也可以提供有益的建議。比如，建議孩子把他與同伴在一起的遊戲、活動編成故事講給父母聽，或者歡迎孩子的同伴到家中來做客、歡迎孩子邀請同伴與家人一起出去遊玩，鼓勵孩子「串串門」；這些方法都可以使孩子的性格變得開朗、合群。孩子在交往過程中會逐漸學到待人接物的態度和方法。

✧ **尊重孩子的交往興趣**：父母應該讓孩子明白與同伴交往是自己所擁有的權利，當然，孩子自己也有義務處理好同伴交往中出現的問題。這是父母對孩子獨立人格的肯定，也是培養孩子獨立交往的重要一步。父母應允許孩子選擇和同伴在一起時談什麼、做什麼，在這個過程中，父母還應積極指導孩子正確處理與同伴交往時出現的矛盾，鼓勵孩子自行解決問題。如果孩子年齡較小，判斷是非、自我控制的能力較差，父母也可以適當地監督孩子，告訴孩子一般的注意事項，以促進孩子恰當地選擇交往的同伴，並順利地交往。

✧ **教育孩子平等待人**：與同伴交往時，處處只考慮自己的感受，處處壓制別人，那麼，其他小朋友就會疏遠他、孤立他。而孩子霸道的性格往往是父母驕縱的結果，因此，父母在日常生活中不可太寵愛孩子，要教育孩子多為別人著想，減少孩子一切以自我為中心的行為。

✧ **教育孩子樂意與人合作**：受同伴歡迎的孩子，大都具有助人、友好、合作、快樂的性格特點，而那些被同伴排斥的孩子往往攻擊性強、不易與人合作。如果希望孩子能與同伴友好相處，就要有意識培養他樂於合作的性格與行為。因此父母千萬不可對孩子百依百順，過於嬌縱；要教育孩子在解決矛盾時，採取協商的方式解決。

✧ **多鼓勵孩子與人交往**：讓孩子獨自到同學或鄰居家去「串門子」，這都是鍛鍊孩子交際能力的機會。「串門子」需要寒暄和問候，也需要交談和相關禮物的收送。孩子一個人去就成了主角，與對方的一切接觸都得由自己來應酬，這無疑是把孩子推向前線，促使其考慮如何交際。家裡來了客人，有時不妨讓孩子去接待，特別是與孩子年齡相仿的客人或朋友，家長千萬不要包辦代替。

✧ **鼓勵孩子將在同伴交往中遇到的困難講出來**：在同伴交往的過程中，

也會出現一些麻煩，父母要教孩子學會辨別是非，分析並尋找積極的解決策略，鼓勵孩子學會積極溝通、共同協商，從而取得別人的理解、信任與合作。

為孩子創造展示口才的機會

在生活中，我們經常看到這樣的現象：許多孩子在家人面前總喜歡滔滔不絕地說個不停，可是一到了親戚朋友家裡就十分扭捏，有時候甚至連基本的招呼都忘了。這是為什麼呢？眾所周知，好口才始於交流，沒有一定的展示口才的空間和機會，孩子怎麼可能有好口才呢？所以，家長應該主動為孩子創造交流的條件和環境，給孩子口才展示的空間與機會，這樣，孩子能在現實中累積足夠多的口才經驗，面對他人的時候就不會無話可說了！

那麼家長應該如何為孩子創造展示口才的機會呢？以下是一些家長的作法，值得我們效仿：

● 把飯桌當成「口才訓練場」

很多家長平日裡忙於工作，所以，大人們鮮有時間與孩子進行交流。而孩子每天從學校回來，都有一肚子的話急於跟爸爸媽媽分享，特別是在吃飯的時候，很多孩子更會迫不及待地在全家人面前開始他（她）的個人演講。小丹也有這樣的「嗜好」。

那一天，好不容易等到爸爸媽媽回家，晚飯開席，小丹一邊吃飯，一邊彙報開了：「今天老師提了一個問題，班上的其他同學都答不上來，就我回答出來了呢！老師還因此表揚了我！」說完這話，小丹滿懷希望地看著媽媽，希望能得到她的表揚。不想，媽媽的臉色一沉，就訓斥道：「不

是告訴過你，吃飯的時候不要說話嗎？不就是得到一次表揚，又不是考了100 分，有什麼好高興的呢？」

一聽這話，小丹的臉拉得好長，一頓飯下來再也沒有說一句話。

爸爸看了於心不忍，飯後就跟小丹說話，要求小丹說說學校今天發生過的事情。可是，這時候的小丹再也沒有說話的興致了。

你看，本是很溫馨的飯桌交談就這麼被壓制住了。試想，以後小丹還願意與自己的爸爸媽媽交流學校中發生的事情嗎？

其實，對孩子來說，飯桌上的演講是他們身心發展的必然歷程。身為父母應該對這種現象給予適當的引導，將這種自發的「飯桌演講」發展成為有目的、有系統地培養口語表達能力的自覺行動，比如舉辦「家庭演講會」、「星期日家庭演講比賽」等活動，以培養孩子的觀察、思維、記憶、言語表達等各種能力。指點孩子把事情講清楚、把話說明白，可對孩子的演講題目規定範圍、提要求，但不要限制太多，可透過手機把孩子所講的過程錄下來，再播放給孩子聽，以提升孩子的興趣。簡單、甚至粗暴地喝止，還不如讓孩子痛快地說完。

孩子剛開始「飯桌演講」時，因為情緒激動可能講得不那麼流暢自然，父母一定要耐心細緻地幫助孩子克服語病，鍛鍊孩子的觀察力、感受力、想像力，提升口語表達的完整和準確程度。

如果孩子吃飯時太多話，請耐心地告訴他，吃完飯後，可以特別聽他演講。這樣的承諾一定要兌現。當孩子對這些演講感興趣的時候，孩子就不會在吃飯時只顧著說話了。

● 可以為孩子舉辦家庭晚會

無論是一家三口還是三代同堂，孩子幾乎都是家庭生活中的要角，是

家人歡樂的泉源。茶餘飯後，父母與孩子一起策劃一場小型家庭晚會，讓孩子擔當主持人，培養孩子的企劃能力，並鍛鍊口才。

陳宇的爸爸 ── 大龍從老師那裡了解到陳宇在學校很內向、不愛講話。大龍分析孩子主要的一個心理障礙是當眾講話容易緊張。於是，他想了一個辦法，每週末在家裡搞一個詩歌文章朗誦會，除了爸爸媽媽和陳宇，還邀請陳宇的叔叔、小姨、姑姑以及堂妹、表弟這些人來參加。這個活動讓一家人的氣氛特別活躍，大人和孩子都很積極。在自家人面前，孩子沒那麼緊張，表現還不錯。陳宇的叔叔有過當主持人的經驗，每次他朗誦的時候，爸爸都在一邊給陳宇講評，讓他學習朗誦的技巧。這樣，陳宇在這個家庭聚會的朗誦表現得越來越出色，親戚們對孩子的誇獎也越來越多，陳宇的自信心也越來越強，在學校裡也變得開朗多了。

家庭晚會的形式各式各樣，有綜合晚會、文學作品朗誦會、才藝表演等形式，晚會的主角自然是孩子，父母和其他家庭成員也參與其中，孩子面對眾多「觀眾」會更加投入，也能鍛鍊他當眾講話的能力。

綜合晚會講求花樣繁多，靈活多變。這樣的晚會，最能鍛鍊的角色並非是演員，而是主持人。不難見到現在電視節目中的綜藝節目主持人都是伶牙俐齒，而且都具有非常強的場面掌控能力。只是有的風格詼諧幽默、有的穩重大方。因此，讓孩子做家庭晚會的「小主持人」具有一定的挑戰性。孩子要提前熟悉整個晚會的節目流程和進程，話語的銜接，氣氛的營造都需要反覆練習。父母在「場下」，也可以給予一些建議。

朗誦會節目比較單一，父母和孩子可根據個人的興趣事先選擇好要朗誦的文學作品，提前練習，朗誦會舉辦之後，父母和其他成員對孩子的朗誦提出中肯的意見，幫助他進步；而父母也應該聽取孩子的意見，因為當孩子指出他人不足的時候，也會注意在自己講話或者朗誦的時候應避免同

樣的問題。除了家人的參與，邀請孩子的同學、小鄰居參加，既能活躍氣氛，又能促進孩子之間的交流。

對於有文藝特長的孩子，才藝晚會是一個絕佳的展示舞臺，不過，我們的重點是鍛鍊口才，因此，父母要注意掌握家庭小晚會的方向，引導孩子始終以「說」為主，演藝為輔。

家庭晚會的規模雖然不大，但真的舉辦起來，也會耗費精力。因此，不宜過於頻繁地舉辦，一來避免占用太多的時間，二來頻繁地舉辦會讓孩子失去興趣，一到兩個月舉辦一次最好，可以根據節日或孩子在幼稚園、學校的學習內容來策劃。

● 讓孩子多參與社交活動

逢年過節或者是週末休閒，讓孩子經常參與親朋好友聚會，朋友的生日慶祝派對、班級舉行的集體聚會等社交活動，有助於孩子口才的鍛鍊。熱烈的場合會大大激發孩子說話的興趣，也就是我們平時所說的「人來瘋」，孩子會非常熱中於向叔叔阿姨、朋友們講講自己看過的書和卡通，吸引大家的注意。即使是性格比較安靜的孩子，也會受到氣氛的感染而活躍起來。

下週日是彤彤的爸爸開同學會的日子。彤彤想和爸爸一起參加，於是她軟硬兼施，爸爸終於答應了。到了週日，彤彤一早就起床，穿上自己心愛的白紗裙和白色涼鞋，又請媽媽幫自己梳了一個漂亮的金魚頭，簡直就是童話故事中的小公主。爸爸看著漂亮活潑的女兒，心裡就別提有多自豪了。

到了聚會的飯店，彤彤的爸爸發現帶女兒來還真帶對了，其他的同學也都帶上了自己的孩子。10 個成年人加上 8 個孩子，顯得格外熱鬧。大人們談得情緒高漲，孩子們也玩得不亦樂乎，興高采烈地談論著電視最近熱播的卡通、好玩的遊戲。一個頑皮的小男孩正在模仿動畫人物的時候，不

小心打碎了酒杯，此時，他的父親大聲斥責道：「臭小子，安靜點，再打碎東西我就揍你。」小男孩兒委屈得眼淚都快掉下來了，接下來的聚會，這個小男孩兒真的就安安靜靜地坐在位子上。

吃飯的時候，一位老同學提議讓孩子們表演節目，幾個孩子湊在一起，囁嚅著不願意表演，而彤彤大大方方地站出來，為大家講了一個風趣小故事。看著女兒幼稚卻認真的表演，聽著她清脆而流利的話語，爸爸覺得欣慰至極。而那個受到家長訓斥的男孩卻始終不肯上臺「露臉」了。

帶孩子出席社交場合，能夠讓孩子運用到平時學習到的知識和詞彙，累積孩子與他人交際的經驗，不過，帶孩子出席聚會時，父母也應注意以下幾點問題：

- ✧ 父母切忌對孩子發號施令，嚴加管束。即便是孩子也有尊嚴，父母的喝斥會打擊孩子說話的積極性。

- ✧ 別給孩子「下定論」。一位母親帶著 8 歲的孩子到朋友家作客，孩子對陌生的環境缺乏安全感，膽小羞澀，不肯向主人問好。這位母親不好意思之餘，還大談自己的孩子「沒出息」，不愛說話，說也說不好。從此，孩子再也不願意跟著家長去作客了，家裡來了客人，他也是把自己關在小房間裡不出來。對於不善表達的孩子，這位母親非但沒有進行鼓勵和教育，反而大肆宣揚孩子的缺點，加重了孩子的心理負擔，使其產生了強烈的自卑感，造成惡性循環。

- ✧ 讓孩子自己做主。父母帶孩子外出作客，主人若拿出食物或玩具禮物等給孩子，不要替孩子回答，讓他自己說。孩子想要什麼或是想看什麼，本身並沒有錯，因為孩子有這個需求，任何人都沒有理由來指責，只能根據情況適時適當地做出解釋和說明並引導。如果有必要，

父母可以提前在家叮囑孩子，而不是「越俎代庖」地剝奪孩子講話的權利。

✧ 父母要學會「推銷」自己的孩子。如自己的孩子不夠大膽，家長不但不要在他人面前責備孩子，還應該鼓勵孩子「你很不錯的」，「其實你也可以這麼棒的！」父母推波助瀾地「展示」孩子的口才，能讓孩子的才能得到快速發展。

為孩子創造更多展示口才的機會，能夠增強孩子學習的信心；讓孩子自己說，表達自己真實的意願，為他贏得更多的掌聲與喝采。

第三章　練口才先練心理

很多孩子明明有一肚子的話要說，可是一到眾人面前就緊張的不知道該怎麼表達，又或者他們表達了，可是往往詞不達意、結結巴巴，這是怎麼回事呢？原來是孩子的心理在作怪，讓孩子學口才，訓練孩子的心理素養是關鍵。

讓孩子克服說話膽怯的心理

人與人之間的交往，總是從交談開始的。沒有交談，便不會有了解，更不可能有更進一步的交往與發展。只有藉助「口才」這一社交利器，一個人的聰明才智、知識技能才能為他人所了解、所熟知，從而被關注、被挖掘、被重用。

卡內基在演講時就曾舉過這麼一個生動的例子：

美國費城有一位青年希望為自己謀取一份職業，他成天徘徊在費城的大街上，總幻想有一天哪位富人碰巧發現他的「存在」，給他一個工作機會。然而，不管他做出怎樣引人注目的舉動，都毫無結果。

一天，他閒著無事，拿出一本書來讀，在書中他發現了小說家歐·亨利的一句話：「在『存在』這個無味的麵團中加入一些『談話』的葡萄乾吧！」

於是，這位青年靈機一動，毅然闖進了著名的富翁 —— 賈鮑爾·吉勃斯先生的辦公室，他請求吉勃斯先生給他一分鐘的時間來見見他，並容許他講一兩句話。吉勃斯先生痛快地答應了他的要求。

吉勃斯原來只打算與他談一兩句，然後就將他打發了事。沒想到兩人越談越投機，一談就是一個多小時。當然，這個故事也有一個美好的結局，吉勃斯先生很快就替這個窮困潦倒的青年安排了一份工作。

設想，如果這個青年一直沉默寡言下去，羞於「毛遂自薦」，也許他

的人生真的就不樂觀了。遺憾的是，生活中，總有那麼一些人因為害羞、內向、不善於表達等各方面的原因，錯失了許多成功的機會。

害羞的孩子一般都不敢在大庭廣眾下發言、朗讀，當著眾人的面講話就臉紅心跳，遇到陌生人就侷促不安、手足無措等。他們會刻意約束自己的言行，隱瞞個人的內心想法。孩子有點害羞心理是正常的，但如果害羞過了頭，就可能影響到他們與他人的正常社交活動。所以，家長應合理地引導孩子走出這種「不敢說話」的困境，幫助孩子消除膽怯的心理。

英國作家蕭伯納不但是一位大文豪，而且也是一位口才大師。

在一次宴會上，一位肥頭肥腦的富翁笑著對瘦弱的蕭伯納說：「蕭伯納先生，一見到你，我就知道目前世界正在鬧饑荒。」蕭伯納立刻回敬道：「先生，見到你，我就知道鬧饑荒的原因了。」

還有一次，蕭伯納因脊椎患病，需從腳跟上截取一塊骨頭補合脊椎缺損處。手術做好後，醫生想多撈點手術費，便說：「蕭伯納先生，這可是我從未做過的新手術。」蕭伯納笑道：「那真是好極了，請問你打算給我多少試驗費呢？」那位醫生立刻啞口無言了。

鮮為人知的是，年輕時的蕭伯納是倫敦最膽怯的人之一。他經常在堤壩上走 20 分鐘或更長的時間，最後才壯起膽子去敲別人家的屋門。他自己也承認：「很少有人像我這般為單純膽小而痛苦，或為它感到極度羞恥。」

後來，蕭伯納有意識地尋找各種機會鍛鍊自己的口才。比如，他參加了一個辯論協會，而倫敦每有公眾討論的聚會，他必定參加，且經常主動發言，他還積極到四處演講。結果，蕭伯納成為 20 世紀上半期最出色的演講家之一，他的妙語被世人所傳誦。有人問他是怎麼練口才的，他說：「我是以自己學溜冰的辦法來做的 —— 我固執地、一味地讓自己出醜，直到我習以為常。」

一位著名演說家被人評價為「天生的好口才」時，他笑著說：「哪有天生的好口才呀？其實我小時候也是一個性格內向的人，說話還口吃，越急就越結巴，有時漲得滿臉通紅也說不出話來……」

由此可見，害羞是孩子沒有真正認識自我、不敢正視自己的缺點與不足的表現。要幫助孩子克服羞怯的心理，就應該引導孩子正視自己的缺點與不足，正確地認識自己，這樣，孩子才能變得大膽、自信起來。要幫助孩子克服不敢當眾說話的心理，家長需要引導孩子做到以下幾個方面：

● 讓孩子正視自己

讓孩子明白地問自己：「你怕的到底是什麼」。如果家長能夠引導孩子搞清楚自己怕的是什麼，然後再反問孩子：「你做了膽怯的事會有什麼損失嗎？」孩子的回答往往是：「沒有什麼損失」。那麼，家長就可以直接給孩子下結論：「那你還膽怯什麼呀？即使你做了讓自己膽怯的事情也不會有什麼損失阿！」

然後，家長再督促孩子看看自己克服膽怯後帶來的巨大好處。一般來說，最大的好處是孩子突破了自我，突破了限制自身發展的障礙，走出了個人封閉圈子決定性的第一步；另外，孩子因為排除了膽怯的干擾，提升了做事的效率與成果。

● 讓孩子把膽怯的心情表達出來

有一位保險公司的推銷員，業績常在同事中領先。同事都認為他有高招，其實，他的高招就是把自己的膽怯心情表現出來。

他說，有一天，他與汽車業某大亨會面。當時，他一看到這位大亨，心情就陷入膽怯、恐懼、緊張之中，以致於全身都不自在，說話也語無倫次。後來，他只好把自己的感受如實地向對方說出來：「一見了您，我就

害怕得無法暢所欲言……」

當他把這句話說出來後，對方表示理解，並讓他先舒緩一下情緒。這樣，原先把他罩得緊緊的膽怯、恐懼感頓時消失了。接著，他也恢復了自信，得以暢所欲言。

這個推銷員正是透過「表白」，產生了驅除膽怯和緊張的效果，從而獲得了內心的平靜。這符合心理學上的「內觀法」。就是在冷靜觀察自己的內心後，將「觀察結果」如實地用言語表達出來，這樣做產生的效果很神奇，它會使人的膽怯、憂慮、恐懼和緊張感消失殆盡。

當孩子要與一個陌生人碰面時，心裡往往也會產生膽怯、恐懼、緊張等消極情緒。這時，家長要告訴孩子，當面對這種情況時，不要讓這種膽怯的感覺窩在心裡，而是必須將這種感受說出來。比如「我緊張死了，心裡撲通撲通跳個不停，連舌頭好像也不聽我使喚了。」當孩子說出自己的膽怯後，他的情緒就會慢慢趨於平穩，語言表達也就能夠流暢起來。

● 學會自我暗示法

我們往往有這樣的經驗，在一個陌生場合講話時，剛開始很緊張，當勇敢地講出第一句話後，發現之後會越來越順暢，緊張感也消失了。

家長教孩子用自我暗示法來突破這種「開頭難」的阻力，是一種有效的措施。例如，每到陌生場合，自己感到緊張時，可用自我暗示法暗示自己「不要怕，也不要緊張」……這樣，孩子就會努力鎮靜情緒，把陌生人當成熟人一樣，這樣，怕羞的心理就能減少很多。

● 多到戶外鍛鍊身體

其實，並不是把害羞的孩子推到臺上就能從根本上改善孩子害羞的狀況。對害羞、性格內向的孩子來說，適當的戶外鍛鍊是必要的。性格內向

的孩子一般也不太好動，神經系統比較脆弱，容易興奮，一點小事就會鬧得臉上紅一陣、白一陣。讓孩子加強戶外鍛鍊，是增強神經系統最有效的方法。透過體育鍛鍊，增強了體質，過度的神經反應得到緩和，孩子害羞的程度自然而然也能有所減輕。

此外，為了鍛鍊孩子說話的膽量，家長還應該講究鍛鍊的方法。可以讓怕羞的孩子在朋友中多發言，然後再到熟人多、陌生人少的範圍內鍛鍊，再發展到陌生人多、熟人少的場合，循序漸進，讓孩子逐步增加對羞怯心理的抗力。

每到一個新場合活動時，讓孩子事前做好充分準備。這樣，孩子取得成功後也可增強自己的信心，增加鍛鍊的自覺性。如若缺乏準備，受到挫折，必然會影響孩子的自信心和毅力，這種情況在鍛鍊的初期應盡量避免。

總之，消除孩子的羞怯心理，不是一朝一夕能完成的，家長要有耐心才行。只有當孩子敢說了，才有可能說好，才有可能取得較好的說話效果，達到說話的目的。所以，勇於在公眾面前開口講話是口才訓練的第一步，也是最為關鍵的一步。

▌幫助孩子戰勝說話的自卑心理

孩子除了因為害羞、膽怯不敢說話以外，還有一些是因為自卑而不敢說話的。

所謂自卑，是指一個人對自己嚴重缺乏自信，認為自己無法勝任自身角色的一種異常心理。生活中，常有這麼一些孩子，他們習慣於拿自己的短處與別人的長處相比，越比越覺得不如別人，越比越洩氣，導致消極的自我評價，形成自卑心理；還有一些生性敏感的孩子總認為別人瞧不起自己，所以辦事畏縮、迴避交流、害怕交往，同樣也形成了自卑心理；更有

一些孩子因為在與他人交往的過程中遭受過挫折，這些挫折傷了孩子的積極性，導致他們自卑、在眾人面前不敢說話。總之，自卑心理產生的原因是多方面的。從主觀上說，自卑心理是由於後天長期對自我的不當評價而逐漸形成的。從客觀上說，自卑心理是因為個人的某些生理缺陷或者長期遭受失敗體驗而造成的。

孩子說話的時候感到自卑，可分為以下四種情況：

◇ **在別人的說話優勢面前自卑**：在我們的生活中，常常見到那麼一些孩子，他們口齒伶俐，說起話來抑揚頓挫，生動形象……在這些強勢的說話者面前，那些內心有自卑感的孩子往往會覺得很有壓力。他們可能會想：「我說話不流利，聲音也不好聽，如果我發言了，一定會被其他同學笑話的，還是不說為妙，免得丟人現眼。」這樣，孩子在心理上被別人的說話優勢「嚇」倒了，因此變得越來越不愛說話了。

◇ **在別人獨到見解面前自卑**：在課堂上，那些口齒伶俐、有個人獨到見解的學生總是備受老師的青睞和同學的羨慕。聽他們發言，對整個課堂來說無疑是起到了畫龍點睛的作用。正因如此，老師們總是喜歡請這些「優等生」發言，冷落了那些原本就不善言辭的孩子。而那些「不愛」說話的孩子，也有「自知之明」，他們總覺得別人說得那麼好，自己比不上人家，還是保持沉默的好。久而久之，他們失去了「發言權」。變得越來越自卑、不愛說話了。

◇ **在別人的心理優勢面前自卑**：說話，從某種意義上來說並不是簡單地用嘴表達，更有個人的思維、心理活動參與其中。說話能力、思維狀況是穩定因素，心理活動則是變化因素。因此，一個人的心理活動常常影響到他的說話能力。面對不同的說話對象和說話關係，心理常會

出現微妙變化。比如，孩子和他的同學說起話來，可以做到妙語連珠、氣暢語酣。但一有高年級的同學或老師參與其中，他們就會覺得對方說話能力就是高自己一籌。所以孩子還沒開口說話，在心裡已經洩了氣。

✧ **因過往說話失敗的經歷而自卑**：還有一些孩子，可能有過一些說話失敗的經歷。比如，在課堂上發言的時候，因為結結巴巴、漏洞百出，遭到了同學們的恥笑，從此，這個經歷在孩子的心靈中埋下了陰影。只要他準備表達的時候，就會不自覺中想到了自己的失敗經歷，於是，索性不說了。因為說了會被別人取笑的。

總之，每一個說話自卑，不敢當眾發言的孩子，都有過一些特殊的經歷，要想糾正孩子自卑的心理，讓孩子變得敢說話。家長應做到以下幾個方面：

✧ **讓孩子多看到自己的優點，忽視自己的缺點**：正所謂「尺有所短，寸有所長」，每個人都有自己的優勢。只要能不斷地看到自己的長處，發現自己的閃光點，孩子就能變得越來越自信，從而勇於大聲說話和大膽、積極地展示自己了。

小鈺是個自卑的孩子，在同學面前說話時，她的聲音小得像蚊子叫。有一天，老師不耐煩了，就喝斥小鈺：「你就不能大點聲說話嗎？你想想蚊子的叫聲我們聽起來能喜歡嗎？」一時間，班上的小朋友哄堂大笑起來，還有一些孩子惡作劇地對著小鈺喊：「蚊子，蚊子，說話嗡嗡嗡的蚊子！」小鈺可憐兮兮地站在講臺前，著急的哭了起來。

後來，小鈺索性不說話了，有什麼問題就只是點頭、搖頭的，這讓爸爸媽媽很著急。最後，小鈺的爸爸媽媽不得不帶著小鈺去請教心理醫

生。心理醫生告訴小鈺的爸爸媽媽，要多讚美孩子，告訴孩子她的優點，這樣，孩子才能慢慢地找回自信。

在心理醫生與爸爸媽媽的努力下，小鈺慢慢地恢復了自信，變得開朗起來了，說話也變得大聲了。

事實上，孩子自我評價的形成依賴於外界，如老師、家長、小朋友等。家長和老師應對孩子們的表現多給予肯定，幫助他們形成積極的自我評價。這樣，孩子才能變得樂觀、開朗、敢說話。

✧ **引導孩子看清楚別人和自己的優勢**：孩子說話的時候自卑，從本質上來說是對別人評估過高引發的。過高地評價對方，從而看輕了自己，產生距離意識和崇拜意念，此時既卑且怯的心理也就自然而然了。讓孩子加強對別人的認知，把他們看作一個平常人或自己身邊的同學，同時不要人為地把雙方關係拉開。等孩子正確地認識自我，擺正自己的位置時，就不會自卑了。

✧ **讓孩子在每次說話打退堂鼓的時候，都要堅持三秒鐘，一切就會好起來**：讓孩子明白，在別人出色的表現面前打退堂鼓草草收場，不僅讓自己尷尬，還會對往後的說話也帶來壞的影響。這時，只要堅持下去，哪怕說得不好，甚至因為思路混亂得已經不知道自己講的是什麼，也要堅持下去決不退卻，自卑心理就會得到克服。

✧ **家長應該給孩子積極的心理暗示**：消極的環境暗示，會造成孩子消極的心理。就好像一個家長如果不懂得正確的家教而總在說，「我的孩子不大方、膽小」，「我的孩子不愛說話」，「我的孩子懶惰」，「我的孩子做事不努力、不積極」，這種反覆說法就是一個不良暗示，會使孩子變得更加消極。同樣，如果一個家長經常暗示孩子，說他大方、說他自信、說他勇敢、說他勇於表現自己、說他敢和陌生的小朋

友在一起玩、說他是最棒的，結果孩子就可能會變得積極。所以，身為家長要在生活中給孩子積極的暗示，排除消極的暗示。

✧ **培養孩子成功的說話經驗**：如家長可以在家裡替孩子舉行一些個人朗誦會、個人故事會等活動，讓孩子充分感受到自己說的話被大家欣賞、認可。當孩子在語言表達上稍有一些進步，家長就應該多給予孩子鼓勵和表揚。讓孩子體驗到成功的欣喜，以後他們當眾講話時便不會過於自卑了。

✧ **讓孩子坦然面對自己的失敗**：孩子的聽眾和交際對象絕大多數情況下是父母、老師和同學。面對父母和老師的時候，即使說話出現問題，成年人也會給予孩子寬容和指導，然而孩子之間卻不能完全做到這一點，相反的，總會有一些孩子帶頭嘲笑和諷刺自己的朋友。在孩子登臺之前，父母提醒孩子可能要面對某些「打擊」，做好心理準備，經過一段時間，孩子自然慢慢學會泰然處之。

如果孩子的當眾講話不幸遭遇了失敗，父母應及時安慰來驅趕孩子心中的失敗陰影，讓孩子有勇氣接受挑戰，透過努力獲得成功，針對自身的弱點不斷地補強，才能使孩子對下一次講話充滿信心。在不斷的成功中累積自信，走向一個又一個成功。孩子集中精力準備下一次演講的時候，失敗的記憶會慢慢被淡忘。

總之，要克服孩子說話的自卑心理，家長應給孩子足夠的自信。以自信為前提，孩子才能表現的更加出色，才能在眾人面前侃侃而談而毫不退縮、畏懼。

▌替孩子打打氣，讓孩子大膽說話

心理學家分析，孩子之所以在人多的場合不敢講話，或者即便講話了，但也表達得不是很理想，這跟他們害羞、膽怯、自卑、缺乏自信心是關係密切的。培養孩子說話的積極性，讓孩子愛說話、多說話，就應該培養孩子的自信心。

那麼，在日常生活中，家長應如何培養孩子說話的積極性和自信心，讓孩子變得愛說話呢？專家認為，要培養孩子說話的積極性，家長應做到以下幾個方面：

● 激發孩子說話的積極性，家長應給孩子足夠的信任

當孩子講話遇到困難的時候，請相信這只是暫時的；當孩子的口才鍛鍊遭遇「瓶頸」時，請相信他依然有潛力；當孩子失敗的時候，請相信他會用加倍的努力來獲得成功。對孩子來說，沒有什麼比父母的信任更能鼓舞他的勇氣，使他保持自信了。

在孩子因為好奇而提出一些稀奇古怪的問題的時候，耐心地跟他一起查找資料，解開他腦海裡的疑惑。在孩子吞吞吐吐詞不達意的時候，給他一個溫和的笑容，輕聲提示下面要說的內容。

不要因為自己工作和生活上的煩惱遷怒於孩子。要知道，孩子幼小的心靈脆弱得不行，父母一句不經意的否定就有可能擊毀他好不容易建立起來的自信。

● 激發孩子說話的積極性，需要父母不斷為孩子打氣

當孩子給父母講述了學校裡發生的事情時，當孩子給父母講了一個故事時，不論孩子講得如何，父母都應該給予鼓勵。首先要肯定孩子講話的

勇氣，再鼓勵一下孩子，使孩子保持講話的積極性，這對孩子的語言訓練、口才培養是大有益處的。對於孩子說話積極性的培養，小崔夫婦是這麼做的：

上小學以後，女兒的書包裡多了幾本兒童讀物。每天在飯桌上，小崔夫婦都會與女兒進行長時間的交談，到了該收拾飯桌的時候，媽媽就鼓勵女兒從書包裡拿出那些兒童圖書，為大家讀幾個故事。

為了刺激女兒的講話欲望，一開始，小崔夫婦裝作對她的讀書能力表示懷疑，或者直接問她：「你能看懂嗎？」

女兒很自信地說：「當然了！」

他們又問：「你是只能看懂幾句話呢？還是真的看明白整個故事呢？」

「我可以看懂整個故事呀！不信，我讀給你們聽聽！」小女孩得意地回答爸爸媽媽的話。接著，她繪聲繪影地把書裡的故事講了出來。

聽完女兒講的故事，小崔夫婦故作震驚地說：「真不敢相信！我家的寶貝講得真棒。太了不起了！誰教你的呢？」

女兒一聽更高興了，便情不自禁地炫耀道：「是我自己看懂的，要不我再給你們讀幾個故事，讀完了再講給你們聽？」

這正是爸爸媽媽想聽到的。

此後，小崔夫婦給女兒買了很多故事書。小姑娘每天都認真閱讀，然後再講給爸爸媽媽聽。後來，女兒成了班裡的故事大王，在別人嘴裡普普通通的話，她說出來就變得有聲有色。班上的同學和老師都喜歡聽她講故事！

小崔夫婦正是透過不斷地為女兒打氣，引導孩子講了一個又一個生動有趣的故事，使女兒的語言表達能力得到不斷加強。生活中，很多父母都

喜歡為孩子講故事，卻不懂得引導孩子、鼓勵孩子自己講故事。實際上自己一味地講，而不讓孩子講，不僅家長勞累，效果也不一定好。

相反，給孩子打氣，讓孩子講故事，讓孩子開口表達自己的想法，父母可以從孩子哪裡「學」到很多。在孩子講話或是講故事的時候，父母要做的事很簡單，就是瞪大眼睛，微笑或是大笑。當然，也是在享受孩子的故事。聽完了故事，父母該做的就是讚揚孩子，對孩子說一句「小傢伙講得真棒」會使孩子很想再講下去。

在孩子講得好的時候，父母需要給孩子讚揚和肯定，在孩子講得不好的時候，孩子更需要肯定和鼓勵。明智的父母總是慈愛地鼓勵孩子，溫柔地說：「孩子，你說得挺好的，再說慢一點會更好。」

給孩子打氣、鼓勵孩子說話，不僅僅是為了使孩子多和父母說話，也是為了培養孩子與伙伴、同學說話的積極性。試想，如果父母否定孩子的口才，給孩子「潑冷水」，孩子不但不會願意和父母說話，也會把自己與他人溝通的心門關閉，這可是孩子鍛鍊口才的大忌。

父母可以讓孩子更加清晰地表達出自己的意願和意見，使孩子的邏輯思維得到鍛鍊，孩子的語言才會更加有條理。待孩子進入了小學高年級或中學後，孩子就能夠獨立尋找和整理資料充實自己的語言。

透過不斷給孩子打氣，鼓勵孩子主動參加學校的演講、朗誦等活動，使孩子的口才得到鍛鍊。

多給孩子打氣，對他們的努力要有具體的表揚，如「我很喜歡你描述的人物，很生動，你能不能再多講一點？」還可鼓勵孩子在親友前講笑話或與他人分享個人的特殊生活經歷，如度假，旅遊等；這樣孩子從小在大庭廣眾中勇於表達自己的想法，對語言發育和口才的形成是至關重要的。

給孩子多一點鼓勵與寬容

在孩子咿啞學語的時候，當父母的人總能表現出莫大的耐心，他們經常慈愛地鼓勵孩子，溫柔地說：「不要急，寶貝，慢慢說。」「寶寶，再告訴媽媽一次，這是什麼？」即使孩子說話口齒不是那麼清晰，邏輯也存在混亂，父母依然能夠從點滴的進步之中得到莫大的安慰。

可是，隨著孩子年齡的增長，父母似乎變得缺乏耐心了，在生活中，我們經常聽到許多父母焦急的責備聲：「怎麼說了這麼多次還是讀不好！你就不會動動腦子嗎？」又比如有的孩子愛說話，一回到家裡就絮絮叨叨地跟爸爸媽媽說起學校的事情，以期得到父母的關注。但爸爸媽媽卻又冷不防地責備他們「沒看見我在工作嗎？你的嘴就不能歇一會，哪來那麼多話？」類似的言語對孩子來說猶如「一桶涼水」，「澆」去了他們說話的積極性與主動性，讓孩子變得情緒低落，以致於從此變得沉默寡言。

事實上，每個孩子都希望得到父母的寬容與鼓勵。當孩子說錯話時，父母一句寬容的安慰，能撫慰孩子受了傷的心，讓孩子從中感受到父母的疼愛與理解，變得更加懂事；當孩子缺乏自信，不敢當眾表現自己的時候，父母一句適時的鼓勵能給予孩子勇往直前的勇氣。在父母那一聲聲「你一定行，我們相信你！」的話語中，孩子獲得了更多的力量與勇氣。從而能表現得更加出色。相反，父母的責備只會讓孩子變得更內向、更不喜歡說話了。

5歲的小珍珍正興高采烈地為媽媽說故事。但小珍珍的表達能力太差了，一個短短的故事被她講得支離破碎，連起碼的人物名字小珍珍都記不清楚。她的媽媽聽著聽著，越聽越不耐煩，於是生氣地責備道：「你真是太笨了，這個故事媽媽都講了那麼多遍你還記不得，去，去，去，自己玩去！」小珍珍一聽這話，嘴巴噘得老高，一生氣就扭頭「噔噔噔」跑進自

己的房間裡，躲了起來。這時，小珍珍的媽媽才意識到自己說錯話，打擊孩子的積極性了。可是，以後不管她怎麼哄孩子都於事無補，小珍珍再也不喜歡講故事了！

事實上，每一個做家長的都應該明白，不管是培養孩子哪方面的能力，鼓勵的效果遠遠勝於責備，父母不能因為一時不耐煩就忍不住責備孩子，要知道有時候父母的一句話可能會改變孩子的性格和命運。培養孩子的口頭表達能力也是這樣，責備孩子口頭表達能力差，很可能使孩子不願意再開口表達。相反，多給孩子一點鼓勵，孩子就會多一點自信和勇氣，多一分想表達的動機。

一位母親說，她的兒子 2 歲時才學會走路，快 3 歲時才學會說話，而且口齒也不清晰。用她一個同事的話說：「妳兒子總是比別人慢半拍。」孩子平時不愛說話，膽子也比較小，因而口頭表達能力比不上同齡的孩子。這位媽媽沒有拿兒子和別人的孩子比，更沒有責備孩子。她和丈夫透過各種方式傳遞給兒子這樣的訊息：「爸爸媽媽相信你，你是最棒的！」

在日常生活中，這位母親透過不斷講故事給兒子聽，培養兒子複述故事的能力，以此來增強他的自信。每次兒子用笨拙的小嘴講出一個故事時，她和丈夫都會欣喜若狂，他們鼓勵兒子：「只要你每天給爸爸媽媽講兩個故事，爸爸媽媽就會很高興。」

除此之外，他們還經常引導兒子講話，和兒子探討感興趣的話題，交流學習中的困難和收穫。漸漸地，孩子講話的積極性高漲，一段時間後，孩子的語言表達能力有了很大的進步。

每個孩子語言表達能力的發展都需要經歷一個過程，而且不同的孩子所經歷的過程長短不同，因此，父母要耐心地看待孩子語言表達能力的發展，切不可急躁，更不能因為孩子的語言表達能力差，就責備孩子笨，而

是要多給孩子鼓勵，鼓勵孩子開口表達，多和小孩交流，引導孩子說話，這樣才能真正促進孩子語言表達能力的提升。

那麼，怎樣鼓勵孩子勇敢地開口表達自己的想法呢？

✧ 在日常生活中，父母要多和孩子說話，把自己正在做的事情告訴孩子，孩子聽得多了自然就會跟著說，因為聲音模仿是說話的重要步驟，「聽」是孩子學習說話的基礎。

✧ 在孩子最初學習發音的時候，難免口齒不清，父母要接受孩子這種嘗試，應耐心、專心地聆聽孩子所說的，不要打斷、催促，更不要取笑孩子的發音，要告訴孩子：「你說得很好，我明白你的意思了。」幫助孩子建立自信心。

✧ 父母不要滿足於孩子用手勢來表達自己的要求，而要引導孩子用語言表達自己的想法。透過實物和詞語對照的方法，方便孩子記憶；讓孩子經常重複發音；當孩子有需求時，鼓勵他用語言表達出來。

✧ 鼓勵孩子玩遊戲或參加他感興趣的活動，引導孩子觀察周圍不同的事物，多認識一些新的事物，豐富家長與孩子彼此談話的內容，孩子才會有興趣。在遊戲中，父母要多與孩子交流，引發孩子說話的興趣。

✧ 鼓勵孩子講故事，不管講得如何，只要他開口講了，父母就要肯定他，鼓勵他繼續努力。父母還可以多講故事給孩子聽，讓孩子多聽優美的語言，當孩子對某一個故事情節較熟悉後，可讓孩子適當地用自己的話複述故事中的某一個情節，這對提升孩子的語言表達能力有很大的幫助。

其實，要提升孩子的語言表達能力，父母是關鍵。當孩子表現不好的時候，父母與其責備孩子，不如寬容孩子、鼓勵孩子，給予孩子適當的學

習機會，創造一個良好的語言環境，並耐心引導和鼓勵孩子，讓孩子有足夠的時間與自信去做得更好！

▍鼓勵孩子多找機會說話

　　對於孩子來說，當眾說話的經驗很重要。一個上課經常積極發言的孩子，在生活中往往也是善於表達的，而那些在生活中羞於表達的孩子，在課堂等許多公眾場合也必定是一個沉默、缺乏自信心的人。正因如此，家長們應該鼓勵孩子多找機會說話，說得越多，孩子就會越有自信；越有自信，孩子的口才就會越好。而絲毫沒有發言機會的孩子，最終只會被同學和老師忽略，成為一個缺乏影響力的人。

　　生活中，有一些孩子對事物常有極為出色的點子與想法，卻很少被採用和重視，原因就在於無法適時、準確地把自己的觀點表述出來。由於害怕面對人群，這些孩子不敢在眾人面前開口說話。讓孩子主動爭取上臺說話的機會，可以使孩子慢慢學會如何面對聽眾。當孩子懂得如何面對聽眾，並且不再害怕聽眾時，便可以在眾人面前侃侃而談，讓更多人了解自己的想法和主張了。

　　有位聰明的家長，在他兒子上學的第一天，就教給了兒子一個足以讓他一生都無往不勝的訣竅：在學校裡要多舉手，尤其是想上廁所的時候，更是十分重要。

　　兒子真的按照父親的叮嚀，不只是在上廁所時記得舉手，老師發問時，他也常是第一個舉手的學生。

　　日子一天天過去，老師對這個不斷舉手的小男孩的印象十分深刻，只要他舉手，都會讓他優先發言。因為累積了這種不為人所注意的舉手發言權，這個小男孩在學習以及自我肯定能力等各個方面都大大超過了其他同

學。這為他後來的人生奠定了一個很好的基礎。

那麼，家長應該鼓勵孩子抓住那些機會發言呢？

✧ **課堂上主動出擊**：課堂是一個展現自信的舞臺，在課堂上舉手是一種自我肯定的表現，是對自信心的挑戰，缺乏自信的孩子往往害怕回答錯、怕同學的嘲笑、怕受到老師的責備，因此不敢舉手。有的孩子比較害羞，沒有在人前發言的習慣，所以也不願意舉手發言。無論是哪種原因，不願意積極參與課堂活動都不利於孩子的正常發展。鼓勵孩子積極舉手發言，大膽地說出自己的觀點和看法，這不但能鍛鍊孩子的表達能力，還能激發孩子的鬥志，培養孩子的自信心，讓孩子變得更加暢所欲言。

為了讓孩子回答得更好，在家裡，父母可以和孩子一同預習，來個「模擬課堂」，讓孩子有充分的準備。到了課堂上，孩子自然會積極地爭取回答問題的機會，而且態度自然，答得出色。

✧ **讓孩子上臺演講和發言**：對於孩子來說，僅僅在課堂上發言還是不夠的。還應該讓孩子嘗試著在上百甚至上千的聽眾面前講話。在班上說話，對孩子來說，僅僅是一種小嘗試，也許孩子並沒有那麼大的心理壓力，可一旦上了舞臺，孩子所承受的心理壓力就大得多了。如果你的孩子能夠做到在舞臺上發言，無論說的怎麼樣，都是值得家長高興的。因為，這已經是一種了不起的勇氣了。只要多加訓練，你的孩子一定能夠成為一個智勇雙全的「說話者」。

✧ **鼓勵孩子爭取做伙伴們的「代言人」**：如果孩子有不錯的「大眾」基礎，身邊的人有什麼事情都很樂意求助於孩子，那麼請好好珍惜這個機會。成為小朋友公認的「代表」，就意味著孩子有了更多到臺前說話的機會。當然，把話說好的責任也就更重了。

鼓勵孩子和陌生人打交道

　　生活中，很多家長為了安全起見，總是再三叮嚀孩子「不要和陌生人說話」，「不准吃陌生人給的東西」等，的確，心懷鬼胎的人會利用小孩子識別能力不足來做壞事，甚至很多成年人也常遭受其害。但是，理性來看，孩子小，警惕、遠離陌生人有一定道理；孩子大了，這種觀點就不太正確。成人都知道，我們每天要面對很多陌生人。不願、不會、不能與陌生人打交道，如何在社會生存？何況，和陌生人交談並非一無是處。

✧ **和陌生人交談可以展現和加強一個人的自信**：心理學實驗表明，人類很多特性的分布都有一個規律：特別好和特別差的人只各占 2% 左右，中間程度的占 95%，也就是說絕大多數的人都是差不多的。所以，和陌生人交談，碰到正常人的機率遠大於碰到一個壞人。和正常的陌生人進行一次交談，可能讓我們吸收到新資訊，也可能驗證我們對人性的一些觀念，還可能感受到人與人之間的熱情、信任，這些良性的效益，必定能增強一個人生活的自信心。

✧ **和陌生人交談，還能展現個人獨立性，有助於人格發展**：大家都明白，和熟人打交道，說話的方式依附於社會關係，服從說話者的身分，很多時候並非是個人獨立意志的表達。和陌生人說話則不一樣，相互間常常作為獨立的個體交往，彼此沒有切身的利益關係，雙方見到的都只是眼前的這個人，不會特殊關照也不會有什麼成見，相對客觀、平等。這種完全對等的關係，對青少年時期的人格成長是很有幫助的。許多孩子只有離開父母去學校和社會中獨立生活以後才真正長大懂事，部分原因就在這裡。

✧ **和陌生人交談，更能鍛鍊口才和人際溝通藝術**：熟人之間，彼此都很

了解，不會特別留意說話的方式和技巧。而在陌生人之間的交往從零開始，需要有意識地運用溝通技巧來建立關係，多次下來，人際溝通能力和口才就能在無形中提升。

如果家長僅僅從「安全」的角度考慮問題，卻忽視了人際交往和溝通技巧必須從幼兒時期開始的教育規律，孩子可能從小就養成懼怕陌生人、不敢當眾說話表達等心理，對孩子將來的發展是不利的。所以，家長應該從小就鼓勵孩子與陌生人交談，訓練孩子與陌生人說話的技巧，培養孩子學會察言觀色等能力，這樣，孩子才能更好地在社會中立足。

李力的媽媽是這樣訓練孩子與陌生人打交道的能力的：

兒子剛剛學會說話的時候，她就盡力在任何能夠和他人交流的時候，讓他先開口說話。

首先，每天剛出門的時候，不管碰到什麼人，李力的媽媽都讓李力主動打招呼。比如碰到一個女性老年人，媽媽會示意孩子：「兒子，說奶奶好！」如果碰到的是男性老年人，就告訴孩子「兒子，說爺爺好！」其他不同年齡的人依此類推。慢慢地，李力每當遇到這種場合就會馬上微笑著和人家打招呼，每個李力打過招呼的人都熱情地對他說：「小朋友好！」並且還表揚他很懂事，這樣，李力就養成了跟別人有禮貌地打招呼的好習慣。

李力的媽媽為了更好地鍛鍊孩子與陌生人打交道的能力，就經常帶著李力到朋友家做客。在朋友的家裡，李力的媽媽教孩子該如何懂事禮貌地做客人，教兒子和朋友家裡不同的人交流和談話。

在媽媽的有意識的培養、訓練下，李力上幼稚園時，說話的技巧就很強。有一次，老師為了了解孩子與陌生人交流的能力，特地請了社區裡的一個年輕叔叔來幼稚園裡做測試。輪到李力的時候，那個陌生叔叔說：「小朋友你真可愛，來吃塊巧克力。你媽媽今天加班，她讓我替她來接你。」

李力聽了，微笑地回答道「謝謝叔叔，可是我不認識您，不能隨便吃您的東西，我們還是去問問老師吧。」

躲在旁邊聽他們對話的老師頻頻點頭。事後，幼稚園的老師表揚了李力，還誇李力的媽媽教的好。

李力上小學以後，立刻成為班級中最會和同學和老師交流的人物，同學們有什麼問題總會跟他說，讓他幫忙解決。

可見，從小培養孩子與陌生人交談、打交道的能力非常重要。孩子只有從小學會了與陌生人打交道，才能在日後的生活中更好地與人交往，發展自己的口才。

培養孩子的成功心理

我們都有這樣的印象：優秀的演講家一般都具有思維縝密、措辭得當、立意新穎、見解深刻、表達精確、反應敏捷、感情真摯、表情自然、體態得當的特點。而一旦心理素養欠佳，就會出現表情緊張、身體僵硬、咬字不清、說話囉嗦、反應遲鈍、體態拘謹等不良的狀況。

可見，心理素養對一個人的表達力有很大的影響。在心理狀態好的情況下，人的表達就會優雅大方、從容鎮定，不僅能發揮出正常的水準，有時還會有超水準發揮；而心理狀態不好，就可能阻礙到正常口才能力的發揮，從而導致交流或演講的失敗。

一般來說，每個人都希望自己在表達時能處於最佳狀態，而這種最佳的心理狀態就叫做「成功心理」。

因此，要想提升孩子的表達能力，首先要培養孩子的成功心理。而培養孩子成功心理的目標就是：確立和強化成功心理，抑制和弱化消極的負面心理。

那麼，家長應怎樣培養孩子的成功心理呢？具體可以從以下幾個方面去做：

● 勇於開口說話

對於有一定生活閱歷、一定專業知識的人來說，表達的前提之一就是穩定良好的心理素養。如果一個人從小到大都在汲取知識，從來沒有機會當眾表達和交流，那麼，他面臨的難題可能就是當眾講話時思路堵塞、面紅耳赤、不知所措等情況。如果任由這種狀況發展，那他就無法進行流暢的表達。所以，一個有優秀心理素養的人首先是勇於開口講話的。而勇於開口說話，正是培養孩子成功心理不可缺少的第一步。只有經過踏踏實實地起步、累積，才可能有後來的突飛猛進。

狄奧多·羅斯福小的時候非常膽小，不敢開口說話，對自己也毫無信心。他曾在自傳裡寫到小時候的一段經歷：

孩提時，我膽小怕事，後來我在馬里埃特的一本書裡讀到一段話，印象極其深刻，時時刻刻都銘記在心。在這段話裡，一艘小型英國軍艦的艦長，對主人公說怎樣才能夠氣宇軒昂，無所畏懼。主人公說：「起初做一件未知的事情時，人人都會緊張，不過他應該駕馭自己，使自己表現得好像毫不懼怕似的。這樣持之以恆，原先的假裝就會變成事實，而他在練習無畏的過程中，也在不知不覺間真的變成無所畏懼的勇士了。」

如果孩子希望自己能成為一個表達力出眾的人，父母就應該讓孩子先假裝自己是一個這樣的人，然後充滿自信地開口鍛鍊自己的口才。只要勇於鍛鍊，孩子就會發現，以前的恐懼、緊張不見了，隨之而來的就是自信和從容了。

● 要做好說話的準備

有些人在表達時，不知所措、詞不達意，其根本原因可能就是對自己所要表達的主題沒有做充分的準備。沒有做準備就開口說話，心裡沒底，自然就會緊張。所以，做好充足的準備，才能夠將緊張置之度外。

溫斯頓‧邱吉爾是偉大的演講家，他年輕時熱中於寫講稿、背講稿。有一次，他在英國國會背誦演講稿時，思路突然被打斷，腦子裡一片空白，他無論如何也想不出下一句的內容。沒有辦法，他只好把前一句再背一遍，希望自己能夠順著想出來，可是腦子裡依然是一片空白，他只好尷尬地坐下。汲取這次的經驗、教訓，邱吉爾此後再沒有背過演講稿，而是把要點充分掌握。

家長要讓孩子明白，要想讓自己在眾人面前的談話或者是演講取得好的效果，首先就是不要背誦文章或演講稿。這樣既浪費時間，又會給自己以不安全的感覺。一旦中間的句子想不起來，後面大段的內容都會付之東流。告訴孩子，只要自己對想表達的東西做了充分的思考，表達時自然就會思路明確，不用費時細想。

其次，也可以讓孩子在朋友或者家人面前預演，這種實地操練簡單有效。只要有時間，隨時隨地就可以練習。在練習的過程中，孩子說不定可以從對方的反應中得到一些有益的啟示。

● 從成功的經驗中獲得自信

表達能力不是一種穩定發揮的能力，它十分容易受外界因素的影響。我們不是從別人那裡獲取表達的自信，就是讓周圍的人損害自己表達的自信。有鑑於此，家長要教孩子從成功的經驗中獲得自信，從不成功的教訓中吸取經驗，對成功和失敗都保持客觀的心態。

第四章　練好基本功以奠定口才基礎

如果說語言是思想的衣裳，那麼口才則是語言這件衣裳的裁縫。如何將語言裁剪成美麗得體的衣裳，需要你進行全方位的、持續的學習與努力。口才並非只是嘴上的功夫，它是一個人綜合素養的集體表現。一個人若沒有廣博的知識，沒有開拓的視野，沒有良好的心態，沒有嚴密的邏輯，是不可能擁有良好口才的。

　　如果你希望孩子口齒伶俐、說話清晰，就先讓孩子從口才基本功練起。

▌練速讀可促進口才發展

　　速讀就是快速地朗讀。這種訓練的目的在於鍛鍊一個人口齒伶俐、語音準確、咬字清晰。在引導孩子學會速讀之前，家長應先讓孩子了解朗讀的語言要求：即朗讀語言要求準確、鮮明、生動，富於表現力和感染力。所以，我們不能像平時說話那樣平鋪直敘，沒有任何的感情色彩。朗讀的語言應根據文章內容的不同而不同，不同的情境應該用不同的聲音色彩來處理。如：

◇ 「愛」：氣徐聲柔 —— 「寶寶，過來讓媽媽抱抱。」

◇ 「憎」：氣足聲硬 —— 「你不知道你有多討厭！」

◇ 「悲」：氣沉聲緩 —— 「爺爺，你在哪裡？我們想念你呀，想念你！」

◇ 「喜」：氣滿聲高 —— 「先生們、女士們，當陽光以飽滿的激情擁抱泥土，當雨水以甘甜的聲音呼喚禾苗，又一度春風臨界，我們迎來高先生和林小姐的新婚大喜！」

◇ 「懼」：氣提聲凝 —— 「不，別這樣，不要，不要這樣做！」

◇ 「急」：氣短聲促 —— 「快，快，敵人馬上追上來了。」

◇ 「冷」：氣少聲平 —— 「我們沒什麼可談的了，結束吧。」

✧ 「**怒**」：氣粗聲重 —— 「你難道就這麼對待我嗎？你這人太沒有良心了。」

✧ 「**疑**」：氣細聲黏 —— 「他怎麼會在這兒，難道他已經覺察出這裡的祕密？」

可以說，語氣的豐富多彩決定了其聲音形式的千變萬化，具體的色彩，要透過具體的聲音形式表現出來，總體要求是：從內容出發，以準確、具體的思想感情作為依據，透過聲音的高低、輕重、快慢、虛實、明暗、剛柔等的對比，達到朗讀的目的。

在孩子了解朗讀要求的基礎上，家長就可以對孩子進行有計畫的速讀訓練了。這種練習方法比較簡單。家長可以先找來一篇演講稿或一篇文辭優美的散文，先藉助字典、詞典把文章中不認識或弄不懂的字、詞查出來，搞清楚，弄明白，然後開始朗讀。一般開始朗讀的時候速度較慢，後逐步加快，最後達到孩子所能達到的最快速度。對於孩子來說，教給他們正確的方法是「速讀」的關鍵所在。

✧ **調息訓練**：調息訓練就是平常我們所講的丹田呼吸。「速讀」不僅是一項腦力運動，在整個朗讀過程中，大腦也需要消耗大量的新鮮氧氣和其他營養物質。許多人讀得快了，就會上氣不接下氣，產生頭昏腦脹的感覺。因此，在訓練過程中，首先要教會孩子丹田呼吸的方法，並且要求孩子對這種方法的運用從有意識的轉變為無意識的、自覺的。

✧ **眼力訓練**：「速讀」要求眼疾嘴快，在「速讀」訓練過程中，要對孩子進行眼力訓練，這有助於孩子集中注意力，擴大視野，使眼球變得更靈活。

第四章　練好基本功以奠定口才基礎

❖ **節奏訓練**：我們平時慣用的讀書方式是點讀式，也就是一個字一個字地看著讀，而我們現在所說的「速讀」是在不降低理解和記憶水準的前提下，幾倍、十幾倍乃至上百倍地提升讀的速度，因此在訓練中要強行讓眼睛跟著一定的節奏（耳聽節奏器）閱讀。這樣訓練次數增多之後，這種強制感就會漸漸消失，再讀書的時候，讀速自然而然就會加快了。

❖ **輔助訓練**：孩子的特點是活潑好動，如果一味地進行單一的節奏訓練，會讓孩子覺得枯燥乏味。因此家長可以給孩子設計一些有趣的輔助訓練，以此來訓練孩子的各種能力，比如快速記憶數位、快速記憶成語、5 秒詞語搜索、20 秒熟記兒歌、快速閱讀句子並找出錯字等。這些輔助訓練可以先易後難，循序漸進。

❖ **綜合訓練**：這裡的綜合訓練就是「速讀」。在綜合訓練中，家長可以集調息訓練、眼力訓練、節奏訓練於一體，讓孩子進行快速朗讀。在規定的時間內，有節奏地讀完一篇文章。讀完文章後，還有一個必不可少的環節，那就是回憶。回憶的目的是為了讓孩子把「速讀」時攝入的資訊重複一遍，加深印象，增強記憶，為良好的口頭表達能力打下基礎。

下面有一篇小文章，請家長與孩子一起快速地朗讀，然後找出一個片語，作為標題。

在一座高高的山上，長滿了密密的竹子。這裡住著熊貓的家。家裡有熊貓爸爸、熊貓媽媽和牠們的小寶寶 —— 咪咪。

因為只有咪咪這麼一個孩子，爸爸媽媽把牠看做「掌上明珠」，對牠百般寵愛。咪咪要什麼，就給牠什麼，恨不得把天上的星星也摘下來給牠。從早到晚，爸爸媽媽都圍著他轉，聽牠使喚，咪咪簡直成了家裡的小霸王。

一個晴朗的日子，黑熊媽媽帶著小黑熊來到熊貓家做客。熊貓媽媽十分熱情地接待了牠們，還拿出一串黃澄澄的香蕉請小黑熊吃，咪咪猛地從媽媽手裡奪下香蕉叫道：「這是我的！」便把香蕉全抱在懷裡，一根接一根地剝著吃，嘴裡還故意發出「叭叭」的聲響。

　　爸爸又拿出花皮球給小黑熊玩，咪咪扔下香蕉，又搶過皮球說：「不給！不給！」

　　「咪咪，不許這麼沒禮貌！」媽媽生氣了。

　　看著爸爸媽媽今天沒依著牠，咪咪放聲大哭，地上打滾，無論對牠說多少好話牠都不肯起來。

　　於是，黑熊媽媽只好帶著小黑熊回家了。

　　咪咪這般無禮，誰也不願再到牠家做客了。可是，咪咪偏偏愛熱鬧，家裡太寂寞了，牠就又跑出去找其他小朋友玩。

　　剛走出門，牠聽見一隻百靈鳥在歌唱：「圓溜溜的太陽爬上坡……」

　　牠朝東邊一看，鮮紅的太陽才露出一半，明明是扁的嘛！這小小的百靈鳥竟敢亂唱，咪咪大喝一聲：「住嘴！太陽是扁的，不是圓的。」

　　「什麼，太陽是扁的？哈哈哈！」樹上的百靈鳥大笑起來。

　　「你敢笑我？」咪咪抱著樹猛搖起來，一邊搖一邊叫：「我說扁的就是扁的。」

　　百靈鳥被嚇跑了。

　　咪咪來到草地上，一群小猴子正在那裡騎車玩。咪咪走過去說：「我們來比賽騎車吧！」比賽開始了，小猴子們把車蹬得飛快，咪咪笨拙地蹬著車，遠遠地落在了後面，他把車重重地摔在地上：「騎車不算數，我們來比爬樹！」

　　「一、二、三……」咪咪才爬了三步，小猴子們已上了樹頂。

「咪咪輸了！咪咪輸了！」

咪咪惱羞成怒，牠一掌打在一個小猴子的臉上，小猴子捂著臉嗚嗚直哭，牠卻像一個勝利者似的，大搖大擺地走了。

從此，沒有人願意再理睬咪咪了，只要見牠來了，大家都躲得遠遠的。咪咪失去了所有的朋友，感到十分孤獨。牠找到老象爺爺，向牠訴說心中的痛苦，還流下了傷心的眼淚。老象爺爺慈愛地看著牠，語重心長地說：「孩子，好好想一想，大家為什麼不願和你在一起？想明白了，你就不再是孤獨的咪咪了。」

這篇文章講的就是「孤獨的咪咪」。這時候，家長還可以讓孩子回憶，咪咪之所以會孤獨的原因是什麼？讓孩子在回憶中使思維得到鍛鍊，表達能力得以進步。

對孩子進行快速閱讀訓練時，家長要注意以下幾個方面：

✧ 在快速閱讀一篇演講詞或一篇文辭優美的散文之前，要先拿來字典、詞典，把文章中不認識或弄不懂的字、詞查清楚，弄明白意思後再開始朗讀。一般開始朗讀的時候，速度不必太快，可逐漸加快，一次比一次讀得快，最後達到自己所能達到的最快速度。

✧ 在快速閱讀的過程中，不要有停頓，發音要準確，咬字要清晰，要盡量達到發聲完整。如果孩子不把每個字音都完整準確地發出來，那麼速度加快後，別人就會聽不清楚孩子在說些什麼，快也就失去了應有的意義。所以說快必須建立在咬字清楚、發音乾淨俐落的基礎上，這樣的訓練才能收到好的效果。

✧ 速讀法的優點是不受時間、地點的限制，無論何時、何地，人員的多少、有無配合都可。只要拿到一篇文章就可以開始練習，一個人可以獨立練習，多個人也可以在一起訓練；可以讓孩子找一位同學聽聽自

己的速讀練習，也可以幫助別人挑出他們速讀中出現的毛病。比如哪個字發音不夠準確，哪個地方咬字還不清晰等，這也有利於孩子有目的地進行糾正、訓練。當然還可以用手機把自己的速讀錄下來，然後反覆地聽一聽，從中找出不足，進行改進。長期堅持下去，孩子的速讀的水準會得到明顯的提升。

口才訓練材料

1. 讓孩子快速閱讀下面的文字，並找出文章中的狀聲詞，如吱吱、嗡嗡等。

   在清晨和黃昏，不光是鳥，森林裡所有的動物都在唱歌奏樂：各唱各的曲子，各有各的唱法；各有各的樂器，各有各的奏法。在森林裡可以聽到清脆的獨唱、拉提琴、打鼓、吹笛；可以聽到犬吠聲、嗥叫聲、咳嗽聲、呻吟聲；也可以聽到吱吱聲、嗡嗡聲、呱呱聲、咕嘟聲。燕雀、鶯和歌聲婉轉的鶇鳥，用清脆、純淨的聲音唱著；甲蟲和蚱蜢吱吱嘎嘎地拉著提琴；啄木鳥打著鼓；黃鳥和小巧玲瓏的白眉鶇，尖聲尖氣地吹著笛子；狐狸和白山鶉叫著；母鹿咳嗽著；狼嗥叫著；貓頭鷹哼哼著；九花蜂和蜜蜂嗡嗡地響著；青蛙咕嚕咕嚕地吵了一陣，又呱呱地叫了一陣。

2. 讓孩子快速閱讀下面的故事，並找出老雁說的話有哪些。

   有一群大雁飛了一整天，這一天晚上，牠們在小河邊的草叢裡休息。領頭雁親自安排了守夜的雁，因為還不放心，臨睡前這隻領頭雁還特別囑咐了守夜的雁說：「從現在到天亮，你千萬不能打瞌睡呀。要靜靜地聽，仔細地看。一

有動靜，就趕快搧動翅膀叫醒大家，不然，獵人就會傷害我們。」

守夜的雁不耐煩地說：「爺爺你去睡吧，這些我都知道了。」

爺爺還是不放心，又嘮叨了幾句：「你年紀輕，沒有經歷過受害的事，一定要多加小心呀。」

「我會小心的。您怎麼總是說個沒完，多囉嗦！」小雁回答。

老雁不再說什麼，就跟大家一起去睡了。

這時，正值秋末冬初，夜裡風一刮，竟「簌簌」地揚起雪來。

守夜的雁又冷又睏，牠看看睡在草叢裡的兄弟姐妹們，真想像牠們一樣，把脖子彎在翅膀底下，美美地睡一覺呀。牠再看看天，發現天已經快亮了。牠想：「遇到這樣的鬼天氣，打雁的人肯定是不會來了？我守了那麼多回夜，從來沒有遇到過打雁的獵人，今天怎麼會那麼巧就遇上他們呢？我還是稍微睡一會兒吧！」

守夜的雁這樣想這，就鑽進草叢裡睡覺去了。

有經驗的獵人們都知道，守夜的雁在天快亮的時候最愛打瞌睡，遇到不好的天氣更大意，趁著這一時機，獵人們帶著火槍來了。

打雁人找到了雁群，架起火槍，「轟」的一陣煙火騰起，雁群中只飛走了一隻大雁，其餘的全都被打死了。

飛走的是那只領頭的老雁。因為睡覺時也在惦記大家的安全，所以，牠聽到響動後立刻就醒了，但還沒來得及叫醒

大家，火槍就響了……
老雁飛走以後，把這件事告訴了所有的大雁，告誡大家千萬不要忘記這次慘痛的教訓啊！

背誦是鍛鍊好口才的捷徑

俗話說「熟讀唐詩三百首，不會寫詩也會吟。」還說「讀書百遍，其義自現」，這些話無一不說明了背誦的重要性。

古人讀書，無一不熟讀成誦的。那些他們背誦過的文章，過了幾十年後，他們依然還能朗朗上口、脫口而出。這是多麼驚人的記憶力呀！事實上，背誦不但能增強一個人的記憶力、理解力，更能提升表達能力。

從心理學的角度看，思維和記憶是不能孤立的。記憶、背誦可以強化思維，思維可以促進記憶、背誦。人們依靠自己的記憶把過去感知的事情作為經驗保存在自己的頭腦中，然後在經驗恢復的基礎上，進行思維和想像活動。背誦主要是一種記憶活動，是熟記文章的結果。記憶的內容越多，能背誦出來的文章也就越多，記憶能力就越強，思維能力就越發展，而他的表達能力也同樣得到了鍛鍊。

對於練口才來說，記憶更是一種必不可少的素養。沒有好的記憶力，要想培養出好口才是不可能的。只有大腦中充分地累積了知識，才可能張口即出、滔滔不絕。如果大腦中一片空白，那麼再伶牙俐齒的人也無法做到滔滔不絕。

記憶與口才一樣，它並不是一種天賦，後天的鍛鍊對它同樣起著至關重要的作用。「背」訓練的是記憶能力；而「誦」訓練的則是口頭表達能力，它要求在準確掌握文章內容的基礎上進行聲情並茂的表達。

第四章　練好基本功以奠定口才基礎

所以，我們這裡要求孩子進行背誦訓練，並不僅僅要求孩子把某篇演講稿、散文背下來就算完成了任務，我們的背誦訓練，一是要「背」，二還要求「誦」。這種訓練的目的有兩個：一是培養記憶力，二是訓練口語表達能力。

具體怎樣進行背誦訓練呢？

● **朗讀**

首先，選擇一篇孩子喜歡的演講稿、散文，如果是專門想訓練演講的，可以找一些世界名人的演講稿來訓練。接著，找一個不會干擾別人的地方，比如圖書館後面的草坪或者屋外的公園空地。然後，讓孩子大聲朗讀文章或者材料。

每次朗讀時，要求孩子反覆體會作者的思想感情，體會重音的掌握、語氣的控制和聲調的長短高低。還可以讓孩子對一些經典篇章反覆研究推敲，採用幾種不同的演講風格，感受彼此效果的不同，並做到有感情地朗讀，努力把作者的思想感情淋漓盡致地傳達給聽者，這對提升表達力有幫助。

● **背誦**

在朗讀的基礎上，讓孩子試著進行背誦。當然，背誦也要分幾步進行。

✧ 將文章背下來。在這個階段不要求聲情並茂，只要能達到熟練記住就行。當然，在背誦的過程中，並不是機械地死記硬背，還是要進一步領略作品的格調、節奏，為準確掌握作品打下更堅實的基礎。

✧ 在背熟文章的基礎上進行大聲朗誦。也就是把背熟的演講稿、散文、詩歌等大聲地背誦出來，並隨時注意掌握文章的思想內涵，而且要帶

有一定的感情。

✧ 用飽滿的情感，準確的語言、語調把他人作品中的感情完整地表達出來。

只有做到「背」與「誦」的有效結合，背誦訓練才能獲得良好的成效。

口才訓練材料

> 　　讓孩子熟讀、背誦下面的這首詩歌，注意要把詩歌中蘊含的情感表達出來。
>
> 紙船
> ── 寄母親
> 我從不肯妄棄一張紙，
> 總是留著 ── 留著
> 疊成一隻隻很小的船兒，
> 從舟上拋下在海裡。
> 有的被天風吹捲到舟中的窗裡，
> 有的被海浪打溼，沾在船頭上。
> 我仍是不灰心的每天疊著，
> 總希望有一隻能流到我要它到的地方去。
> 母親，倘若你夢中看見一隻很小的白船兒，
> 不要驚訝它無端入夢。
> 這是你至愛的女兒含著淚疊的，
> 萬水千山，求它載著她的愛和悲哀歸去。
> 　　讓孩子朗讀、背誦這首詩歌，不但要體會詩人真摯的感情，更要理解她依依不捨的深情，這樣才能讀出韻味，讀出

真情。

讓孩子大聲朗讀並背誦高爾基的〈海燕〉，要求掌握作品的思想感情。

在蒼茫的大海上，狂風捲集著烏雲。在烏雲和大海之間，海燕像黑色的閃電，在高傲地飛翔。

一會兒翅膀碰著波浪，一會兒箭一般地直衝向烏雲，牠叫喊著，──就在這鳥兒勇敢的叫喊聲裡，烏雲聽出了歡樂。

在這叫喊聲裡──充滿著對暴風雨的渴望！在這叫喊聲裡，烏雲聽出了憤怒的力量、熱情的火焰和勝利的信心。

海鷗在暴風雨來臨之前呻吟著，──呻吟著，牠們在大海上飛躥，想把自己對暴風雨的恐懼，掩藏到大海深處。

海鴨也在呻吟著，──牠們這些海鴨啊，享受不了生活的戰鬥的歡樂：轟隆隆的雷聲就把牠們嚇壞了。

蠢笨的企鵝，膽怯地把肥胖的身體躲藏到懸崖底下……只有那高傲的海燕，勇敢地，自由自在地，在泛起白沫的大海上飛翔！

烏雲越來越暗，越來越低，向海面直壓下來，而波浪一邊歌唱，一邊衝向高空，去迎接那雷聲。

雷聲轟響。波浪在憤怒的飛沫中呼叫，跟狂風爭鳴。看吧，狂風緊緊抱起一層層巨浪，惡狠狠地把牠們甩到懸崖上，把這些大塊的翡翠摔成塵霧和碎末。

海燕叫喊著，飛翔著，像黑色的閃電，箭一般地穿過烏雲，翅膀掠起波浪的飛沫。

看吧，牠飛舞著，像個精靈，——高傲的、黑色的暴風雨的精靈，——牠在大笑，它又在號叫……牠笑那些烏雲，牠因為歡樂而號叫！

這個敏感的精靈，——牠從雷聲的震怒裡，早就聽出了困乏，牠深信，烏雲遮不住太陽，——是的，遮不住的！

狂風吼叫……雷聲轟響……

一堆堆烏雲，像青色的火焰，在無底在大海上燃燒。大海抓住閃電的箭光，把牠們熄滅在自己的深淵裡。這些閃電的影子，活像一條條火蛇，在大海裡蜿蜒遊動，一晃就消失了。

——暴風雨！暴風雨就要來啦！

這是勇敢的海燕，在怒吼的大海上，在閃電中間，高傲地飛翔；這是勝利的預言家在叫喊：

——讓暴風雨來得更猛烈些吧！

背誦本文時，家長不僅要引導孩子掌握文章激昂奮進的基調，而且還要注意朗誦的技巧，開口不要一下子就定在高音上，應該從低沉到高昂，循序漸進地達到感情的最高點。同時，還要準確掌握作者思想感情的發展脈絡。

在複述中培養孩子的好口才

複述是指孩子用自己的語言和書中學過的主要語句，將讀過的內容有條理、有重點地表述出來的一種語言訓練形式，這也是進行口語訓練的一種重要方法和途徑。這種方法在課堂上使用得較多，如老師讓同學們看一篇文章，然後請同學們複述出故事的情節或人物的對話。

第四章　練好基本功以奠定口才基礎

透過複述訓練，能幫助孩子深入理解所讀文章、累積語言、詞彙，培養他們正確、熟練地運用語言的能力，達到提升語言表達能力的整體素養。

複述訓練既不同於速讀訓練，也不同於背誦訓練，它是聽後複述，強調的是聽完標準錄音的語言材料後進行複述，而不是簡單的背書。這樣做的好處是既能保證有正確的語言和自然的語調，又能同時發展聽力和口語表達能力。

複述是在記憶基礎上的一種再創造，它不是要求孩子機械似的「文字搬家」，既不是背誦材料，又不同於介紹文章大意。複述必須按照一定的要求，在短時間內對文章的內容進行綜合概括、取捨和聯想思考，並精心統籌安排材料，透過自己的口頭表達把文章的主要內容、作者的觀點生動地敘述出來，力求做到語言準確流暢、動作協調大方。

進行複述訓練時，父母可根據文章內容、體裁的特點和孩子的實際情況，確定複述的要求、內容和形式，既可複述段落、片段，又可複述全文，既可詳細複述，也可簡要複述和創造性複述。

在日常生活中，父母要鼓勵孩子複述看過的圖書，藉此給孩子一個說話的機會，來促進孩子聽說讀寫的協調發展。

一般來說，孩子在進行複述訓練時，可以先選一段長短合適、有一定情節的文章，最好是小說或演講稿中敘述性強的一段。可以用手機把它錄下來，然後聽一遍複述一遍，反覆多次地進行。

第一遍複述只要能把基本情節複述出來就可以，在記住原話的時候，可以用自己的話把意思複述出來；第二次複述時就要求不僅僅是複述情節，而且要求能複述一定的人物語言或描寫語言；第三次複述時，就應基本準確地複述出人物的語言和基本的描寫語言，這樣逐次提高要求，循序漸進，效果會更好。

　　有些家長一開始就選用那些長句子、情節少的文章作為訓練材料，結果常常不甚理想。這就如同小孩子學走路一樣，沒學會走，就要學跑，那是一定要摔跤的。

　　因此，在日常複述訓練時，還需要注意以下幾點：

✧ 「聽後複述」的材料必須短小精錬、內容合適。短的材料比長的易記，在開始訓練時，一定要選擇短小的文章。一般來說，兩百字左右的小文章比較適合剛開始訓練的孩子，報紙或雜誌裡帶有錄音的文章，可讓孩子當作合適的語言材料進行「聽後複述」。

✧ 材料的選擇。複述的材料應該是易於理解、內容具體、生詞不多、句子不太長以及知識性、趣味性強的文章。

✧ 複述形式要多樣化，不可千篇一律。家長可根據文章的內容和特點，確定讓孩子複述的形式。既可以採用全文複述、片斷複述、場面複述、人物形象複述、提綱式複述，也可以採用對話式複述和創造性表演複述等。

✧ 複述訓練要循序漸進，不可急於求成。複述訓練有時顯得很繁瑣甚至是枯燥乏味，這就需要孩子要有耐心和毅力才行。因此，對孩子進行複述訓練要循序漸進、由易到難。開始可以讓孩子做一些小範圍的記憶性複述，也可以盡量使用文章中的語言；然後逐漸引導孩子進行全文概括複述，啟發孩子圍繞中心選擇材料 —— 邊讀邊對文章內容有目的地取捨，記下複述的要點。複述時盡量讓孩子用自己的語言，逐漸增加一些創造性的複述方法，如將倒敘變為順敘，把第三人稱換為第一人稱，輔助以動作和表情等。透過這些訓練能逐漸提升孩子的說話力和口頭表達能力。

進行複述訓練的內容主要有：

✧ **利用圖書進行複述訓練**：在閱讀圖書時，可經常有計畫、有選擇地啟發孩子從圖書的內容出發，由此及彼、舉一反三地展開自由聯想，並模仿課文的方式來表達自己要說的內容。

讓孩子複述課文的內容有多種方法，父母也可以藉助語文教材中的一些課文，讓孩子抓住課文的相關詞句，啟發孩子的想像並說出來，也是很好的訓練孩子口語表達的方法。比如在小學國語教材中，有些課文文字簡練，文中常有一些概括性的詞句，雖然比較抽象，但有豐富的內涵。父母可以讓孩子透過想像，化「簡」為「繁」，對抽象的、概括性的語句進行擴展加工後，變成自己的語言再把它敘述出來，讓語言更具體化、形象化。

在複述圖書時，要求孩子對每一個話題的表述都盡量做到說得流利、有條理、說準確，並注意選擇恰當的複述方式，形成良好的訓練氛圍和說話習慣。久而久之，孩子就會在複述中不斷糾正錯誤，提升說話品質。

✧ **利用活動進行複述訓練**：學校經常會舉辦活動，如體育運動會、藝術節活動、春遊等。往往活動之後，孩子還沉浸在活動的喜悅之中，餘興未盡，在這種時候，孩子都有「一吐為快」的欲望。父母可趁機讓孩子把活動過程中自己最感興趣、最有意義或最能給自己帶來快樂的情節說給父母聽。這樣，孩子的說話興趣盎然，而且有話可說。久而久之，孩子的口頭表達能力自然就會進步。

✧ **對電影、電視節目進行複述訓練**：許多優秀的電影、電視節目孩子都喜歡觀看，父母可以從孩子愛看的電影、電視節目入手，透過多種形式，進行說話訓練。

比如《西遊記》是孩子都喜歡看的電視劇，在孩子觀看後，父母就可以讓孩子說說劇中的精采情節，來訓練孩子說話的條理性、準確性。這樣，孩子說話具有較強的針對性、層次性，從而也能收到良好的訓練效果。

總之，說話訓練不僅要憑藉圖書，除了掌握圖書這一重要訓練，也應該把說話的訓練領域延伸到圖書複述的內容之外，在生活中隨時進行說話訓練，提供孩子一個良好的說話環境，使孩子的口語表達能力明顯進步。

口才訓練材料

讓孩子聽下面的故事，並複述小蝸牛和媽媽的對話：

事情發生在春天。

蝸牛媽媽對小蝸牛說：「到小樹林裡去玩玩，樹葉發芽了。」

小蝸牛爬得很慢，好久好久才爬回來。牠說：「媽媽，小樹林裡的小樹長滿了葉子，碧綠碧綠的，地上還長著許多草莓呢！」

蝸牛媽媽說：「哦，已經是夏天了！快去採幾顆草莓回來。」

小蝸牛爬呀，爬呀，好久才爬回來。牠說：「媽媽，草莓沒有了，地上長著蘑菇，樹葉全變黃了。」

蝸牛媽媽說：「哦，已經是秋天了！快去採幾朵蘑菇回來。」

小蝸牛爬呀，爬呀，好久才爬回來。牠說：「媽媽，蘑菇沒有了，地上蓋著雪，樹葉全掉了。」

蝸牛媽媽說：「哦，已經是冬天了！唉，你就躲在家裡過冬吧！」

讓孩子讀完短文以後，家長先引導孩子回答三個問題：

小蝸牛準備做哪些事情？

都做成功了嗎？

為什麼會這樣呀？

當孩子理解這些內容，複述對他（她）來說就不再是困難的事情了。

讓孩子閱讀下面的短文〈四季的美〉，並複述出來四季都美在哪？

春天最美的是黎明。東方一點兒一點兒泛著魚肚色的天空，染上微微的紅暈，飄著紅紫紅紫的雲。

夏天最美的是夜晚。明亮的月亮固然美，漆黑漆黑的暗夜，有無數的螢火蟲翩翩飛舞，即使是濛濛細雨的夜晚，也有一兩隻螢火蟲，閃著朦朧的微光在飛行，這情景著實迷人。

秋天最美的是黃昏。夕陽依偎著西山，感人的是點點歸鴉急急匆匆地朝巢裡飛去。成群結隊的大雁，在高空中比翼雙飛，更是叫人感動，夕陽西沉，夜幕降臨，那風聲、蟲鳴聲聽起來叫人心曠神怡。

冬天最美的是早晨。落雪的早晨當然美，就是在遍地鋪滿銀霜的早晨，在無雪無霜寒冷的清晨』，也要生起熊熊的炭火。手捧著暖和的火盤穿過廊下時，那心情和這寒冷的早晨是多麼和諧啊！

在孩子讀完這篇小短文時，家長可以先讓孩子說說短文是按什麼順序寫的，並說說每個季節都有什麼特點，之後讓孩子合上書本開始複述。

講故事練就好口才

目前，大多數的家庭中存在著一種普遍現象：父母們意識到要講故事給孩子聽的重要性，所以，每天回家不管多忙多累，都會抽出時間講故事給孩子聽。可是，父母們卻沒有意識到，讓孩子自己講故事的意義更大。

首先，讓孩子自己講故事，不但可以激發孩子的想像空間，還能啟發孩子的思維能力，讓孩子在講的過程中變得越來越富有創造力。

其次，讓孩子自己講故事，還能有效地培養孩子的參與意識，鍛鍊孩子的語言表達能力。在「講」的過程中，孩子享受到了「講」的樂趣與「講」的成就感，這為孩子口才的發展奠定了良好的基礎。利用孩子講故事的辦法來訓練他們口頭語言的表達能力，意義深遠。

引導孩子自己講故事時，父母可使用一些小技巧，如採取複述、接續、編排、改錯等辦法，激發孩子的興趣，啟發思維，從而達到讓孩子自己講的目的。

● 透過複述的方式引導孩子講故事

當家長給孩子講完一個故事以後，可以試探性地要求孩子也用自己的話說說剛才聽過的故事。當孩子開始複述故事的時候，不管孩子講得如何，家長都應該給予稱讚與鼓勵。孩子在這種語言再創造的過程中不但鍛鍊了他們的語言理解能力，還鍛鍊了他們的語言再加工能力，對孩子的思維能力與表達能力的發展是大有幫助的。

● **留有餘地，讓孩子進行故事接龍**

　　孩子年齡小的時候，語言表達能力不佳，直接講故事還是有困難的。這時候，做家長的可以先給孩子講一小段，同時有意識地給孩子留下想像的餘地，在故事的緊要處「打住」，讓孩子順著情節發展，構思出順理成章的結果來。

● **為孩子提供素材，考驗孩子編故事的能力**

　　6～7歲的孩子知識面雖然有限，但想像力是非常豐富的，他們會幻想和海豚一起在水下生活遊戲、套上游泳圈在天空馳騁。而且孩子的思維已經顯示出一定的邏輯性，可以完全憑想像編排出完整的故事來。找一些故事素材，給孩子一點提示，「編造」出生動、感人，甚至有點匪夷所思的故事，讓孩子的思想天馬行空，讓孩子的口才自由發展。

● **假裝不相信孩子的能力，「騙」孩子講故事**

　　當你的孩子在煞有介事地看著圖畫書的時候，你不妨坐在他身邊，問問孩子是否真的能看懂故事。如果孩子告訴你說他看得懂，你不妨假裝出不相信的樣子，激發孩子的好勝心，誘導孩子自己講故事。在孩子講故事的時候，你需要做的事其實很簡單，只是瞪大眼睛，微笑、大笑。聽完了故事，家長該做的事就是，提問 —— 再提問 —— 讚揚。這樣，孩子既得到了鍛鍊，感覺也輕鬆了。

● **製造「錯誤」，激發孩子改編故事**

　　孩子自我意識增強，對學過的知識、聽過的故事記憶深刻，時常喜歡用自己學到的東西「指導」、「評論」大人的所作所為。父母不妨利用這一點，給孩子講點帶有錯誤的故事，激發孩子來糾正，從而調動孩子講故

事的積極性。

　　一個小女孩纏著爸爸要聽故事，爸爸耐心地抱著她，娓娓道來：

　　「草原上有一匹快樂的馬，這匹馬在草原的上空自由自在地飛來飛去……」

　　「爸爸，你肯定說錯了，馬是不會飛的啊！」

　　「哦？為什麼呀？」爸爸故作驚訝地問道。

　　「它沒長翅膀呀！」

　　「真聰明，說說看，什麼會飛呀？」

　　「蜻蜓、燕子、喜鵲、大老鷹……」

　　「那你給爸爸講個飛行比賽的故事怎麼樣？」

　　「好吧。嗯……讓我想想。」

　　幾分鐘後，聰明的小女孩兒開始講故事。

　　爸爸的「錯誤」像把金鑰匙，打開了女兒的話匣子。父母故意講「錯」故事，可以錯在開頭，引導孩子反駁，鞏固所學知識；錯在中間，激發孩子糾正，鍛鍊思辨；錯在結尾，啟發孩子想像，讓孩子創作出理想的結果來。

● 讓孩子一起現編情景故事

　　節假日或朋友團聚，也是孩子們聚會的好時機。幾個孩子圍坐在一起，即興編一段小故事。故事的主人公就是在座的小朋友，情節可以選擇聚會上發生的事情。當孩子之間熟悉之後，還可以把故事表演出來。大人們不需要指導孩子該如何說，讓他們盡興地說出自己的思想，不失時機地予以讚美就足夠了。

　　除了父母，其他家庭成員也可以成為孩子的聽眾。利用孩子的自豪

第四章 練好基本功以奠定口才基礎

感、自信心，讓孩子在大人面前充分展示自己的口才和勇氣。

　　孩子講故事給大人聽，精神高度集中，經歷了閱讀、思考、理解、語言組合和表達等一系列複雜過程，是一種絕佳的口才訓練。在孩子講述自己故事的時候，父母不要看到孩子講述的故事有些不合常理、有些荒謬，就打斷孩子，對孩子提出質疑，這會使孩子感到緊張和尷尬，不利於孩子發揮創新精神將故事編出來。所以，當一個善於傾聽的聽眾對於家長來說也是同樣重要的。

口才訓練材料

　　　請孩子聽媽媽講下面的故事，聽完故事以後，讓孩子講講這個故事給媽媽聽。

　　七月的天氣熱得讓人難受。一棵大榕樹上站著一隻小鳥。那的確是一個乘涼的好地方，小鳥舒舒服服地休息著，還唱著歌兒呢！唱著唱著，突然，牠發現一長排細細小小的黑點兒正從樹下經過。小鳥停止了歌唱，好奇地俯身仔細瞧。哦，原來是一群螞蟻，牠們正扛著食物往洞裡去呢！

　　「哎！真是一群傻子。天氣這麼熱，不躲在涼快的地方休息，還在大太陽下忙碌，真是笨到極點了。」小鳥不再理牠們，繼續享受涼風的吹拂，陶醉在自己優美的歌聲中。

　　八月，天氣還是很炎熱，小鳥整天躲在陰涼的地方，高興起來就唱唱歌。牠還是經常看見在烈日下辛苦搬運食物的螞蟻，仍然對牠們嗤之以鼻。

　　十月，天氣慢慢涼了，小鳥唱得更加起勁了。

　　天氣越來越冷，冬天一轉眼就到了。當小鳥發現情況不

妙時，已經太遲了。食物越來越難找了，小鳥又餓又冷。

最後，小鳥不得不厚著臉皮來到螞蟻家，請螞蟻們給牠一些食物。「你為什麼不在夏天時貯存一些食物呢？」螞蟻問。「因為夏天我忙著唱歌，沒有時間呀！」小鳥答。

螞蟻們表示愛莫能助，因為牠們的食物也只夠自己吃。門被關上了，小鳥獨自站在寒風中，心想：「冬天的早餐在哪裡呢？」

媽媽講故事的時候，每講完一個小節就對孩子提一個小問題，比方七月的時候，小鳥在做什麼呢？牠看到誰了？怎麼說的呢？讓孩子一邊聽、一邊記住大概的情節，這樣當孩子自己講故事的時候，就能講得下來。

讓孩子聽以下的故事，想像之後又發生了什麼事情，把想像的故事情節說給爸爸媽媽聽。

兔子長了四條腿，一蹦一跳，跑得可快啦。烏龜也長了四條腿，爬呀，爬呀，爬得真慢。

有一天，兔子碰見烏龜，笑咪咪地說：「烏龜，烏龜，我們來賽跑，好嗎？」烏龜知道兔子在開牠玩笑，瞪著一雙小眼睛，不理也不睬。兔子知道烏龜不敢跟牠賽跑，樂得擺著耳朵又蹦又跳，還編了一首山歌笑話牠：「烏龜，烏龜，爬爬，一早出門採花；烏龜，烏龜，走走，傍晚還在家門口。」

烏龜生氣了說：「兔子，兔子，你別神氣活現的，我們就來賽跑。」

「什麼，什麼？烏龜，你說什麼？我們來比賽？我沒有聽錯吧？」

> 兔子聽了烏龜的話差點笑破了肚子。
>
> 第二天……
>
> 這個故事很多孩子都耳熟能詳了，讓孩子順著聽過的故事的思路往下說，對孩子來說，難度低一點。此外，家長還可以引導孩子展開想像，編出比較有創造性的結局來。

訓練延伸

> 讓孩子圍繞「太陽、花朵、羊媽媽、小羊、狼外婆」編一個故事。
>
> 在孩子編這個故事的時候，家長應該及時提示孩子，題目中給的所有事物都不能忽略，故事是圍繞這些事務展開的。

▎演講訓練練的是口才

演講是演講者面對臺下聽眾，以口頭語言為主要形式、非口頭語言為輔助形式，就某一問題發表自己的意見，或闡述某一事理，並互相溝通、交流資訊的真實社會活動過程，也叫演說或講演。

演講能起到迅速讓人信服或明白的作用，從古至今，演講活動和演說家多不勝數。

古希臘卓越的演說家狄摩西尼，在面對馬其頓入侵希臘時，曾發表〈斥腓力辭〉等演說，嚴厲譴責了馬其頓國王腓力二世的擴張野心，極大地鼓舞了古希臘人民對敵人的鬥志。他著名的演說辭留傳至今的尚存 61 篇。

狄摩西尼成為卓越的演說家絕非一日之功，全憑長期的刻苦磨礪而成。他天天黎明時就起床練習說話。據說，在他居住的房間裡，設置了不

少大鏡子，他不斷地面對鏡子練習講演，觀察自己的動作和表情。

　　每逢傾盆大雨，狄摩西尼都要登上高高的山崖，嘴裡含著一塊小石子，迎著風雨，高聲朗讀詩文，小石子磨破了他的舌頭，他也照樣堅持練習。

　　不僅如此，狄摩西尼還常常一邊奮力攀登陡峭的山崖，一邊背誦長詩。他總是越登越快，越誦越快。後來，狄摩西尼發現自己在講演時，有聳動肩膀的毛病。為了糾正自己的不雅姿態，狄摩西尼就在屋梁上懸下兩條繩索，繩索上綁著兩把尖刀，讓自己站在兩刀之間練習講演。

　　這些都足以看出狄摩西尼成為一個演說家所付出的艱辛。可以說，要想成為一個出色的演說者，不僅要刻苦，要有一種堅韌的毅力和不達目的不罷休的頑強信念，還要掌握一定的方法和技巧。那麼，家長應該怎樣對孩子進行演講訓練呢？

● 選擇合適的演講材料

　　一份優秀的演講稿對於演講的成功具有極其重要的作用。演講者應圍繞確定的題目準備好演講稿，但演講時不宜唸稿。演講的內容要注重典型性、鮮明性。給孩子選擇的演講材料應該通俗易懂，最好是由孩子自己來撰寫。

　　家長要教孩子撰寫演講稿，不僅要強調語言生動，還要注意立意新穎，顯示個性、結構清晰、感情充分、跌宕起伏。

● 注意聲音和腔調

　　聲音和腔調雖是與生俱來的，不可能一朝一夕就有所改善。不過音質好壞對於整個演說影響很大，這倒是事實。即使是音質不好的人，也要讓自己的聲音清楚地傳達給聽眾，並且斷句、斷詞要準確，整篇演講稿要有抑有揚，有張有弛。家長要在日常生活中經常提醒孩子注意說話的聲音和腔調，努力做到音質圓潤，張弛有道。

● **輔以自然的表情**

這裡的表情主要指的是面部表情，即眼、眉、嘴以及頭等配合說話時的動作。家長要讓孩子明白，演講時的面部表情無論好壞都會給聽眾留下非常深刻的印象。演講的內容即使再精采，如果表情缺乏自信、畏畏縮縮，演講就很容易失去聽眾。

演講者的眼神也很重要，要能「攏」住下面的聽眾，不可揚頭看天，也不可低頭盯地，而要自然地平直向前，目光觸及最後一排觀眾，最好能用目光加強和觀眾的感情交流。

家長要告訴孩子，在演講中，不可能每個人都給自己報以善意的目光，為了鞏固自己的信心，可以一面進行演講，一面從聽眾當中找尋對於自己投以善意目光的人，把自己的視線投向那些點頭肯定的人，而無視那些冷淡的眼光。這對順利進行演說很有好處。

● **演講時的站位也有講究**

告訴孩子，演講者可以隨著講稿內容而改變站位。一般說來，演講者一上臺，就站在臺前正中的話筒前。腳跟應靠近，腿站直，顯得精神，切忌雙腳分立，那樣會顯得鬆垮沒信心。演講時不要腳尖點地或翹起，這是小學生常出現的毛病。在演講過程中，演講者可以稍微自然地向左、右後做些動作。

● **手勢語很重要**

在演講過程中會用到很多手勢語。手可以隨著內容的需求向左、右、前、側各個方向揮動。一般來說，既可以用手掌揮動，也可以用拳。而且，手勢可單手，也可雙手，都沒有硬性的規定。

家長應告訴孩子，演講時使用手勢語要注意三點：

✧ 胳膊不要伸得過直,以免僵硬。

✧ 手指不宜彎曲,顯得笨拙。

✧ 手勢語要和它所配合的演講詞同時運用,不要提前或延後。

口才訓練材料

試著用下面兩個材料,舉辦一次家庭演講活動,由孩子擔當演講者。

熱愛生命

同學們,你們看,浩瀚的大海裡,魚兒在自由自在地遨遊;你們聽,在蔚藍的天空下,鳥兒們歡快地鳴唱……哦!這個世界最生機盎然的就是生命!正是這一條條鮮活的生命啊,讓我們的整個地球也鮮活起來。

我一直喜歡那一首歌:〈在我生命中的每一天〉,歌中唱道:「看時光飛逝,我祈禱明天……」

每當那熟悉的旋律響起,我就感到生命的可貴。

每天清晨,當朝霞映紅了我的雙頰,當樹上的小鳥把我從夢中叫醒,我知道新的一天又開始了。我感謝我的爸爸、媽媽,是他們給予我寶貴的生命,是他們讓我感受這美麗的地球。我還要感謝我的爺爺、奶奶,他們的慈愛像陽光一樣照亮了我心靈的每一個角落。是啊,生命就像一朵花,我們就像待放的花蕾。親愛的同學們,熱愛我們生命中的每一天吧,因為我們是剛升起的太陽。

競選學生會主席

各位代表：

大家好！首先感謝大家的支持與學校提供這次機會，使我能參與競爭，一展自己的抱負。今天我來參與競選的目的只有一個：一切為大家，為大家謀福利。我有自信在同學們的幫助下，我能勝任這項工作，正由於這種驅動力，當我走向這個講臺的時候，我感到信心百倍。

我認為自己很適合擔任學生會主席。首先我熱愛服務同學，算上小學的話，我有十年學生幹部的資歷了，這使我具備相當豐富的管理經驗、領導能力。活潑開朗、興趣廣泛的我積極參加並舉辦各項活動，在活動中盡情施展自己唱歌、跳舞、彈鋼琴及演講等才能，取得了如演講比賽第一，英語朗誦、閱讀競賽第一等好成績，激勵著我不斷向前；主持事務也是我不懈的追求的目標，從高一入學新生聯歡會到主持電視臺節目，及後來的首屆英語節，大大小小的活動參加了不少，提供給我機會，也使我如魚得水，不斷鍛鍊、充實著自己。參加活動之餘，我學習上也絲毫沒有鬆懈，成績現已躋身年級前茅，我認為我有足夠的時間和精力在學習之外開展活動。

假如我當選，我將進一步加強自身修養，努力提升和完善自身的素養，我將時時要求自己「待人正直、公正辦事」；要求自己「嚴於律己、寬以待人」；要求自己「樂於助人、尊老愛幼」。總之，我要力爭讓學生會主席的職責與個人的思想品格同時到位。

假如我就任此屆學生會主席，我的第一件事就是召集我的「內閣」部長們舉行第一次全體「內閣會議」，全面地聽取

他們的意見與建議，下放權力，實行「承包責任制」。我們將自始至終地遵循「一切為大家」的原則。在就職期間，我們將在有限的條件下，成立我們自己的電視臺、廣播站，建立必要的管理制度，設立師生信箱。我們將定期舉行各種形式的體育友誼比賽，使愛好體育的「英雄」有用武之地。愛好文藝的同學們，學校藝術團正在歡迎你，我們將舉辦自己的藝術節，中秋、聖誕大聯歡。如有條件來個校園形象大使活動也不錯，還有書畫會、文學社、中學生論壇、社會實踐（包括大家感興趣的郊遊活動）等。總之，我們每個人都能在學生會找到自己的位置，我們的課餘生活絕對豐富多彩！我們將與「風華正茂」的同學們在一起「指點江山」，發出我們青春的呼喊！我們將努力使學生會成為學校師長與學生之間的溝通橋梁，成為勇於反映學生意見要求、維護學生正當權益的組織，新的學生會將不再是徒有虛名的擺設，而是有所作為、名副其實的存在！

既然是花，我就要開放；既然是樹，我就要長成棟梁；既然是石頭，我就要去鋪出大路；既然是學生會主席，我就要成為一名出色的領航員！

各位代表，你們所期望的學生會主席，不正是敢想、敢說、敢做的人嗎？我十分願意做你們所期待的「公僕」。你們握著選票的手還猶豫嗎？謝謝大家的信任！

▌在模仿中體驗口才樂趣

每一個孩子從出生開始就有模仿能力，他們從小就喜歡模仿大人做事、模仿大人說話……對於孩子來說，模仿的過程就是他們學習的過程。

在模仿中，孩子學會了走路、學會了怎麼吃飯……同樣的，家長可利用孩子喜歡模仿的特點，鼓勵孩子透過模仿訓練口才。

家長可以從以下幾個方面引導孩子進行口才訓練：

● 看電視、聽廣播的時候模仿

對孩子而言，電視、廣播是他們接觸外面社會的一扇窗戶。從這扇「窗戶」裡孩子看到了他們夢想中的精采世界。要想培養孩子的口才，不妨從模仿電視裡的人怎麼說話開始。

家長可以利用每天與孩子一起看電視的時間，有意識地讓孩子跟著播音員、演員說話，模仿他們的聲音、語調、神態、動作，邊聽邊模仿，邊看邊模仿，持之以恆，孩子的語言能力無形中就能提升。

小周周是個4歲半的小男孩，小小年紀就一臉深沉的模樣。幼稚園老師評價說：「這孩子很聰明，但就是不愛說話，不喜歡跟其他的同學來往！」

小周周的媽媽想：「孩子這麼小就這麼沉默並不是一件好事，我得引導他多說話呀！」

於是，小周周的媽媽利用孩子喜歡看電視的特點，每天在看電視的時候，就讓孩子學著電視裡的人學說話。

剛開始的時候，孩子似乎有些害羞，媽媽就故意在孩子面前模仿電視裡的演員說話。比如，看兒童節目時，媽媽煞有介事地端正坐好，一板一眼地模仿起主持人說話的語氣、神態、動作，並示意小周周一起學。慢慢的，小周周就放開了，也有意識地學了起來。

小周周最喜歡看的是卡通《喜羊羊和灰太狼》，媽媽索性與小周周開始角色扮演，小周周演「喜羊羊」，學「喜羊羊」說話，媽媽演「灰太

狼」，學「灰太狼」說話。有些時候，爺爺奶奶也參與到模仿當中。這樣，一家人成天和樂融融的，孩子的性格也慢慢變開朗、活躍了起來，還變得愛說話了！

在幼稚園裡，小周周學會了講故事，而且還講得繪聲繪影的，老師高興地跟小周周的媽媽說：「孩子變了！你們的教育辦法真好呀！」

小周周的改變正是因為媽媽有意識地引導孩子模仿電視人物說話帶來的效果。生活中，如果我們同樣能把電視當作學習的對象，孩子不僅能從電視裡獲得喜悅，還能從電視裡獲得進步與成長。

● 模仿專人

如果你的孩子口語表達能力不強，家長可以幫孩子找一位口語表達能力強的人，請他講幾段精采的話，錄下來，供孩子進行模仿。當然，家長還可以把孩子喜歡的，又適合孩子模仿的播音員、演員的聲音錄下來進行模仿。

● 專題模仿

邀請孩子的好朋友一起到家裡來進行模仿表演。首先，先請一個人模仿電視裡某一個播音員或者主持人、演員的話講一段小故事、小幽默，然後每個人都輪流模仿表演者講話。為了提升孩子的積極性，家長也可以參與其間，當孩子的評委。這個方法簡單易行，且有娛樂性，只要有三、四個人就能進行。要注意的是，家長在孩子開始表演的時候，一定要要求他們每個人講的小故事、小幽默一定要新鮮有趣，大家愛聽。此外，孩子在講之前要做一些準備，做到準確、生動、形象化。

在進行模仿練習時，要求孩子要盡量模仿像一點，要從模仿對象的語氣、語速、表情、動作等各個方面進行模仿，並在模仿中有創造，力爭在

模仿中超過對方。此外，一定要注意選擇適合自己的、有益於身心發展的內容進行模仿。

　　模仿法簡單易學，娛樂性強，見效快，尤其適合孩子們練習。當你的孩子在表達方面稍有一些出色的表現，家長就應該積極地肯定與鼓勵孩子，讓孩子保持學習、模仿的興趣。只要親子雙方持之以恆，共同努力，孩子練就好口才便不再是難事了。

口才訓練材料

> 　　要求孩子模仿老師平常給小朋友講故事時候的聲調、神態、動作，講以下這個故事給媽媽聽。
>
> 　　小朋友，你喜歡小白兔嗎？小白兔直直的耳朵，紅紅的眼睛，全身雪白雪白的，走起路來一蹦一跳，真可愛。
>
> 　　其實，在很久很久以前，小白兔不是這個樣子的。牠的耳朵不大不小，不長不短，眼睛也不紅，走起路來快得像一陣風。小白兔的家住在深山裡，門前長著密密麻麻的嫩草。小白兔媽媽常常對小白兔說：「孩子，山裡有狼，門口有草擋著才安全，這些草千萬不能吃呀！」
>
> 　　「知道啦！」小白兔很不耐煩，並埋怨媽媽囉嗦。
>
> 　　有一天，大象公公生日，兔媽媽祝壽去了，直到太陽快要下山還沒有回來。小白兔肚子餓，想去弄點兒吃的，便走出家門。夕陽的餘暉染紅了半邊天，也把門前的青草映得熠熠生輝。啊，多嫩的草！小白兔心想：就在這裡吃飽了，進去就睡，豈不是更省事？於是，牠大口大口地吃起來，早把媽媽的囑咐忘到九霄雲外了。吃飽後，小白兔拍拍肚子，躺

到床上，不一會兒就睡著了。

　　一隻狼路過這裡，發現了小白兔的家，看見了熟睡的小白兔，高興地直叫：「哈哈，我的孩子還沒吃飯呢！」狼一腳踢開房門，揪住小白兔的耳朵就往外拖，小白兔痛得「媽呀，媽呀」地哭喊。

　　就在這時候，小白兔媽媽回來了，牠衝進家門，與狼展開了殊死鬥，終於把狼趕走了。小白兔得救了，但是，兔媽媽因傷勢過重，也永遠地離開了。

　　狼雖然沒有吃掉小白兔，但小白兔的兩隻耳朵卻被扯得長長的，每當牠摸著自己的耳朵，就想起死去的媽媽，常常傷心得流淚，慢慢的，牠的雙眼被淚水泡紅了。小白兔記住了這個教訓，再也不吃窩邊草了，走路也變得警覺起來，一蹦一跳、左顧右盼。

　　在孩子模仿說故事的時候，媽媽可以讓孩子邊講故事邊做動作，增加說故事的趣味性。

讓孩子模仿美國前總統林肯在蓋茲堡的演說

　　87 年前，我們的祖先在這個大陸上創立了一個新國家，它孕育於自由之中，奉行一切人生而平等的原則。

　　現在我們正從事一場偉大的內戰，並考驗著這個國家，或者任何一個孕育於自由和奉行上述原則的國家是否能夠長久存在。我們今天在這場戰爭中的一個偉大戰場上集會。烈士們為使這個國家能夠生存下去而奉獻出自己的生命，我們來到這裡，是要把這個戰場的一部分奉獻給他們做為最後的安息之所。我們這樣做是應該且非常恰當的。

但是，從更廣泛的意義上來說，這塊土地我們不能夠奉獻、不能夠聖化、不能夠神化。那些曾在這裡戰鬥過的勇士們，活著的和死去的，已經把這塊土地聖化了，這遠不是我們微薄力量所能增減的。我們現在在這裡所說的話，全世界不大會注意到，也不會長久地記住，但勇士們在這裡所做過的事，全世界卻永遠不會忘記。不如說，倒是我們這些還活著的人，應該在這裡把自己奉獻於勇士們已經如此崇高地向前推進但尚未完成的事業。倒是我們應該在這裡把自己奉獻於仍然留在我們面前的偉大任務 —— 我們要從這些光榮的死者身上汲取更多的獻身精神，來完成他們已經完全徹底為之獻身的事業。我們要在這裡下定最大的決心，不讓這些死者白白犧牲，我們要使國家在上帝的福祉下得到自由的新生，要使這個民有、民治、民享的政府永世長存。

　　讓孩子模仿演講者，體會其言語中對獻出生命的勇士們的無比尊敬和對人民的熱愛之情。只有情感投入了，孩子的模仿才能到位。

▌透過「描述法」提升孩子的口才

　　在孩子開始學說話的時候，相信許多年輕的家長們已經有意識地給孩子買了一些圖畫書，透過圖書教孩子學說話，讓孩子用自己的話把圖上的情景描述出來。家長這種引導孩子說話的方式鍛鍊的正是孩子的描述能力。透過這樣的訓練，孩子的表達能力得到一定程度的提升。我們把這種引導孩子描述圖畫練口才的方法稱為「描述法」。

　　對於年幼的孩子來說，圖文並茂的小圖書能激起他們的好奇心，引起

他們的興趣，便於他們去接受。這個時候，家長應該多以看圖說話的形式培養孩子的表達能力。多給孩子準備一些圖片較大、較精美，裡面內容較簡單的圖畫。等孩子能夠輕鬆地把簡單的圖片描述出來後，再為孩子準備一些內容複雜的圖片，培養孩子的觀察力和描述時細心的習慣。只要孩子開口描述了，就不要計較描述的效果。多給孩子鼓勵和讚揚，你會發現孩子會愛上這種遊戲。

年紀稍大一點的孩子，已有了一定的理解能力和觀察能力。培養他們的描述能力，不能僅僅局限於看圖說話。其實生活就是一幅美麗的畫卷，父母要多帶孩子走出家門，觀賞美景，觀察人們的生活環境，讓孩子把景、事、物、人串連在一起，並透過語言將其描述出來。

在訓練孩子描述能力的時候，家長要充分引起孩子的好奇心，鼓勵孩子細心觀察。不管是看圖說話，還是深入生活觀察某個事物，首先都要引起孩子的興趣，這樣孩子才會樂於去觀察、去描述。

如果你的孩子喜歡玩遊戲，比較調皮，那麼請把他帶到遊樂園裡，讓孩子在玩得盡興之後再描述一下遊樂園裡的場景；如果你的孩子比較內向，不愛出門，那麼讓孩子描述一下客廳裡的家具和布局；如果你的孩子對動物感興趣，那麼就帶孩子去動物園，讓孩子在觀察的基礎上描述動物，還可以對孩子說：「如果你是那隻老虎，你現在會想什麼呢？」總之，讓孩子在輕鬆的氛圍裡感受歡樂，讓孩子開口說話，說出所看、所想以及所感。

訓練孩子的描述能力有利於鍛鍊孩子的語言組合能力，無論是演講、說話、辯論都需要這種能力。沒有這種能力也就不可能做到口若懸河。所以，組合語言的能力是口語表達能力的一項基本功。如果孩子有不錯的描述能力，那麼他將在即興演講上具備優勢。

用描述法訓練孩子的口語表達能力，可以分成以下幾個步驟進行：

第一步，把一幅畫或者一個景物當成描述的對象進行觀察。

比如，家長準備讓孩子描述的是「秋天的街道」，那麼，可以先讓孩子觀察一下這條街道的周圍都有些什麼，有樓房？有商鋪？有路人？還是有楓樹？並且還要觀察樹是什麼樣子的？路上行人的神態如何？商店裡的景象等。這一切都需要孩子用自己的眼睛去觀察，用心去體驗。只有他的觀察到位，才能為接下來的描述打好基礎。

第二步，讓孩子抓住景物的特點，有順序地進行描述。

引導孩子描述對象的時候，要求孩子做到特點要突出，自己表達的語言要清楚、明白、有一定的文采。不要把描述變成記流水帳、平平淡淡。要用描述性的語言，盡量生動些、活潑些。要按順序進行描述，不要東一句，西一句，讓人聽起來摸不著頭腦。最重要的是，描述的時候允許有聯想與想像。比如，孩子觀察到路邊有一位白髮蒼蒼的老爺爺，孤獨地坐在斑駁的樹蔭下，家長就可以引導孩子聯想到自己的爺爺，也可設想到這個老人的生活晚景，還可能想到「夕陽無限好，只是近黃昏」這段詩句……只有這樣，孩子描述起來才能做到內容充實、生動有趣。

對於孩子來說，描述法訓練的不僅僅是他們的口頭表達能力，還有孩子的思維能力和語言組合能力，有效的描述法訓練將給孩子的寫作練習奠定一定的基礎。在對孩子進行描述法訓練的時候，家長要注意以下幾點：

● 重視孩子的語言環境

每一位家長都希望自己的孩子聰明好學、口齒伶俐，因而對孩子的口頭語言的發展格外重視。其實，孩子的語言來自父母，但語言環境對孩子

語言的發展也起著至關重要的作用。懂得教育方法的家長總是會為孩子創造輕鬆愉悅的家庭語言環境，這樣孩子才會樂於接受家長的語言訓練。

● 規範化地使用語言

在對孩子進行語言訓練時，家長可適當地選用較慢、重複的話語對孩子說話，這有助於孩子理解和模仿家長的話語，對孩子語言能力的發展有很大益處。家長說話時務必做到發音準確、清楚，因為孩子從小養成的語言習慣和發音特點，以後是很難改正的，要讓他們從小就規範化地使用語言，父母就應該使用規範化的語言，這會為孩子將來的口語表達奠定基礎。

● 多給予鼓勵與表揚

在孩子描述某一個具體對象的過程中，家長要做出認真傾聽的準備。如側著腦袋傾聽，微笑、點頭，給孩子充分的鼓勵。當孩子在描述的過程中出現問題的時候，家長不要立即打斷孩子的話，而應該耐心地引導孩子實事求是地說話，怎麼去描述才更顯得到位。家長真誠的鼓勵能激發孩子說話的熱情。唯有熱情，訓練才能達到事半功倍的效果。

口才訓練材料

> 讓孩子觀察以下的圖畫，說一說兩隻小熊貓在做什麼呢？把牠們的神態、動作、表情描繪出來，要說得清楚、明白、有一定的文采。
>
> 口才延伸：經常帶孩子外出，讓孩子描述看到的景色、事物、人物等的特點。家長應引導孩子力求做到描述的完成、生動、富有情趣。

▌透過角色扮演快快樂樂練口才

「角色」一詞，是從戲劇、電影中借用來的。是指演員扮演的戲劇或電影中的人物。兒童口才訓練中的「角色」，與戲劇、電影中所講的「角色」，有著相同的意義。

角色扮演法，就是要求孩子學演員那樣去演戲，去扮演作品中出現的不同人物，當然這個扮演主要是在語言上的扮演。透過角色扮演訓練孩子的口才有以下幾個步驟：

✧ 家長先幫孩子選一篇有情節、有人物的小說或戲劇做為材料。

✧ 家長和孩子一起對選定的材料進行分析，特別留意要分析人物的語言特點。

✧ 孩子與父母可以分別扮演不同的人物角色。比比看，誰最能準確地扮演自己的角色。

✧ 也可一個人扮演多種角色，以此培養孩子的語言適應力。

另外，家長還可以找一些精采的電影、電視劇片段，讓孩子嘗試著給角色配音，並把孩子的配音錄下來，跟電影、電視中的角色進行比較，從中找出差距。這也是訓練孩子口才的一種有效方法。

角色扮演法中「演」的成分很重。它不僅要求聲音洪亮、充滿感情、停頓得當；還要求能繪聲繪影、惟妙惟肖地把人物的性格表現出來，而且還要配有一定的動作和表情。從這個角度看，這個訓練對孩子來說是有一定的難度的。所以，家長的指導與配合是十分重要。

週末時，在家休息的美蓉正在對三歲大的兒子浩浩講〈狐狸和烏鴉〉的故事。講完故事後，美蓉要求兒子也講一個自己的故事。與以往一樣，兒子還是把美蓉說的〈狐狸和烏鴉〉的故事又重新講了一遍。看兒子講得手舞足

蹈的樣子，美蓉靈機一動對浩浩說：「寶貝，你說得真好，但是你的表演更好！這樣吧，不如我們一起來演〈狐狸和烏鴉〉這個故事好不好？」

兒子一聽，可高興了。

於是，母子倆就開始練習了起來，浩浩當烏鴉，媽媽當狐狸。母子倆演得不亦樂乎。從此，只要一講故事，孩子就要求扮演角色，而美蓉也沒有拒絕孩子的要求，總能讓孩子這一愛表演的心得到充分的滿足。當然，每次演完她都會給浩浩提一些建議。

等到浩浩上了幼稚園大班，他的表演能力已經讓老師們刮目相看了。每次班上有什麼演出活動，總是少不了浩浩。

事實上，每一個孩子天生就是表演家。他們很有表演天賦，更勇於表現自己。孩子的表演過程，既是創作過程，又是交際過程，同時也是鍛鍊口才的過程。所以，每一位家長都要抓住孩子愛「演」的天性，讓孩子在快樂、輕鬆的氛圍中練習口才。

角色扮演法容易激發孩子的責任心，有利於鍛鍊孩子的社交能力，使孩子在交往中逐步鍛鍊表達能力。透過角色扮演法，還能提升孩子的想像力。

生活中的活動，為孩子提供了模仿、再現人與人關係的機會，為他們的社交能力打下基礎。一位家長說，角色扮演法可以大大提升孩子的動手、動腦和語言能力，使孩子獲得熟悉生活、熟悉社會的機會，對孩子非常有益，家長有義務多多引導孩子做些角色扮演遊戲。

小劉夫婦喜歡和女兒玩「開汽車」遊戲，他們三人時常輪換扮演不同的角色：司機、乘客、售票員。這三種不同的角色，需要做不同的事。劉媽媽告訴女兒，當司機的時候，要遵守交通規則；當售票員的時候，要學會用禮貌的語言招呼乘客買票、出示月票以及向乘客報告站名，還要有禮貌地對待不同年齡的乘客；身為乘客，需要遵守車內秩序、不在車內吸

第四章　練好基本功以奠定口才基礎

煙，並主動讓座給老弱婦孺等需要座位的人。

在遊戲中，小劉夫婦不斷與女兒交談，還讓女兒模仿成人的語言、動作，這就促使她進一步注意了解自己身邊的一切，培養了她的觀察力、想像力、思維能力和口頭表達能力。

有不同的角色就有溝通，有溝通孩子的口才就能得到鍛鍊。如果你的孩子不善於表達，那麼就讓他在角色扮演遊戲中開口表達，提升表達能力吧！

在角色扮演遊戲中，孩子透過對現實生活的模仿，再現社會中的人際交往過程，練習著社交的技能，不知不覺提升了孩子的人際智慧。遊戲中，孩子的行為要與所扮演的角色的行為相吻合，把自己放在角色的位置上，從角色的角度看待問題，並學會共同擬定和改變遊戲活動的主題。

例如，首先讓爸爸扮成「熊爸爸」，媽媽帶孩子去熊爸爸家做客。媽媽拉孩子的手敲敲門，裡面的熊爸爸問：「是誰在敲門啊？」媽媽教孩子回答，然後等熊爸爸來開門。開門進入後，示範如何問候、如何擁抱、如何進行交往，以提升孩子對人與人交往的認知。然後，讓孩子自己獨自敲門，並完成回答、問候、擁抱等一系列動作。這樣可以鍛鍊孩子的膽量以及語言能力。最後，讓孩子代替爸爸當主人，爸爸和媽媽去做客。這樣可以增強孩子的記憶力和模仿力，讓孩子練習以社會規範的方式來與人交往。

口才訓練材料

讓孩子讀以下的故事，角色扮演故事中的人物。要求做到說話的聲音要大聲洪亮，還應該有一定的表情、動作、神

情，說話的語氣要符合人物的性格特點。

　　森林裡住著小鳥哥哥和小鳥弟弟。鳥哥哥是一隻早起鳥，每天公雞一啼叫，牠就睜開眼睛，離開溫暖的窩去給大樹爺爺捉蟲子，因為樹爺爺年紀大了，身上長滿了蟲子，所以身上的葉子總是枯黃的。只要將蟲子捉乾淨，樹爺爺的病就能好。

　　而鳥弟弟呢？牠可懶惰了，做什麼事情都懶洋洋、慢吞吞的。特別是早晨，牠最不愛起床了。不管鳥哥哥怎麼催促，牠都不想動。每天太陽曬屁股了，牠才不慌不忙地掙扎起床，嘴裡還嘟囔著：「臭哥哥、死哥哥，一大早都不讓我睡飽，真沒意思。捉蟲子有什麼好玩，能比我盪鞦韆好玩嗎？」說完，牠就隨便吃了幾條哥哥留下的蟲子出去玩了。

　　你看，牠一會兒抓著樹枝盪鞦韆，一會兒跟樹下的小兔子聊天，一會兒飛到九霄雲外玩，一整天都很開心。等到天很黑了，牠才回到森林的窩裡。而這時候，鳥哥哥早已經入睡了。鳥弟弟覺得自己的生活才有意義。哥哥的生活也太枯燥乏味了！

　　後來，遠方的森林裡起了很大的蟲害。鳥哥哥身為樹醫生被邀請去幫大樹治病。臨行前，哥哥再三囑咐鳥弟弟：「弟弟，我這一次去，需要幾個月的時間，你自己一定要早起捉蟲子，晚了就捉不到蟲子了。」

　　「知道了！知道了！」鳥弟弟不耐煩地說。

　　哥哥走了以後，鳥弟弟開心地想：「太好了，從此再沒有人催我早起了。我終於可以痛痛快快一覺睡到天亮了！」

　　第二天，鳥弟弟果然睡到中午才醒來。牠開心地伸了一

個懶腰，習慣性地去吃蟲子。但是，因為鳥哥哥不在，牠不能像往常一樣吃到已經準備好的食物。鳥弟弟只好自己準備去捉蟲子了。

鳥弟弟在森林裡飛了一圈，不知道該從哪裡找食物吃。牠這裡飛飛那裡看看，最後什麼都沒找著，也沒有心情玩，就餓著肚子回家去了。

在孩子讀完這個故事後，家長可以問孩子一些問題，如「你覺得鳥弟弟是個怎麼樣的小鳥呢？可以從哪些地方觀察到呢？」孩子只有在充分了解人物的性格特徵後，才能演好角色、練好口才。

▍嗓音訓練讓口才加分

聲音是一個人的第二張臉，要有良好的口才，首先應有正確的發音。良好的語音有三個標準：一是說話清晰、準確，不拖泥帶水，更不能含混不清；二是語速適中，不宜太快也不宜太慢；三是注意抑揚頓挫，注意語調和重音。良好的語音不僅能增強說話者的語言表達能力，還能提升說話者的魅力指數。所以，鍛鍊出一副好嗓子，練就一腔悅耳動聽的聲音，是口才訓練必不可少的重要環節。

現實生活中，由於每個人的聲音品質、語音情況不同，所以發出的聲音也不一樣。比如，有些人聲音甜美，有些人聲音洪亮，還有一些人的聲音卻顯得沙啞無力、乾癟難聽。雖然說一個人天生的發音器官不容易改變，但後天的訓練卻可以讓一個人的聲音品質得到改善。比如著名的藝術家 —— 梅蘭芳，他小時候的嗓音條件並不好，但他勤奮刻苦地練習自己的嗓音，終於練出了一副珠圓玉潤、甜美動人的金嗓子。可見，聲音是可

以塑造的。

為了提升孩子的口才水準，家長應注重孩子的語音訓練，教孩子鍛鍊出一副好嗓子。孩子的語音訓練可以從以下幾個方面入手：

● 練氣訓練

練聲也就是練嗓子。要練好聲首先要練氣，因為氣是人體發聲的動力，它是發聲的基礎。氣息的大小對發聲有著直接的關係。氣不足難免發出的聲音乾瘪無力。所以要練聲，先要學會用氣。

✧ **教孩子吸氣**：用氣的第一步是吸氣，教孩子吸氣的時候，要引導孩子一定要深吸，要讓整個胸廓打開，盡量把多的氣吸進去。吸氣時不要讓孩子提肩。

✧ **教孩子呼氣**：吸氣訓練到位後，就開始教孩子呼氣。呼氣時不要一下就把氣呼出去，而要慢慢地把氣呼出。最好是兩齒基本合上，留一條小縫讓氣息慢慢地通過。因為不論是在演講、朗誦或辯論時，都需要較長的氣息，只有呼氣慢而長，才能達到好的效果。

吸氣與呼氣的練習需要長時間地堅持才能有效果。家長可以要求孩子經常到戶外、到公園去做深呼吸，只要做到持之以恆，孩子對氣息的運用才能做到輕鬆自如。

● 引導孩子練聲

在練氣的基礎上就可以練聲了。練聲時，需要孩子先放鬆聲帶，用一些輕緩的氣流振動它，讓聲帶先有個準備過程。可以教孩子先發一些輕緩的聲音，切忌張口就大聲喊叫，一張口就大聲喊叫只會損傷聲帶，不利於

練聲。

　　教孩子練聲時還要提醒孩子，不要在早晨剛睡醒時就到戶外去練習，那樣會讓聲帶受到損害。特別是在冬天的早晨，更不能這麼做。因為室內外溫差較大時，張口就喊嗓子，容易使冷空氣進入口腔，刺激聲帶，使聲帶受到損傷。

● 口腔訓練

　　聲帶活動開了，接下來就是做一些口腔準備活動。口腔是人的一個重要的發聲共鳴器，聲音的洪亮、圓潤與否和口腔有著直接的關聯。口腔活動開了，面部肌肉也就可以輕鬆自如地表現了。口腔練習可以按以下幾個方法進行。

（1）雙脣練習

✧ 雙脣堵住氣流，然後突然放開，爆發出 b 或 p 音。

✧ 雙脣緊閉，用力噘嘴，嘴角後拉，前後交替進行。

✧ 雙脣緊閉，嘟起，向上下左右，交替進行。

✧ 雙脣緊閉，嘟起，左轉 360 度，右轉 360 度，交替進行。

（2）舌部練習

　　練完了雙脣，接下來就可以進行舌部訓練。

　　第一步是刮舌面：舌尖抵住下齒背，舌中縱線部位用力，用上門齒刮舌面，將嘴撐開。

　　第二步是舌尖練習：力量集中在舌尖，與上齒齦用力接觸，然後突然打開，爆發出 d、t 音。

第三步是舌根練習：舌根用力抵住軟顎，阻住氣流，然後突然打開，爆發出 g、k 音。

第四步是舌的力度練習：先閉上雙脣，用舌尖頂住內頰左右，交替進行；然後，舌在脣齒之間左右環繞，交替進行。

第五步是彈舌練習：引導孩子用舌尖連續輕彈上齒，使舌間放鬆靈活。

● 鼻腔練習

人體在發聲時，還有一個重要的共鳴器，那就是鼻腔。有些人說話時，只會在喉嚨上使勁，根本就沒有借助胸腔、鼻腔這兩個共鳴器進行輔助發音，所以他發出的聲音蒼白無力，音色暗啞。如果輔以胸腔、鼻腔共鳴，那麼聲音的效果就會明顯不同。

家長在教孩子練習用鼻腔的共鳴方法時，可以讓孩子想像牛叫的樣子。但是，家長也要提醒孩子，在平常說話時，如果只用鼻腔共鳴，很可能造成鼻音太重的結果。

如果孩子能經常按照上面的要求去練習，那麼發出的聲音就會圓潤、響亮，說話時也就會變得悅耳動聽了。

第五章　培養孩子的口才素養

塞謬爾‧斯邁爾斯（Samuel Smiles）說：「友善的言行、得體的舉止、優雅的風度，是走進他人心靈的通行證。」戴爾‧卡內基（Dale Carnegie）也說：「良好的談吐，可以使粗菜變成美味；惡劣的談吐，即便是佳餚也讓人難以下嚥！」可見，一個人口才的好壞是建立在個人的素養之上的，一個知識淵博、舉止大方得體的人，才能真正做到妙語連珠。

詞彙豐富的孩子才有口才力

詞彙是口才的建築材料，是語言的基礎。一個人掌握詞彙量的多寡，直接影響到語言表達能力。孩子能夠掌握和運用的詞彙越多，他的語言就越豐富，表達能力也就越強。

需要強調的是：語言是從周圍環境中學來的，而這個環境，在很大程度上都是由家長提供或控制的，因此，家長的引導對於孩子學習語言和擴大詞彙量有著十分重要的意義。在日常生活中，要豐富孩子的詞彙，家長可以利用以下各種機會增加孩子的詞彙量：

● 向孩子介紹各種事物和活動的名稱

要豐富孩子的詞彙，家長首先應該與孩子多交談，生動形象地向他們介紹周圍的事物和活動的名稱，以此來增加孩子的詞彙。

例如，穿衣服時，告訴孩子衣服的顏色，衣服各個組成部分的名稱以及製作的材料；吃飯時教孩子食物的名稱，用舌頭品嘗各種味道；逛商店時，教孩子各種物品的名字及相關的詞彙，這些有意識的訓練都會在不知不覺中增加孩子的詞彙。

利用孩子愛模仿的特點，家長還可以有意識地用優美的語言描述各種事物和現象讓孩子知道。孩子聽多了，自然而然就記住了，並會在適當的

場合運用出來。值得注意的是，在孩子的咿啞學語階段，父母應該多用規範的、標準的語言。說話的時候，力求口齒清晰，用詞準確，富於表現。在孩子人生的起始就給孩子提供一個規範的語言「樣本」，這對孩子以後的語言表達大有裨益。

● 用不同的詞語表述同一事物

在豐富孩子詞彙的過程中，家長可以嘗試用不同的詞語來敘述同一事物，如「好看」也可以用「華麗」、「美麗」、「漂亮」、「五顏六色」等各種詞語來表達，可以說「花園裡的花朵美麗極了」，也可以說「花園裡的花朵漂亮極了」等，使孩子接觸並掌握更多的詞彙。

另外，表達「奇怪」時，也可以用「驚奇」、「詭異」、「莫名其妙」等詞彙。父母要有意識地重複一些新詞語，並把它們放到句子中來說，不斷鞏固、強化孩子的記憶。

● 透過觀察豐富孩子的詞彙

除了在生活中注意引導孩子累積詞彙量外，家長還應該多帶孩子出去走走，在遊玩中不斷提醒孩子注意觀察周圍的事物，以豐富他們的詞彙量，提升他們的語言表達能力。在引導孩子透過觀察豐富詞彙的時候，家長應抓住兩個方面來進行引導。

◇ **用語言指導孩子觀察**：家長帶孩子觀察時，要用語言引導他們從主要部分看到次要部分。如觀察公雞時，要告訴孩子：「這是公雞，你看牠頭上有紅雞冠，身上有光亮的羽毛，尾巴向上翹起並向下彎，還有兩條腿和爪子。」孩子一邊看，家長在一邊慢慢地解釋，這有利於孩子豐富知識和詞彙。

✧ **透過感知訓練豐富孩子的詞彙**：感知活動是孩子認識事物的重要方式，也是孩子學習詞彙的主要方式。帶孩子觀察時，不僅要仔細地看，而且要盡可能讓他們聞一聞、摸一摸、嘗一嘗，這就能了解得更具體、更形象地描繪這一物體的名詞和形容詞等。讓孩子將詞與具體的事物、現象連結起來，動用多種感官獲得對詞彙的感性認知，是孩子理解詞義最基本且最有效的方法。

如學習詞彙「五顏六色」，就應動用孩子的視覺觀察「五顏六色」的花朵、「五顏六色」的彩旗等；學習詞彙「光滑」，就應讓孩子摸摸玻璃、桌面等；學習詞彙「清香」，就應動用孩子的嗅覺聞清香的菊花、清香的果子等。在感知的同時，將詞與相應的事物、現象連結起來，孩子就能更準確地理解詞義。

● 透過演示豐富孩子的詞彙量

透過演示豐富孩子的詞彙量，就是用動作將詞義具體形象化。這種方法最適合教動詞。比如教孩子學習「抬頭挺胸」這個片語時，家長可以讓孩子看別人「抬頭挺胸」的動作，也可讓孩子自己用動作演示「抬頭挺胸」。成人可以根據孩子的動作演示進行有針對性的講解，將片語與動作連結起來，這樣，孩子就會掌握得又快又好。

● 透過動手操作豐富孩子的詞彙量

手腦並用、實際操作是孩子學習詞彙的有效方法，特別適用於孩子學習邏輯數學概念詞，如學習「多」、「少」、「相等」（一樣多）就必須讓孩子親手擺弄物品，用對應的方法進行比較，才能更準確地掌握詞義。

● 透過糾正錯誤來豐富孩子的詞彙

糾正孩子語句中的錯誤，也是豐富詞彙的一條途徑。孩子由於詞彙少，有時不知道怎麼表達，就會自己造詞，比如孩子說：「昨天，我在公園裡看見一個蜜蜂。」孩子把「一隻蜜蜂」說成「一個蜜蜂」。這時家長就應和顏悅色地給予糾正。適當地讓孩子用詞造句，可以提升孩子運用詞彙的能力。如一位年輕的媽媽是這樣糾正孩子語句中的錯誤的 ——

　　有一天，若蘭夫婦帶著孩子高高興興地出去郊遊。可是，不一會兒，不知道從哪裡飄來的一片烏雲遮住了太陽。孩子很敏感地覺察到了，連忙對媽媽說：「媽媽，快看，烏雲明媚！」

　　原來先前媽媽告訴孩子「陽光明媚」一詞，孩子知道了「陽光明媚」，於是就在這裡用上了，但已經變成了「烏雲明媚」。

　　若蘭對孩子說：「烏雲來的時候，遮住了太陽，天空變暗了，就不明亮了。這時候，我們可不能用『明媚』來形容天空，而應該說『烏雲密布』！」

　　「烏雲密布，哦，是烏雲密布呀！」孩子重複了一句，高興地笑了起來。

　　對於孩子講錯的話，用錯的詞語，家長若能耐心地進行引導與糾正，對擴充孩子的詞彙量是非常有幫助的。在多次糾正以後，孩子不但擴充了詞彙量，更懂得了怎麼用詞，對孩子的表達能力而言，有很大的促進作用。

● 透過遊戲啟發孩子運用詞彙

　　除了透過觀察豐富詞彙，還應透過生活和遊戲啟發孩子運用詞彙。可以在遊戲中讓孩子學會正確的運用詞，還可以運用一些純語言性的遊戲，進行練習和學習。

用練習同義詞的遊戲，如家長說：「這是一朵美麗的花」，孩子就應說：「這是一朵好看的花」或「這是一朵漂亮的花」。

用練習反義詞的遊戲，如家長和孩子對著講成對的反義詞：「長的／短的」、「粗的／細的」，「瘦的／胖的」、「矮的／高的」、「寬的／窄的」、「厚的／薄的」。在這些反義詞後面，還可以加上物體的名稱。

此外，還可以和孩子一起玩擴句的遊戲。擴句就是把一句話說長，比如「小寶寶笑了」這句話，媽媽可以與孩子輪流說「小寶寶『咯咯』地笑了」、「聽了媽媽的誇獎後，小寶寶『咯咯』地笑了」、「聽了媽媽的誇獎後，小寶寶高興極了，忍不住『咯咯』地笑了」。

豐富的詞彙是孩子口語表達的基礎，有了豐富的詞彙，孩子說起話來就更游刃有餘了。

知識內化孩子的口才能力

有一則笑話，說的是一個秀才寫文章，憋了好久也寫不出來，他妻子說：「寫文章有這麼難嗎？難道比我生孩子還難？」

秀才痛苦地回答道：「當然比生孩子難，生孩子至少肚子裡還有『貨』，可我是肚子裡沒有『貨』啊。」

看到這個故事，很多人可能都會忍俊不禁。事實上，秀才的苦衷我們是可以理解的。俗話說「巧婦難為無米之炊」。沒有豐富的累積，怎麼可能做到「言之有物」呢？寫文章是這樣的道理，口才同樣也是這樣的道理。肚裡有沒有「貨」，在很大程度上制約著口才的發揮。

舉凡口才好的人，在說話的時候，往往能夠旁徵博引，融會貫通，談吐自如、妙語連珠。而要做到這一點，沒有淵博的學識、深厚的語言累積是辦不到的。所以，豐富的知識、深厚的語言累積是良好口才的泉源。口

才中所運用的豐富知識不僅能為講話提供大量的素材，也能增加表達的魅力，增強語言的感染力。

身為家長，若希望你的孩子言之有物、出口成章，就應該加強孩子的知識儲備和語言的累積。對於孩子來說，讀書不但能提升他們的理解力、開拓他們的視野、豐富他們的頭腦，還能增強孩子的表達能力，提升他們語言表達的準確性。那麼，為了提升孩子的口才能力，家長應該推薦孩子讀哪些書呢？

◇ **多讀一些生動有趣的故事書**：對於年幼的孩子來說，情節生動、想像奇特、敘述有趣的故事是他們讀書的最好選擇。首先，多讀趣味性強、情節生動的故事能啟發孩子的想像力、激發孩子的表達能力；其次，多讀故事書還能激發孩子的閱讀興趣，讓孩子讀起來「不累」。

◇ **讓孩子多讀知識性書籍**：各類知識性的書籍，能增長孩子們的見識，為他們的提供豐富的說話材料。

◇ **可讓孩子讀啟發性書籍**：啟發性的書籍，能激發孩子思考並與人交流、討論的欲望。

◇ **短淺優美、朗朗上口的文章、詩歌、順口溜**：能誘發孩子大聲朗讀的欲望，為他們暢快自如的表達奠定基礎。

在日常生活中，家長若能有意識地引導孩子累積各種知識與語言素材，等到孩子需要用的時候就能做到「信手拈來」、「侃侃而談」了！相反，如果家長平時不注意引導孩子學習與累積各種知識，等到說話的時候，孩子難免會落入「詞窮」的窘境中。可見，引導孩子累積知識，對孩子的好口才培養意義重大。

想要引導孩子讀書累積詞彙，家長還應該培養孩子良好的讀書習慣。

家長可以從以下四個方面培養孩子的讀書習慣：

✧ **讓孩子養成閱讀習慣**：孩子可以利用學習的空餘時間，進行必要的課外閱讀，讀書也行、讀報也行，這也就是我們所說的「開卷有益」。

✧ **讓孩子養成記筆記的習慣**：在學習中肯定會看到一些好詞、好句、好段，甚至是「好文章」，那麼不妨給孩子準備一個筆記本。讓孩子隨時把自己看到的好內容都摘錄下來。

✧ **讓孩子養成「善聽」的習慣**：聽收音機、聽別人交流等都是「聽」的途徑，如看到電視上有辯論賽，哪怕孩子再忙，也要讓他一起來看。

✧ **引導孩子多背誦**：累積經典成語、名言佳句、俗語、歇後語以及中外名人名言，如「每日一句」能鍛鍊孩子的口才，增強孩子的口語表達能力。

知識的累積、好口才的形成都不是一蹴而就的，它是一個長期的過程。只要肯堅持，有朝一日，你的孩子一定能夠做到妙語連珠、出口成章。

▎觀察想像是口才的催化劑

觀察能力是指運用感官進行有目的、有計畫、持久的知覺活動。它是孩子認識、獲取資訊不可少的一種智慧活動。而想像力是孩子在腦海中對已有感性材料和知識進行加工改造、創造新形象的能力。有了觀察與想像，孩子的語言表達將不再貧瘠。

孩子天生富有好奇心，觀察事物的時候，他們總會產生各式各樣的問題和想法，為了獲得答案，孩子會向父母提問和表達，這樣做的目的是為了間接地鍛鍊口才。家長鍛鍊孩子的觀察力需要注意以下幾個方面：

● 要為孩子創造觀察條件，啟發孩子觀察的主動性和興趣

第五章　培養孩子的口才素養

　　孩子本來好奇心強，求知欲旺盛，家長應多利用孩子這一天性，經常帶孩子到大自然中去，讓孩子在盡情地玩耍之中，觀察萬物的悄然變化。去看春天的綠芽、夏日的鮮花、秋季的果實、寒冬的落葉，去聽蟬鳴鳥唱，這些都會引起孩子的興趣和思考。同時，家長在平時也要指導孩子觀察，開拓孩子的眼界，充實孩子的知識和生活。比如，讓孩子觀察家裡養的花草、小魚，晚上帶孩子去觀察星空，講講簡單的星系。白天觀雲，看到雲的流動，講一講「雲往東，一場空，雲往西，披簑衣」等諺語的簡單道理，這樣做不僅能使孩子從中學到知識，體驗觀察的樂趣，又能促使孩子多思考，從而培養和發展孩子良好的觀察能力與表達能力。

● 引導孩子觀察，教導孩子觀察的方法

　◇ **觀察前，讓孩子有明確觀察的目的**：孩子在觀察中，有無明確的觀察目的，得到的觀察結果是不一樣的。比如，父母帶孩子去公園，漫無目的地東張西望，轉半天回到家裡，孩子也說不清楚看到了什麼事物。如果家長事先給出明確的觀察目的，讓孩子圍繞著核心問題觀察，如要求孩子去觀察公園裡的小鳥，家長可以問孩子：「小鳥的眼睛有什麼特點」、「喜歡吃什麼食物」等問題，那麼，孩子一定會仔細地說出小鳥的形狀、羽毛的顏色、眼睛的大小、聲音的高低等。這樣孩子就能有目標地去觀察，從中獲得更多的觀察成果。一段時間後，父母就可以不再提示，讓孩子自己尋找特點。

　◇ **觀察過程中，培養孩子學會合理的觀察順序**：告訴孩子如何看、先看什麼、再看什麼，指導孩子抓住事物的主要特徵進行觀察。比如父母帶著孩子去動物園看大象時，就可邊看邊提出一系列問題讓孩子回

答，如大象的身體大不大？牙長在什麼地方？鼻子有什麼特點？鼻子是做什麼的？只有經過父母有意識地啟發，孩子才能學會正確的觀察方法。

✧ **教給孩子用多種感覺器官進行觀察**：例如，色彩、形狀、聲音、氣味等，需要讓孩子看一看、摸一摸、聽一聽、聞一聞，有時甚至要嘗一嘗。只有這樣用多種感覺去親自感受，才能使孩子獲得更好的觀察效果，留下豐富深刻的印象。

✧ **觀察過後，家長可以要求孩子口述觀察結果**：這一要求會大大促進孩子觀察的積極性，並使觀察過程變得更仔細、更認真。更重要的是，在口述的過程中，孩子的語言組合能力、表達能力都得到很好的發展。

● 家長應培養孩子觀察的興趣

別看孩子年紀小，好奇心和求知欲可是非常旺盛，只要看到接觸到未知的、新鮮的事物，總想要看個明白、問個清楚。父母應該鼓勵孩子自己主動觀察，找出問題的答案。當孩子因為自己的新發現而歡呼雀躍的時候，觀察的興趣也就更加濃厚了。

● 引導孩子注意觀察的深度

由於孩子基礎知識比較薄弱，只能觀察到事物的表面現象，所以家長要引導孩子進一步觀察事物內部的結構，如有的孩子喜歡將自己的玩具拆下來看個究竟，有的孩子喜歡研究日常用品甚至家電。家長應當根據孩子的年齡情況，有限度地讓孩子研究可以研究的東西，對孩子來說也是鍛鍊觀察能力的一種途徑。但不管是研究什麼物品，都應當提醒孩子觀察時的注意事項和要點。

有了「觀察」這個語言「催化劑」後，孩子對事物的認知就會更加深

刻，說出的話也能更準確地反映事物的本質。從而使孩子的話有理有據、滴水不漏。

　　當然，僅僅只有觀察力，對孩子來說還是不夠的。培養孩子的想像力才能讓孩子的口才變得更加生動、富有魅力，使孩子說出的話內容充實、新穎而多彩。要培養孩子的想像力，家長應抓住以下幾點：

✧ **豐富孩子的生活**：對於孩子來說，外面的世界很精采。身為家長，應該經常帶孩子去博物館參觀、到郊區遊覽、參加各種公益活動或走親訪友等。讓外界事物在孩子的頭腦中留下具體的影像，從而使孩子腦中的素材不斷累積，擁有進行想像的豐富資源。有了豐富的資源後，家長可以引導孩子用語言描述把腦中的圖像再現出來。

✧ **讀故事、編故事**：童話故事往往是作者根據想像寫成的，多讀可以豐富孩子的想像力。讓孩子自己嘗試著成為「小作者」，拋開拘泥和限制，讓想像自由地飛翔。把想像力加入語言中，能夠讓孩子「一鳴驚人」。愛因斯坦說過，想像力比知識更重要，因為知識是有限的，而想像力概括著世界上的一切，推動著進步，並且是知識進化的泉源。孩子天真爛漫、思考活躍、想像力特別旺盛，父母應多鼓勵孩子用想像賦予語言更多的生命力與童趣。

✧ **支持孩子參加課外社團活動**：任何一種社團活動中都有大量的形象化事物進入孩子的腦海中，並且需要進行創造性想像才能完成活動任務，這對提升孩子的想像力十分有益。當孩子的活動成果得到展示或者獲得表彰獎勵時，他們的積極性就會更高，想像力就會突飛猛進地發展。

　　總之，觀察與想像是孩子口才發展的催化劑。培養孩子的觀察能力與想像能力，能讓孩子的口才表現出無窮的魅力。

微笑為口才加點油

在人與人交往的過程中，微笑的魅力是無窮的。一個善解人意的微笑恰如一縷和煦的陽光，能溫暖他人的心田；一個恰到好處的微笑猶如一股徐徐的清風，能驅散他人內心的陰霾……一個經常面帶微笑的孩子，走到哪裡都是受歡迎的。所以，讓孩子說話之前先學會微笑，那是孩子與人相處的法寶。

在孩子成長的過程中，經常會遇到這樣的情況，如：

急急忙忙趕路的時候，一不小心，碰倒了別人放在路邊的腳踏車；搭公車的時候，因為急剎車，撞到別人或踩到了別人的腳；玩遊戲的時候，沒有注意，撞到了其他人。

類似的事情防不勝防，在這種情況下，如果雙方都式臭臉相向，那麼矛盾將不可避免產生並且可能會進一步惡化。然而，如果雙方都能給予對方一個歉意的微笑或者寬容的微笑，那麼任何問題都能迎刃而解。

微笑是一種友善的語言，更是一種諒解的表現。它以無聲的方式傳遞著這樣的資訊「對不起」或者「沒關係」。

英國詩人雪萊說：「微笑，實在是仁愛的象徵、快樂的泉源、親近別人的媒介。有了微笑，人類的情感就能溝通了。」沒有人不願意面對一張微笑的臉。微笑待人的人，總是彬彬有禮、和藹可親、真誠友善、寬容大度，他們走到哪裡都會是最受歡迎的人。

微笑待人不僅僅是一種好的行為狀態，也是一種良好的心態，家長應教育孩子學會微笑待人，這是讓孩子學會做人的準則之一。那麼，該怎樣讓孩子學會微笑待人呢？

● 鼓勵孩子對自己微笑

第五章　培養孩子的口才素養

　　要培養一個以微笑待人的孩子，父母自己就要做一個時時微笑待人的人，這是培養孩子微笑待人最關鍵的一把「鑰匙」。要鼓勵孩子學會對自己微笑，具體可以按以下幾點練習：

✧ **鏡子練習法**：孩子放學後，家長有意讓孩子對著鏡子微笑。微笑的時候，嘴角應該向上翹，雙頰的肌肉會稍稍上抬，露出六顆牙齒。讓孩子觀察一下自己的表情，看看自己的微笑是否自然。

✧ **利用環境法**：輕鬆愉悅的環境讓孩子滿足，孩子就會發自內心微笑。讓孩子聽一些有趣的故事、看一本他喜歡的書，都是不錯的選擇。

✧ **情緒過濾法**：要發自內心的微笑，就一定要過濾掉那些不好的情緒，如果壞情緒占據心頭，再怎麼開朗的人也笑不出來。所以，要教育孩子，凡事要看到不好的一面，更要看到好的一面。

　　很多事情就是這樣，以「灰色」的眼光看問題，就只能看到「灰色」的處境；換一個角度、換一個心態，眼中的世界，就煥然一新了。

　　對孩子來說也是一樣，有些東西不能只看不好的一面，這樣會給自己帶來不好的情緒反應，要看到事情的積極面，才會有一個好的心態。而好的心態其實就是一種積極的情緒過濾，更是一種積極的心理暗示。

● 告訴孩子對他人微笑

　　除了讓孩子懂得激勵自己，對自己微笑，更應該讓孩子學會對他人微笑，並時常保持笑容。教孩子對人微笑時要讓孩子注意以下幾個方面：

✧ **微笑時要看著對方**：對他人微笑時，應該是全身放鬆的，用真誠的微笑打動對方，而不是機械地微笑。如果對方不能從孩子的眼神中看到熱情和誠意，也就失去了微笑的意義。

✧ **微笑時要注意語言的運用**：有時候，微笑著說出「您好」、「早上好」、「沒關係」、「對不起」、「謝謝」等簡單的語言，會比單純的微笑更能感染人，贏得別人的好感。

✧ **對任何人都微笑相待**：教育孩子不僅要對自己的家人、老師和同學微笑，還應用微笑感染自己身邊的人，為自己的口才加分。

● 引導孩子善於發現快樂

快樂的微笑是保持生命健康的唯一良藥，它的價值何止千萬，快樂其實無處不在。不論做什麼事情，對待什麼人，只要從好的方面去觀察、去考慮事情的發展，那他一定能感受到快樂。一個善於發現快樂的人，總能保持樂觀的心態，微笑一定會常常掛在臉上。

就如同孩子的考試，有些孩子數學考了 99 分，他可能因為沒有得到滿分而懊惱，有了這種情緒，他一定快樂不起來，也笑不出來；可是，如果家長告訴他，這次考了 99 分，離滿分只差一分了，只要再努力一點，下次一定能拿到滿分。這樣的回答，孩子會很高興，微笑自然就會浮現在孩子臉上了。

● 教育孩子常和他人分享快樂

微笑會蔓延，快樂也一樣。當一個人快樂的時候，他把快樂的事說給他人聽，很快地他人也會受到感染，會跟著他快樂。假如一個人總是哭喪著臉，把消極的情緒傳遞給別人，別人也很難快樂起來，不快樂臉上怎會有笑容？

讓孩子學會微笑最有效的方式就是讓孩子學會和他人分享快樂。越是這樣做，他越會發現一張快樂的笑臉，總是受到人們歡迎。

當然，讓孩子學會微笑，還應該讓孩子懂得選擇笑的時機、場合、話

題。歡慶的場合，輕鬆的氣氛中，誠懇坦率的交談中，應該笑；但在談起朋友不幸的經歷時就不能面帶笑容了。在這種情況下笑，會讓他人覺得你缺乏同理心。

　　總之，口才不僅僅包括語言，笑容更是一種無聲的表達方式。善於運用「微笑」的孩子，將會贏得更多的讚賞與支持。

▌禮儀讓孩子談吐高雅

　　禮儀是指在人際關係中，以一定的、約定俗成的方式來表現律己、敬人的過程。從個人修養的角度來看，禮儀可以說是一個人內在修養和素養的外在表現。一個懂禮儀的人，展現給他人的是一種高雅的儀表風度、完善的語言藝術、良好的個人形象和氣質修養。它是一個人贏得尊重與成功的基礎。

　　優秀的口才從來都不能缺少良好的禮儀，對孩子來說，禮儀是他們成長過程中不可缺少的個人特質，是他們與他人溝通感情，獲得信任與支持的保證。一個有良好禮儀習慣的孩子，他的「口才」更加出眾。

　　那麼，身為家長，我們應該教孩子掌握哪些社交禮儀呢？

● 要孩子注重個人禮儀

　　在平時生活中，家長要有意識地向孩子強調注重個人禮儀的重要性，並從以下幾個方面來培養孩子的個人禮儀：

✧ **儀容儀表讓人先入為主**：教育孩子時常保持儀容儀表的整潔，要把臉、脖子、手都洗得乾乾淨淨。勤剪指甲、勤洗頭；早晚刷牙、飯後漱口，注意口腔衛生；經常洗澡，保證身體沒有異味；衣著要乾淨、整潔、合禮。

一個儀容儀表整潔大方的孩子，會給他人留下一個好印象。

✧ **行為舉止是優雅無聲的語言**：主要從站、坐、行以及神態、動作提出要求，目標就是「站如松，行如風，坐如鐘，臥如弓」。優美的站立姿態即身體直立、挺胸收腹、腳尖稍向外呈 V 字形，給人以挺拔、精神的感覺。要避免無精打采、聳肩、塌腰，千萬不能半躺半坐。走路要昂首挺胸，肩膀自然擺動，步速適中，防止「八字腳」、搖搖晃晃，或者扭捏碎步。

行為也是一種語言，是一種表達語言資訊的身體語言。在與人交往的過程中，保持良好的行為舉止，能夠幫助孩子拉近與他人之間的距離，使表達更加輕鬆。

✧ **表情親和讓孩子更有吸引力**：教育孩子在神態表情上表現出對人的尊重、理解和善意。與人交往要面帶自然微笑，千萬不要出現隨便剔牙、掏耳、挖鼻、搔癢、摳腳等不良的習慣動作。友好與善意的表情，能打動他人、感染他人，讓他人更加願意親近自己、信賴自己。

✧ **注意使用禮貌用語**：一個懂得禮貌用語的孩子才算有「貨真價實」的好口才。家長在培養孩子口頭表達能力的同時，還要讓孩子學會使用禮貌用語，如「您好」、「謝謝」、「請」、「對不起」、「沒關係」等。為了讓孩子更好地使用禮貌用語，家長應在日常生活中給孩子以指導和示範。

從兒子 2 歲開始，小丘就特別教兒子說禮貌用語。

兒子不會做的事情，需要大人幫忙時，小丘會教他說：「爸爸（媽媽），幫我一下好嗎？」幫完後，教他說：「謝謝！」同時，大人也回以禮貌用語：「不客氣。」

同樣，有時她有意讓兒子幫忙拿東西，然後大聲說：「謝謝！」兒子也會說：「不客氣。」

　　在兒子做錯事情的時候，小丘會讓他承認錯誤並說：「對不起。」等兒子把自己想說的話說出來後，小丘才會對他說：「沒關係。」而當小丘和丈夫犯錯誤時，他們也會主動對兒子說：「對不起，爸爸（媽媽）做錯了。」並表現出道歉的誠意，兒子也會禮貌地回答：「沒關係。」

　　久而久之，小丘的兒子不但口齒伶俐、很會說話，而且習慣有禮貌地說話。

　　可見，孩子的禮貌用語習慣應該從小培養起。只要家長能有意識地對孩子進行引導，時間久了，孩子自然而然就能變得彬彬有禮、大方得體了。

● 要尊重往來的對象

✧　對往來對象表示尊重，不能失禮於人。具體來說有：使用禮貌用語，如「謝謝」、「再見」、「對不起」、「沒關係」等，不能對別人說粗話、做不禮貌的動作。

✧　說話時態度要和藹。談話力求簡潔、抓住要點。語氣要誠懇，使對方感到有被尊重、重視的感覺。說話時態度要誠懇、親切，聲音的大小也要適當，不能大聲嚷嚷。

✧　不要無故打斷他人講話，要認真聽他人說話，不能心不在焉，做自己的事情。

✧　不要在背後議論他人，也不要打聽別人的祕密和隱私。

✧　接受別人的幫助時應及時表示謝意。在道謝時，除了用「謝謝」等詞語外，還要兩眼看著對方，態度要真誠。

✧ 做錯事、打擾了別人，應主動道歉，它展現了一個人的內在修養。道歉的時候態度要真誠，懇請對方的原諒。

● 講究交往的技巧

時代在發展，現在的孩子非常講究個性，要想與別人保持良好的關係也需要一定的技巧。父母可以教給孩子一些社交的技巧，幫助孩子得到同學的友誼。這些社交的技巧有以下幾條可供參考：

✧ 教育孩子主動和同學打招呼問好，這可以打開友誼的大門。

✧ 在與同學的相處時，應寬容同學的缺點和過錯，不要為一點小事而斤斤計較。

✧ 與人交往要注重給予，而不要凡事講究回報。

✧ 真心誠意待人，講信用、不說謊。

✧ 不可以用捉弄、嘲笑的方式吸引別人注意，這樣會讓別人反感。

✧ 在與同學的相處中，要善於發現別人的優點和長處，多讚美別人，切不可為自己的某些特長而處處炫耀自己。

✧ 與他人說話要盡量講一些兩人都感興趣的話題，不要獨自一人說個不停，不考慮他人的感受。

✧ 同學之間的往來，盡量不要有過多的物質交流。

✧ 不要對自己的成績得意忘形，要顧及他人的感情。

✧ 要學會帶領其他同學參與到集體活動中，大家圍繞一定的主題交流。

只要孩子掌握了這些社交技巧，就能在與人相處中時獲得他人的好感。

如果說孩子的口頭表達能力是孩子口才的硬體，那麼孩子的得體的禮儀就是孩子口才的軟體，兩者缺一不可。只有硬體沒有軟體的口才不是真

正的好口才。只有口才，沒有禮儀的交往也永遠不可能成功。

　　正因如此，家長們要轉變思想，重新了解禮儀在家庭、在與他人相處中的影響力。在鼓勵孩子積極發表自己想法，積極與家人、朋友溝通的同時，也不能忽視對孩子禮儀的培養，這樣才能使你的孩子擁有真正的好口才。

▎好口才怎麼可以不幽默

　　幽默是一種涵養，更是一種魅力。生活中的每一個人都喜歡有幽默感的人，因為幽默的人常常可以做到妙語連珠，使原本枯燥無味的語言變得活潑有趣，讓聽者身心放鬆、心情愉悅。

　　一天，英國著名的文學家蕭伯納在街上行走，被一個騎腳踏車的冒失鬼撞倒在地，幸好沒有受傷，只是虛驚一場。

　　騎車的人連忙扶起他，向他道歉。可是蕭伯納卻惋惜地說：「你的運氣不好，先生，你如果把我撞死了，你就可以名揚四海了。」

　　蕭伯納的這一句幽默的話語，把他和肇事者雙方從不愉快、緊張的狀況中解放出來，使得這場事故得到良好的處理。

　　德國詩人歌德以幽默著稱。有一天，歌德在公園裡散步。當走在一條只能通過一個人的小道時，他迎面遇到了一個曾經對他的作品提出過尖銳批評的評論家。這位評論家高聲喊道：「我從來不讓路給傻子！」「而我則正好相反！」歌德一邊說、一邊滿面笑容地讓在一旁。笑聲中，歌德把「傻子」的頭銜還給了批評家，批評家也無言以對，只好笑納。

　　歌德運用的這種幽默戰術，就好比中國太極中的「以柔克剛」，不僅能達到反擊的目的，還顯現出自己的智慧。

　　這就是幽默的魅力和珍貴之處，它的妙處無與倫比。

　　適度地使用幽默的口才，不但可以淡化消極情緒、消除人際矛盾、緩解緊張氣氛，還能表達人與人間的真誠友愛，拉近人與人的距離，填平人與人之間的鴻溝。所以，懂得幽默很重要。

　　同樣，幽默感在孩子的人際關係中起到舉足輕重的作用。有幽默感的孩子，能讓自己有一種無形的親和力，從而縮短孩子間的距離，因此比那些不具備幽默感的孩子更受到大家的喜歡。如果你的孩子暫時還不太善於言辭，那麼幽默的話語能幫助他打開話匣子，使他能輕鬆地與人交談；如果你的孩子已經擁有好口才，再加上他的幽默感，那麼他的口才會變得更加出色。對於孩子而言，教會他幽默，也就是教會他快樂面對挫折和失敗的本領，培養他與人相處的能力。

　　一個孩子犯了一個小錯誤，媽媽生氣地揚起了手掌：「看我不打得你屁股開花！」孩子瞪大眼睛看著媽媽，突然哈哈大笑起來：「真的嗎？我的屁股會開出什麼花？妳快打看看啊！」媽媽聽了一愣，也忍不住笑出了聲，和孩子一起樂成一團。

　　孩子從一句很平常的俗語中感受到幽默，並營造出了有趣、輕鬆的氛圍，化解了媽媽的怒火，融洽了彼此間的關係。這是孩子對有趣、可笑事物的一種愉悅的心理反應。

　　滑稽常常被當成是幽默，會說調皮話的孩子、會說笑話的孩子，常常被當成是有幽默感的人，其實這並不是真正的幽默。所謂幽默感，就是透過語言或肢體語言，讓與自己互動的對象感到愉快。它是情商的重要組成部分，是智慧的展現，也是人際關係的潤滑劑，能融洽關係、化解矛盾。

　　幽默感是一種生活態度，所以必須從小訓練，嚴肅緊張的孩子長大成人後也一樣嚴肅緊張。從小事訓練、從小處訓練，目的在於把幽默感變成孩子的生活習慣，並內化成孩子的性格。那麼，該如何培養孩子的幽默感呢？

第五章　培養孩子的口才素養

✧ **儘早培養孩子的幽默感**：孩子是最富有幽默天性的，他們的幽默是最自然、最坦率、最美好的語言。孩子在不會說話走路時，父母就可以用扮鬼臉、做各種誇張的表情、用手帕矇住臉等動作來吸引孩子的注意，引發孩子的興趣。剛開始，孩子可能只是對幽默刺激做出反應，時間久了，孩子會發出「咯咯」的笑聲，甚至模仿類似的方式，這可說是幽默的啟蒙。

✧ **做有幽默感的家長**：想讓孩子具備幽默感，家長首先要讓自己學會幽默，父母的幽默，能起到說教無法比擬的作用，能潛移默化地影響孩子成為一個樂觀的人，增加他受人歡迎的指數。

有幾位媽媽帶著自己的孩子到郊外春遊，其中一個小女孩被蜜蜂螫了一口，頓時臉上起了一個小包包，小女孩哭個不停，任憑其他人怎麼勸也無濟於事。正在大家束手無策時，她媽媽趕過來，一邊摟著女兒一邊說：「寶寶，別哭了，誰叫我的寶寶長得跟花兒一樣漂亮！妳看，妳把蜜蜂都弄糊塗了！」小女孩聽了，噗哧笑了，又高高興興和其他小朋友玩耍去了。

✧ 這位媽媽以幽默的表達方式讓孩子停止了哭鬧，使孩子的心亮了起來。這對孩子的語言與思維能力也有很多的促進效果。

如果家長懂得營造一種幽默的語言風格，不但能讓孩子顯得輕鬆快樂，更能讓孩子在潛移默化中學會了幽默的表達方式。

孩子的幽默感來自於父母，比如三、四歲的孩子，會因為聽到大人說好玩的話，或看到某個不協調的動作，便會哈哈地笑個不停，這表示孩子的幽默感正在形成，此時，父母的協助很重要。有幽默感的父母可以比孩子笑得更誇張，從而強化孩子的幽默感。

✧ **培養孩子愉悅和寬容的心態**：幽默的心理基礎是愉悅、寬容的心態，

要教育孩子在與人交往時愉悅相處、寬容待人,用幽默解決矛盾糾紛、用幽默提出與對方分享的要求、用幽默提出批評建議。

✧ **讓生活充滿笑聲**:一個幽默的孩子肯定是愛笑的孩子,愛笑的孩子往往善於發現幽默和製造幽默。在日常生活中,家長可多跟孩子玩一些有趣的情境遊戲,如躲貓貓、扮鬼臉、找寶貝,讓孩子在遊戲中充滿開心的笑聲。

富有幽默感的語言應當以不傷害他人為原則,幽默感的語言要以禮貌為基礎,幽默感的動作應以不涉及危險動作為原則。家長與孩子說笑話或表演滑稽的動作時,要考慮孩子的年紀。因為大人認為好笑的語言或動作,孩子不見得有同感。但孩子認為好笑的語言或動作,即使大人覺得不好笑,也要陪孩子一起笑。

✧ **讓孩子做自己喜歡做的事情**:孩子最快樂的事情就是做自己喜歡的事情,因此,給孩子多點自由的空間,讓他們尋找生活的樂趣,不樂觀的孩子也會變得幽默樂觀。

✧ **營造幽默的氣氛**:當孩子哭鬧時,父母要懂得在一旁營造氣氛,抱抱他、拍一拍他、安撫他。「怎麼了,媽媽的小寶貝,為什麼哭得跟小花貓一樣?有什麼事媽媽可以幫你的忙嗎?」溫柔、幽默的表達方式,有助於孩子停止哭泣、破涕為笑。

✧ **鼓勵和強化孩子的幽默**:鼓勵孩子大膽地表現幽默,讓孩子大聲地說笑,為孩子搭建一個可以自由表現幽默的舞臺,對孩子的幽默感培養很重要。而當孩子說出一些好聽的話或者做出一些有趣的動作時,別忘了給孩子一些掌聲,讓孩子和自己都輕鬆一下。

父母也要用藝術的眼光,將孩子的幽默故事加以擴大、提點,讓它們能在合適的場合加以重現,以強化幽默感,讓孩子意識到這就是幽默。

總之，一個富有幽默感的孩子是家長培養起來的。如果你希望自己的孩子幽默、樂觀、表達能力強，那麼就從小培養孩子的幽默性格吧。幽默將讓你的孩子變得更加討人歡心。

▍傾聽是一種無聲的語言魅力

　　有人曾說過：「良好的談吐有一半要靠聆聽。」也有人指出：「人我之間相互對談的缺失、弊端，不一定來自談話本身的技巧，而是由於彼此急於表達自己，缺少耐心去傾聽對方的呈述。」可見，在人與人交往的過程中，「傾聽」有著重要的作用。

　　首先，有效的傾聽能幫助孩子博採眾長，彌補自己考慮問題的不足；也能使孩子觸類旁通、萌發靈感。善於傾聽的孩子一般學習能力都強，成績都比較優異。而一個總在他人說話時插嘴的孩子，通常沒有認真聽課的習慣，注意力不集中，所以總在老師真正問起問題的時候，什麼也不會。這樣的孩子，通常學習成績都不佳，思路也常跟不上課堂的進度。

　　其次，善於傾聽的孩子能獲取朋友的信任，是一個人真正會交際、有教養的表現。善於傾聽的人能夠給別人充分的空間訴說自己，幫助他人減輕心理壓力。每當人們遇到不如意的事，總想找個人一吐為快。我們的傾聽，在別人不如意時往往會起到意想不到地緩解作用。同時，善於傾聽，還可以了解到他人的想法與需求，從而給他提出合適的建議，進而獲得友誼與信任。

　　一個不善於傾聽別人說話的人，人際關係通常都很失敗。他們總喜歡滔滔不絕，別人的話還沒有說完，他們就插嘴；別人的話還沒有聽清楚，他們就迫不及待地發表自己的見解和意見；可當對方興致勃勃地與他們說話，他們卻心不在焉，手上還不斷撥弄著其他東西。這樣的人，沒有人會

願意與他交談，更不會有人喜歡和他做朋友；這樣的人，給人的印象是輕浮、不值得信任、沒有教養的，所以總是惹人嫌棄。

英國作家蕭伯納是個很聰明、很健談的人。少年時，他總是習慣於表現自己，無論到哪裡都說個沒完，而且說話尖銳。有一次，朋友給他忠告：「你說起話來真的很有趣，這固然不錯，但大家總覺得，如果你不在場，他們會更快樂，因為他們都比不上你。有你在場，大家就只能聽你一個人說話了。加上你的言辭銳利而尖刻，聽著實在刺耳，這麼一來，朋友都將離你而去，這樣對你又有什麼益處呢？」

朋友的提醒給了蕭伯納很深的觸動，他從此立下誓言，決心改掉「自話自說」的習慣，這樣，他重新贏得了朋友的歡迎和尊敬。

對於談話者來說，「傾聽」是褒獎對方談話的一種方式，是對人尊重的展現，是安慰別人的一劑良藥。它有的時候比「說話」更為重要。要做到會傾聽，應注意多聆聽，了解對方的真正意圖，不要在別人還沒說完的時候就插嘴或者就打斷別人的話。

在《聽的藝術》這本書中，曾講述這樣的一個故事：

美國知名主持人林科萊特有一天訪問一名小朋友，並問他：「你長大後的職業想做什麼呢？」

小朋友天真地回答：「我要當一名飛機駕駛員！」

林科萊特接著問：「如果有一天，你的飛機飛到太平洋上空，所有的引擎都熄火了，你會怎麼辦呢？」

小朋友想了想：「我會先告訴機上所有的乘客都綁好安全帶，然後我掛上降落傘跳下去。」

當時在場的觀眾都笑得東倒西歪時，林科萊特先生繼續注視這孩子，想看看他是不是個自作聰明的傢伙。沒想到，孩子的熱淚奪眶而出，林科

萊特這才發覺這孩子的悲憫之情遠非筆墨所能形容。於是，林科萊特問他：「為什麼要這樣做呢？」

小孩的答案透露出一個孩子真摯的想法：「我要先去拿燃料，我還要再回來的！」

聽別人談話時，應等別人把話說完後再發表意見。這就應該做到：聽話不要聽一半，更不要把自己的想法投射到別人所說的話上。只有這樣，才算是真的懂「傾聽」了。

家長應怎樣讓孩子學會傾聽呢？

✧ **利用「按指令行事」法發展孩子的傾聽能力**：好動是孩子的天性之一，也是身心發展的一個階段。為此，家長可以用「按指令行事」的方法來發展孩子的傾聽能力。如：要求孩子聽指令做出相應動作；在日常生活中交給孩子一些任務，讓其完成，以鍛鍊孩子對語言的理解能力；讓孩子根據某種音樂或節奏等，一邊看著大人的手勢，一邊完成某些動作或相應的行為等。

✧ **利用「聽辨錯誤法」來發展孩子的傾聽能力**：生活中，有的孩子聽一件事時，只聽到其中的一點兒就聽不下去了，這說明傾聽的品質不高，聽得不仔細、不專心、不認真。因此，家長應有目的的讓孩子在日常生活中，去判斷語言的對錯，吸引孩子注意傾聽，並加以改正。如說「玉米棒結在地下，葡萄結在樹上」等錯誤語句，讓孩子傾聽後，挑出毛病並糾正。

✧ **培養孩子傾聽的習慣**：有些孩子在聽他人講話時常心不在焉、視線轉移或四處走動，這種行為易使說話者心靈受害，談話不僅無法收到較好的效果，還會影響到雙方的友好關係。

家長一定要端正孩子的態度，孩子首先是一個獨立的人，其次他是一個與大人平等的人，如果孩子養成了以自我為中心的不良習慣，想要讓孩子傾聽他人是不太可能的了。因此，父母既要重視孩子的自尊心，也不能把孩子當成全家的中心，什麼事情都圍繞孩子轉。應該讓孩子懂得在聽別人講話時，要尊重他人，可以自然地坐著或站著，眼睛看著說話的人，不要隨便插嘴，安靜地聽別人把話說完，這是一種禮貌。

◇ **透過遊戲訓練孩子的傾聽能力，引起孩子的興趣：**一種良好的練習傾聽的遊戲就是「傳話」。比如，媽媽可以向孩子說一段話或者講一個故事，要求孩子認真仔細地聽完，然後把這段話或者這個故事講給爸爸聽，媽媽要聽聽孩子複述得是否準確；或者幾個甚至十幾個孩子共同玩這個遊戲，大家圍坐一圈，由一個人開始，將一段話悄悄傳給第二個人，第二個人又傳給第三個人……如此轉一圈，當最後一個人把話傳到發話人的時候，原話往往已經變得面目全非了。透過這種遊戲可以訓練孩子的傾聽能力。

會傾聽的孩子才算真正會「說話」。讓孩子在傾聽中彰顯語言的無窮魅力吧！

第五章　培養孩子的口才素養

下篇　會說話的孩子最受歡迎

　　說話每個人都會，但說得好就不容易了。一個真正會說話的孩子，必定懂得「到什麼山唱什麼歌，見什麼人說什麼話」，說出的話合乎人心、順達人意，給人自然、柔和、親切之感，如沐春風。這樣的孩子，無疑是最受歡迎的。

一言而可以興邦，一言可以喪邦。 —— 《論語》

一言之辯重於九鼎之寶，三寸之舌強於百萬之師。 —— 《戰國策》

如果你的舌頭變成刀子，就會割破你的嘴唇。 —— 西方諺語

語言之美並不是耍嘴皮子。 —— 老舍

一個人的成功，15% 取決於專業知識，85% 取決於口才藝術。 —— 卡內基

第六章　打開心扉才能獲得友誼

在人與人的相處中，有抱怨、爭吵、仇恨，有隔閡、融洽、默契，為什麼會產生如此巨大的差別呢？這是心與心之間的距離所造成的。口才作為直通人心的藝術，是打開心靈的有效方式。人與人之間的相互關係構成了社會關係，人在社會中與別人打交道，是一個人生存與生活最基本的方式。能不能與別人良好的溝通，決定了一個人的生存品質。

每個孩子都應該學的開場白

美國人常以「第一印象不會有第二次」這句話當成往來的準則，突顯了第一印象的重要性，事實上也是如此。人與人之間交往，第一印象確實很重要，而要想給自己的第一印象加分，說好見面的「第一句話」——開場白是關鍵。

一句巧妙的開場白，能增加說話者的親和力，拉近說話者與聽話者之間的距離，使雙方的交流暢通無阻。以下是社交場合中常用的幾種開場白方式，好好的使用能起到特殊的功效：

● 巧拉關係增加親和力

1984 年 5 月，美國雷根總統訪問上海復旦大學。在一間大教室內，雷根總統面對 100 多位初次見面的復旦學生，他的開場白就緊緊抓住彼此之間還算「親近」的關係：「其實，我和你們學校有著密切的關係。你們謝希德校長和我的夫人南茜，是美國史密斯學院的校友呢！照此看來，我和各位自然也就都是朋友了！」此話一出，全場鼓掌。短短的兩句話就使 100 多位復旦大學的學生把這位洋總統當作親近的朋友。接下去的交談自然十分熱烈，氣氛極其融洽。

在這段開場白中，雷根總統巧妙地運用了「攀認校友」的方式拉近了

自己與復旦大學學生的關係，用「朋友」一詞縮短了自己與復旦學生的距離，使學生們對他產生了親切感。這樣的開場白，為雷根總統的座談打下了良好的基礎。

如果孩子懂得「攀拉關係」的開場白能增進感情的奧祕，在與人交往的過程中融會貫通、靈活應用，就很容易贏得對方的好感。

● 聊對方感興趣的話題

美國前總統富蘭克林・羅斯福跟任何一位來訪者交談，不管是牧童還是教授，是經理還是政客，他都能用三言兩語贏得對方的好感。他的祕訣就是：在接見來訪者的前一晚，必花一定的時間去了解來訪者的基本情況，特別是來訪者最感興趣的話題。這樣，交談就能有方向。

被譽為「銷售權威」的霍依拉，正是懂得了解他人的重要性，所以他的銷售之路從來都是暢通無阻的。

有一次，他去拜訪梅伊百貨公司的總經理，寒暄之後，霍依拉突然發問：「您是在哪學會開飛機的？總經理能開飛機可真不簡單啊。」話音剛落，總經理興奮異常，談興勃發，廣告之事當然不在話下，霍依拉還被總經理熱情地邀請去乘坐他的私人飛機呢！

原來，在去拜訪梅伊百貨公司的總經理之前，霍依拉已經對他做了一番調查了解。這樣，投其所好地談起「開飛機」這件事情，自然能讓總經理興奮不已。

可見，了解對方感興趣的話題，不僅可以順利地達到交流的目的，有時候還能帶來意外的收穫。

● 用讚美作為開場白

「你就是王蘭姐姐嗎？我剛剛看了你畫的畫，畫得真好呀，我非常喜

歡！」一個三年級的小女生見到自己欽佩已久的大姐姐，真誠地讚美道。

「謝謝。」王蘭高興地回報她一個燦爛的笑容，「如果你喜歡畫畫，可以加入學校的繪畫社團呀，以後，我就可以跟你一起畫畫了！」

一句真誠的讚美，使原本陌生的兩個孩子開始了親切地交談。不認識她們的人，還以為她們是一對非常熟悉的好朋友呢！

家長應該讓孩子知道，每個人都有自己的優點和缺點。與人第一次交談時，如果能選擇直接或者間接地讚美對方的長處作為開場白，將讓對方覺得心情愉快，從而使雙方的交流變得順暢。

● 用「閒談」的方式開始聊

除了以上的幾種開場白方式之外，「閒談」也是一種經常用到的開場白方式。例如，兩個男孩子在遊樂場裡遇上了。這時候，一個男孩子主動靠近對方，詢問對方的情況：「你是從哪裡來的呀？我從高雄過來，坐了半天的車，真是累啊！」類似的開場白簡單而有效，能有效地打開孩子之間的話題，使他們的交流輕鬆而愉快。

當然，以上的開場白不管是用哪一種方式，只要真誠、禮貌，就能喚起對方的好感，讓他人留下比較深刻的印象。

教你的孩子學會簡單巧妙的開場白吧，它會幫助孩子輕鬆地贏得初次見面的朋友好感，讓對方留下好印象，為雙方之後的交往奠定良好的基礎。這樣，孩子的人生之路將越走越順暢。

口才技巧訓練營

> 1. **模擬訓練**：讓孩子以「拉關係」的方式做開場白。
>
> 孩子在運動場上遇到了同一年段的一個同學，彼此互不熟

悉，但孩子知道自己認識的一個同學，就在他們班上。讓
孩子透過「拉關係」的形式來展開他的開場白。

2. **模擬訓練**：用「聊對方感興趣的話題」的方式讓孩子學做
開場白。

星期天，媽媽準備帶小詹到王爺爺家做客。媽媽事先交代
小詹，王爺爺喜歡書法，對懂得書法的小朋友更是喜愛有
加。如果你是小詹，你會怎麼對王爺爺說你的開場白呢？

3. **模擬訓練**：讓孩子用讚美作為開場白。

小燕穿了一件漂亮的衣服從 5 年 3 班門口「飄過」，王麗
看見了，非常喜歡。她想過去跟小燕搭訕。那麼，她會怎
麼開始自己的開場白呢？請你充當王麗，用讚美作為開場
白向小燕說話。

讓孩子學會打招呼

打招呼是我們日常生活中常見的行為，是人們見面時互相致意的基本
禮節。比如，在路上遇見同學，問聲「你好」，見到長輩敬個禮，見到老
師鞠個躬，這些都是打招呼的表達方式。不過，讓家長們頭痛不已的是，
很多孩子看見人不喜歡打招呼，經常弄得家長與他人都尷尬地下不了臺。

為什麼孩子見人不願意打招呼呢？原因有以下幾個可能：

✧ **羞怯**：有一些孩子天生就膽小、害羞，所以遇到熟人他們總是躲在家
長的後面，不敢跟別人主動打招呼。

✧ **不知道見人要打招呼是禮貌行為**：家長沒有培養孩子的禮貌意識，強
化孩子打招呼的行為。在這種情況下，孩子不知道跟別人打招呼是很
正常的。

✧ **不懂得該怎麼跟別人打招呼**：這樣的情況很常見，在生活中，因為家長並沒有意識到教孩子打招呼的重要性，所以沒有教孩子如何打招呼，打招呼時該說什麼，以致於孩子遇到這種需要打招呼的情況下會不知道該怎麼做。

事實上，孩子會不會打招呼都是家長教出來的。如果你希望自己孩子「嘴甜」、會打招呼，那麼，就應該從小培養孩子見人打招呼的習慣。要讓孩子學會打招呼，家長應做到以下幾點：

✧ 讓孩子學會打招呼的技巧。如在路上碰到學校的老師，應該怎麼打招呼；爸爸媽媽的同事、朋友來家裡做客，應該怎麼打招呼；去一個自己不熟悉的地方，要問路，應該怎麼打招呼等。孩子懂得了打招呼的技巧後，打招呼時自然就得心應手。

亮亮的媽媽是個有心的家長，從亮亮很小的時候開始，她就留意以身作則，有意識地培養孩子「打招呼」的習慣。

早上她出門倒垃圾，看到收垃圾的阿姨，她會微笑地向阿姨打招呼：「阿姨，早啊，這麼早就開始收垃圾啦，辛苦您了！」

傍晚吃完晚飯帶亮亮去散步的時候，她總是面帶笑容地與過往的熟人打招呼，還教亮亮叫「叔叔、阿姨好」。

聰明的小亮亮聽在耳朵裡，記在心裡，小小年紀就是一個巧嘴的「小紳士」。每當他童音的招呼聲響起時，社區裡就充滿了歡聲和笑語。

✧ 教孩子學會打招呼時，還應該讓孩子注意不同的人稱呼是不同的。例如跟自己的同學打招呼可以直呼其名，但也要禮貌得體；如果是跟自己的長輩打招呼，就應該注意不同年齡的人是使用不同稱呼的，要懂得使用尊稱，如「您」、「您老人家」、「叔叔」、「阿姨」等。

第六章　打開心扉才能獲得友誼

✧ 對於膽小羞怯的孩子，家長要多加關心，還可以使用一些技巧來幫助孩子適應他人與環境，如事先將可能見到的陌生人的相貌、特點告訴孩子，並了解孩子心中的憂慮、盡可能提供孩子一些諮詢，讓他有一定的心理準備。

✧ 為了幫助孩子樹立自信心，成人應試著去發掘孩子的獨特天賦，在陌生的環境或陌生人面前，讓孩子自己判斷該怎麼招呼陌生人。當孩子獲得成功的經驗時，自信心自然會增強。

✧ 當孩子不願招呼人時，不要說「這孩子不懂禮貌」，這樣會傷害孩子的自尊心，激起孩子的叛逆心理，造成尷尬的局面，而應該慢慢引導，因為孩子需要較多的嘗試和時間來適應新的事物、新的環境。應該對他表示關懷、愛護，並且陪同他尋找方法，主動開口招呼人。如爸爸帶孩子上街，遇到一位孩子爸爸熟悉的同事，爸爸可對孩子說：「想想看，他叫什麼叔叔，你應該對他說什麼呢？」

✧ 讓孩子明白，打招呼反映一個人的道德修養，所以打好招呼很關鍵，比如，不同的場合或不同的時間都應該採用不同的招呼方式。此外，打招呼的時候不要開一些傷人自尊的玩笑，觸到他人的痛處、讓人難堪，下不了臺。

讓孩子學會打招呼並不難，難的是如何讓孩子做到大方得體。如果家長在日常生活中能有意識地提醒孩子，培養孩子打招呼的技巧，不愁孩子成不了巧嘴的「天使」。

口才技巧訓練營

1. 正值晚飯時間，隔壁的李阿姨從公共廁所走了出來，小聰看見了，他跟怎麼跟李阿姨打招呼呢？
   家長應引導孩子在特定的場合如何打招呼才合適。比如，李阿姨是從廁所裡剛出來的，如果小聰說「阿姨，您吃過了嗎？」肯定是不恰當的。這個時候，一個甜甜的微笑，再加上一聲問好就可以了。

2. 李大叔是個胖子，別人背地裡都稱他「胖叔」。但李大叔最忌諱別人說他胖了，如果你在路上碰見了李大叔，你會怎麼跟李大叔打招呼呢？
   家長應該讓孩子明白，跟別人打招呼，千萬不要觸碰到別人的痛處，不然這招呼不打還比較好。

自我介紹有技巧

自我介紹是與人交往，讓他人了解自己的最重要環節。讓孩子學會自我介紹，不僅僅是讓他們學會準確地介紹自己，更重要的是能增強他們的語言表達能力，透過自我認知，孩子提升了自己的自信心。最重要的是，當面對陌生的人或不熟悉的環境時，他們可以更加從容不迫地「秀」出自己。那麼，家長應如何教會孩子自我介紹呢？

教孩子自我介紹要遵守循序漸進、由易到難的原則。

● 在孩子上幼稚園以前

幼兒剛學自我介紹時，家長主要是讓他們學會描述關於自己的一些資訊。這樣孩子在外面與家長意外走散時，可透過自我介紹來向人求助。

首先，家長可以設計一些問題，用問答的方式，讓孩子記住它們。比如：

你叫什麼名字？ —— 我叫李靜婷。

你今年幾歲？ —— 今年 3 歲半。

你爸爸叫什麼名字？ —— 我爸爸叫李勤濤。

你家住在哪裡？ —— 我家住新北市板橋區文化路二段 XXX 號 4 樓。

家裡的電話號碼是多少？ —— 02-8252-XXXX。

剛開始訓練的時候，家長可以一邊問一邊替孩子回答。替孩子作答的時候，語速放慢一點，咬字盡量清晰，這樣有助於讓孩子記住答案。等孩子熟悉了這樣的內容以後，家長就可以在提問後停頓數秒，誘發孩子自己來回答。這樣的訓練可以重複幾次，讓孩子記住答案。

最後，要求孩子學會把這些問題的答案串連起來，組成完整的一段話陳述出來。

● 孩子準備進幼稚園時

當孩子學會了簡單的自我介紹以後，為了讓孩子在踏進幼稚園時，更好地讓小朋友們認識自己，家長不妨幫孩子排練一下「向其他小朋友做自我介紹」的場景。這時的自我介紹可以加進一些主觀性較強的問題，比如：

我最喜歡的人是爺爺奶奶；

我最喜歡看的卡通是《喜羊羊和灰太狼》；

我最喜歡的故事是〈白雪公主〉；

我喜歡交朋友，我喜歡跟朋友們一起玩；

……

　　類似的問題能提升孩子在幼稚園裡的人氣指數，讓其他的小朋友一開始就記住這個喜歡交朋友的小朋友，也能讓老師印象深刻。

　　當然，孩子的自我介紹會隨著年齡的增長不斷地得到充實與完善。等到孩子的語言能力逐漸成熟起來以後，家長就可以引導孩子更進一步地表述自己。例如讓孩子觀察自己的長相特徵，了解自己的性格特點、興趣愛好等，並把這些了解到的情況用筆記錄下來，按照一定的順序把最具標誌性的特徵寫下來，然後透過自己的口頭語言介紹出來。如果孩子已經能夠準確地描述自己，那麼，他的自我介紹就算是成功了。

　　讓孩子學會自我介紹就是為了讓他們更容易表現自己、打動人心，讓聽者留下深刻的印象。因此，孩子的自我介紹技巧是很重要的，要想孩子把「自我介紹」做得深入人心，家長就應讓他們掌握以下幾個要點：

✧ 自我介紹的時候要最大限度地表現出自己的優點和特徵，同時又適應了對方的聽覺需求，讓聽者在一種輕鬆愉快的環境下，與你產生情感上的共鳴。

✧ 要展示個性，使個人形象鮮明，可以適當引用別人的言論，如老師、朋友等的評論來支持自己的描述。

✧ 不可誇張，堅持以事實說話，少用虛詞、感嘆詞等；要符合常規，介紹的內容和層次應合理、有序地展開。要符合邏輯，介紹時應層次分明、重點突出，使自己的優勢很自然地逐步顯露，不要一上來就急於羅列自己的所有優點。

✧ 自我介紹時態度要大方、自然、謙和。如果能別具匠心，幽默風趣又不失謙遜地用語言傳遞著自己的平和，無形中會拉近了自己與其他人的距離。不要一直強調「我」，在自我介紹中，「我」強調的太多，會引起別人反感。

第六章　打開心扉才能獲得友誼

✧ 自我介紹要反覆模擬練習，也應該讓家長或者朋友向自己提供建議。在陳述的時候，不能讓人感覺是在背稿子，而應該是與人很輕鬆地交流，語氣中肯又不失激情。這樣才能給別人留下好印象。

✧ 自我介紹的方式還可以多樣，最常用的是以下兩種方式：

· 巧妙注釋「姓」和「名」。為了使對方聽清自己的準確名字，往往要對「姓」和「名」加以注釋，注釋得越巧，人們的印象就越深刻。對姓名的注釋不僅可以反映一個人的文化修養，更能展現一個人的口才。有個叫黃二耳的男生是這麼介紹自己的：「我叫黃二耳，記住我們名字其實很簡單，炎黃子孫嘛，黃皮膚是自然的，而每個人都有兩個耳朵，你只要看到黃色的耳朵，自然就能想起我這個人來。」這樣一說，「黃二耳」這個名字就深深地留存在對方的記憶中了。

· 巧用長相或生肖進行「自嘲式」介紹。要想讓別人對自己的介紹印象深刻，有些時候不妨讓孩子來點自嘲。「自嘲式」的自我介紹效果比較好，也很容易讓別人記住自己。

我叫楊玲，今年 10 歲了，是板橋小學 5 年 1 班的學生，因為我個頭比較矮小，所以人們總愛叫我「小不點」，有什麼辦法呢？誰讓我長得這麼「小巧玲瓏」呢？還好，我不是一個容易自卑的人，相反的，我性格開朗、熱情活潑。所以，大家都非常喜歡我。我最喜歡的是看書，書中那些生動的故事情節讓我著迷。我多麼希望自己長大以後能成為一名偉大的作家呀！

爸爸媽媽說想成為作家必須從小好好學習。我一定會努力學習，實現自己的夢想。

　　楊玲的這段長相「自嘲式」介紹，一上來就博得了陣陣掌聲。等她自我介紹完畢，還有老師衝她豎起大拇指呢！可見，活潑、幽默的自嘲式介紹能給他人留下深刻的印象。

　　此外，「自嘲式」的生肖介紹，也是自我介紹的一種特殊方式，同樣能讓他人印象深刻。如：

　　鼠：我是精靈鼠小弟，活潑又機靈。

　　牛：俯首甘為孺子牛嘛！我屬牛，天生具有一種奉獻精神，願竭誠為大家服務。

　　虎：虎虎生威，王者風範。

　　兔：小兔子乖乖，這就是我，可愛又乖巧。

　　龍：從來沒有人見過我，可是大家都知道，我是神聖不可侵犯的。

　　蛇：農夫與蛇的故事曲解了我們，其實這只是我們蛇中的敗類而已。

　　馬：老馬識途，有了我，還用指南針嗎？

　　……

　　有了以上幾個方面的精心準備，加上介紹時始終保持微笑，同時配以恰當的手勢動作，孩子的整個自我介紹過程，就好比為他人演繹一段自編自導的精美動畫，讓人看得清、聽得明、記得牢，自然就能收到良好的社交效果。

口才技巧訓練營

　　1. **姓名解讀式自我介紹**：大家好！我叫……（姓氏）就是……（的）……（姓）……的……（名）是……，爸爸媽媽希望我（這個名字預示著我）成為……的人。

2. **長相自嘲式自我介紹**：大家好！我叫……，今年……歲，在……學校讀……年級。我的長相……，我的性格……。我平時喜歡……，同學們都叫我……，因為我……。我對……特別感興趣。從小我就喜歡……。我希望自己將來能成為……，爸爸媽媽說想成為……必須從小好好學習。我一定努力學習，實現自己的夢想。

3. **生肖自嘲式自我介紹**：大家好！我叫……，今年……歲，在……學校讀……年級。我是屬……（生肖）的，屬……的我……。我的性格……。我平時喜歡……。同學們都叫我……，因為我……。我對……特別感興趣。從小我就喜歡……。希望大家能喜歡我。請多多關照！

▍打開對方的「話匣子」

在生活中，我們經常會遇到這種情況：當來到一個陌生的環境面對著陌生的人群時，通常都會不知道如何打開別人的「話匣子」，如何與人交流談話。尤其是對方正好是屬於那種沉默寡言的人的時候，很容易讓自己的處境顯得尷尬、被動。大人尚且如此，孩子之間的交往更是如此。為了讓你的孩子即便面對著陌生人也不會被冷落。家長應該從小教會孩子打開他人「話匣子」的技巧。那麼，應該從那些角度打開對方的「話匣子」呢？

● 透過聊天氣等話題打開「話匣子」

要打開對方的「話匣子」，最好的方法是先聊聊天氣、電視節目、路上的見聞、個人興趣愛好之類的話題後，再切入主題。

例如，在開學的第一天，幾個不認識的同學坐在一起，氣氛難免會有點尷尬。這個時候，如果有人能主動打開話匣子，不但能讓氣氛活絡，而且，也能拉近彼此的距離。

陳勇是個靦腆的小男孩，與熟悉的同學在一起都說不上幾句話，更何況是到了陌生的地方。

今年夏天，媽媽讓陳勇參加了少年夏令營，目的是鍛鍊陳勇的膽量，讓陳勇結交更多的朋友。但媽媽還是擔心沉默內向的陳勇沒有辦法適應新環境，與其他人進行交談。

陳勇剛到夏令營的第一天，就有一個開朗的小男孩跑了過來，咧著嘴巴衝陳勇打起招呼：「你好呀，我叫陳力力，力大無比的意思，你叫什麼名字呢？哥們？」力力的豪爽與大氣感染了陳勇，讓陳勇很有好感。於是他回報了力力一個燦爛的笑容，並介紹了自己的姓名。

這時候，力力抹了一把額頭上的汗水，抱怨了起來：「哎呀，這天氣真是夠熱的！不知道過兩天能不能涼爽一點呢？」

陳勇正好看過天氣預報，於是告訴力力接下來幾天可能的天氣狀況。就這樣，兩個性格迥然不同的孩子聊了起來。

回到家裡以後，媽媽發現陳勇變黑了，話也明顯多了，性格也似乎變得開朗了起來。就問陳勇的收穫，陳勇高興地告訴媽媽，連他自己也不知道，其實他的口才也挺好的呢。

「談論天氣」永遠是打開交談局面不可或缺和絕對安全的話題，尤其是在孩子對交談物對象毫不了解的情況下，如「這段時間為什麼老是下雨？」、「天氣總是這樣熱，真有點讓人有點受不了」等，都為交談提供了豐富的話題素材。

此外，老一輩傳統的話題也可派上用場，比如說請教對方「你貴

姓？」、「你老家在哪裡？」、等。這類問話基本上不會讓人覺得失禮、唐突；然後，就可以沿著這條線索展開談話。

● 了解對方，談論對方熟悉的東西也能打開「話匣子」

對於交談來說，打開話題的最好方式，還是談論對方熟悉的東西，因此需要事先了解對方的職業、地位、人品，並在某種程度上做事前的調查，如此即使是初次見面，也能夠配合對方的話題發揮。

美國柯林頓時期的副總統艾爾・高爾便是一個很難說服的人，然而，高爾一旦被問起在巴爾的摩的生活或者在華盛頓的學生時代的問題，他馬上就會變成一個歡快、熱情和生氣勃勃的人。如果談論起他的孩子，高爾更是變得親切且極富人情味。

如果談話雙方擁有共同的興趣，話題就可以在這種興趣上展開。例如，如果知道對方對釣魚也有興趣，則不妨向對方請教：

「你經常去哪裡釣魚呀？」

「你知道那個商店的漁具好嗎？」

一個人在談到自己的經驗時，一定會滿面春風。因此，對於這類問題，對方一般會很樂意告訴你，你也可以趁機與對方「套交情」，拉近彼此的距離，為接下來的交談做鋪墊。

小鳳陽是個開朗樂觀的小女孩。新的學期開始時，因為爸爸媽媽工作調動，她也隨之離開了原本的學校，來到了新的學校裡。

面對著陌生的環境，陌生的同學，小鳳陽的心裡有些緊張。但她沒有把自己的這種情緒表現出來。

一會兒，有一個女生走了進來，在她身旁的座位上坐了下來。小鳳陽眼睛一亮，因為她看到同學的書包上畫著一隻「Hello Kitty」，跟自己書包

上的「Hello Kitty」一模一樣。於是，小鳳陽高興地歡呼起來：「真巧呀！你看，我的書包上也有這樣的『Hello Kitty』呢！」說完就把自己的書包拿出來給這位女同學看。那個同學一看也樂了。

於是，這兩個女生就順著「Hello Kitty」的話題聊了起來。一節自習課過去了，她們已經成了一對好朋友。

小鳳陽透過尋找共同點，找到了與同學交談的話題，為她們之後的交往奠定了基礎。

孩子只要明白，不管與誰聊天，只要能保持輕鬆愉快的心情，不拘束，不過於嚴肅，只要把對方的「話匣子」打開，溝通就會變得容易多了。其他幾種打開「話匣子」的辦法歸納如下，可供參考：

✧ 向對方來一個友善的（不是僵硬的）微笑往往能令對方先開「金口」。

✧ 誠懇地讚美對方總是一個最受歡迎的打開「話匣子」方法。不妨從他身上配件找到你確實欣賞的東西，譬如：耳環、袖口鈕、手錶、衣服的材料等。但要注意讚美他人的時候不要口是心非。

✧ 可以透過提問打開對方的「話匣子」。如面對轉學來的新同學，可以這樣提問：「你是從什麼地方轉學過來的？」、「你們那裡有沒有好玩的地方？」、「能不能談談你來這裡後的所見所聞？」這樣，對方就可以介紹一些提問者不太了解的事情，順利打開對方的「話匣子」。

當然，教孩子提問時，還應該讓他注意到提問的方式與提問的話題，注意不要問一些隱私性的問題讓他人覺得不開心。

只要孩子掌握了恰當的提問方式，也可以把說話的機會留給別人，引導別人暢所欲言。這樣的口才技巧，必將為你的孩子贏得良好的人際關係。

口才技巧訓練營

1. 班上來了一位新同學，他顯得非常害羞，到班上兩天了，都沒有與誰說過話。小若很想幫助他打開「話匣子」，讓他很快地融入班級，又不知道該從何入手。這個時候小若發現他的筆盒居然跟自己的是同一個牌子的，於是他眉頭一縮，想到好計策了。他準備運用「找共同點」的方式打開新同學的「話匣子」。如果你就是小若，你會怎麼與新同學交流呢？

   家長應引導孩子，說話的時候要大方、自然、誠懇，才好打動新同學的心扉，使他願意與自己交流！

2. 媽媽的同事帶著他的孩子到你家裡做客，你很喜歡這個新朋友，但他似乎很沉默，你準備用什麼方式、語言來打開他的「話匣子」呢？

   家長可以提示孩子，讓他與自己一起玩自己心愛的玩具，介紹玩具的特點，讓新朋友也說說自己有什麼玩具等方式，都能激起對方說話的動機。

用真情激起共鳴

有人說：「良好的溝通必須是情感的共鳴。」那麼，情感的共鳴是如何產生的呢？

一般來說，人與人之間的交流，很難在一開始就能產生情感上的共鳴。往往需要說話者先引發對方與自己交談的興趣，經過一番深刻的談話、了解後，才能引起他人心理上的認同感，這樣，才有共鳴可言。

● 共鳴，建立在理解的基礎上

美國愛荷華州的達文波特市，有一個極具人情味的服務專案 —— 全天候電話聊天。

每個月有近兩百名孤單寂寞者使用這個電話服務。主持這個電話的專家們最得人心的是第一句話：「今天我也和你一樣感到孤獨、寂寞、淒涼。」

這句話表達的是對孤單寂寞者的充分理解之情，因而產生了強烈的共鳴作用，難怪許多人聽後都掏出真心話向主持人傾訴。如果沒有了理解，又怎麼能說出這充滿人情味的話呢？

● 共鳴，需要的是溫情的言語

在擁擠的火車上，一位疲憊不堪的婦女，帶著一個四、五歲的孩子站了很久，也沒有人讓座。孩子指著坐在旁邊的一個小伙子對媽媽說：「媽媽，我累了，你跟這位叔叔說說，讓我坐一會兒吧！」媽媽輕聲地對孩子說：「媽媽知道你是一個非常懂事的好孩子，叔叔也很辛苦、也很累，你再堅持一會兒吧。」一番話說得小伙子再也坐不住了，站起來說：「小朋友，你來坐吧，叔叔不累。」這樣，小伙子就主動讓了座。

媽媽的話為什麼有如此巨大的感染力？原因就在於她的話語能夠克己諒人，充滿了對別人旅途艱辛苦累的深深理解，有一種濃厚的人情味。話不多，情卻濃，其所取得的實際效果是很明顯的。

正所謂「好言一句三冬暖」，在人與人交往的過程中，人情味常以其產生的巨大征服力和凝聚力而備受青睞。所以，做家長的人應該引導孩子，在與人交際的時候，多為他人著想一下：給咖啡加點糖、給談話加點人情味、用輕柔的語言安撫和溫暖對方的心靈，會讓對方心懷不盡的感激和謝意，會讓自己的話深得人心。

第六章　打開心扉才能獲得友誼

● 激發同情心的語言能引起共鳴

在法國巴黎大街路邊，一個衣衫襤褸、雙目失明的老人默默地站著。旁邊有一木牌，上面寫著：「我什麼也看不見。」顯然，這是一個乞丐，然而他腳下的盤子裡空空蕩蕩的。

一位叫讓‧彼浩勒的詩人路過，見此情景，便悄悄地走到木牌前，加了 6 個字。木牌上變成了：「春天來了，可是我什麼也看不見。」寫完，詩人便離開了。

過了半天詩人返回原地一看：老人的腳下已缽溢盆滿。

添上的 6 個字何以有如此大的魔力？還是白居易先生說得好：「感人心者，莫先乎情。」風光旖旎的春天到了，人們可以看花紅、看柳綠、看山青，而這位老人卻什麼也看不到，多麼可憐啊！詩人抓住了人們的同情心，使之在感情上產生共鳴，收到了預期的效果。

● 用語言拉近心靈的距離

有一位老師擔任了一個以調皮聞名的班級的導師。開學的第一天，他親切地對同學們說：「有人說我們是放牛班、垃圾班，這是沒有道理的。就拿體育成績來說，我們班不但不是『垃圾班』，而且可以爭當資優班。」

這位老師的這一席話使同學們從低落的情緒中振奮起來了，從自卑的心中樹立起信心。

為什麼老師的話會產生如此出色的效果呢？原因不僅僅是這位老師的話充滿信任和鼓勵，更重要的是，這位老師在見面的第一天，就把自己置於這個被人瞧不起的集體之中，他左一個「我們」，右一個「我們」，使這些內心充滿自卑的學生感受到了溫暖和親情。心理上的接觸和情感上的共鳴，使得這位老師的一番話對學生們產生具大的鼓舞作用。

　　在人與人交往的過程中，如果孩子掌握了以上的說話訣竅，不就能在社交中游刃有餘、脫口而「秀」了嗎？

　　那麼，要想孩子的話打動人心、引起共鳴，還應該讓孩子注意哪些情況呢？

◇ **多用感性的話語**：感性的話語能將聽覺形象轉化為視覺形象，所以比較容易抓住聽話者的心。所以，讓孩子多說感性的話，能比較容易打動人心，引起共鳴。

◇ **學會理論連結實際**：讓孩子知道，與人交談的時候，空洞的大道理要少講。如果真的要講，那也應該做到理論連結實際，這樣，說的話才能生動感人、有說服力。

　　總之，要想達到自己的說話目的，要懂得以情感人、激情共鳴的重要。用真情抵達對方的心靈，又何愁對方不打開自己的心扉，與你做真摯的交流呢？

口才技巧訓練營

1. 在公車上，你看到一位白髮蒼蒼的老奶奶站在那裡，卻沒有人給她讓座，你會怎麼說服坐著的人給老人讓座呢？
家長應引導孩子，說服別人的時候，要以情感人，用真情打動別人。最能打動人的一句話是「如果是您的母親，你忍心讓她站著嗎？」
2. 你想得到一個你喜歡很久的禮物，你會用什麼話打動爸爸媽媽，讓他們願意為你買這一個玩具呢？

家長可以引導孩子先旁敲側擊，讓爸爸媽媽說出自己喜歡的東西，了解他們對自己喜歡的東西的態度。然後表達自己的喜愛之情與需求，以達到能說服爸爸媽媽的目的。

第七章　坦率真誠的話語最動聽

這個世界最難征服的不是山峰是人心。如果你學會了用情感去征服人心，你的口才將更上一個臺階。

　　在與人交往的過程中，坦率真誠的話往往可以避免許多猜疑和誤會，使雙方的交往更加輕鬆、友好、坦誠，有利於營造良好的人際關係。

▎關心的話要會說

　　每個人生活在這世界上，都有被別人關心與注意的需求。當一個人得到關心的時候，心中會產生一種溫暖、安全的感覺，相反，則充滿了孤獨與憂傷。所謂「投我以桃，報之以李」。因為受到別人的關注，他同樣也會懂得關心別人。這樣，人與人之間自然就形成了一種友好、親密的關係了。

　　在現實生活中，因現在大部分的家庭只有一個孩子，家長的萬般寵愛、處處遷就，造成孩子「唯我獨尊」的性格。這樣的孩子，很難說會懂得關心別人，更不用說懂得說關心別人的話了。小丹丹就是這樣一個孩子：

　　小丹丹今年 8 歲，讀小學 2 年級。丹丹的爸爸媽媽非常愛丹丹，孩子要什麼，爸爸媽媽就給什麼。照爸爸媽媽的話說「不就是一個孩子嘛，不給她要給誰呢？」小丹丹習慣了爸爸媽媽的關心與愛護，卻從來不懂得自己也應該學會關心爸爸媽媽。

　　有一次，爸爸到外地出差，媽媽生病了躺在床上。

　　小丹丹回到家裡，正為爸爸媽媽沒有去接自己放學回家而生氣，她哪裡顧得上媽媽的病情呢？這時候，她發現媽媽根本沒有做飯，冰箱裡只有冷硬的乾麵包，就更加生氣了，她大聲哭鬧起來：「什麼媽媽嘛，就不知道我肚子餓了嗎？」

　　小丹丹的媽媽躺在病床上，聽著孩子抱怨的話，心都涼了。

　　小丹丹的媽媽這才意識到，自己以往對孩子的教育方式是多麼的失敗呀！

　　一個冷漠、不懂得關心別人的孩子會有什麼出息呢？

　　生活中像小丹丹這樣的孩子有不少，家長們一定要給予充分的重視，讓孩子從小就學會體貼他人、關心他人，做一個善解人意的孩子。只有這樣，孩子以後出社會才能成為一個受歡迎的人。

　　那麼，家長應如何培養孩子關愛他人的心呢？

● 做給孩子的榜樣

　　父母自己若能注意自己的言行舉止，在生活中多關心自己的親人與朋友。如下班回家以後，幫孩子的爺爺奶奶做飯，多關心老人的生活；當朋友生病了，除了打電話問候以外，還應該親自買點水果什麼的去探望……家長的一言一行，孩子會看在眼裡，記在心裡，表現在行為上。

● 家長最好能手把手教孩子分享

　　人是群居動物，需要別人的肯定和關心，但是能得到的前提是付出。快樂與人分享會變成雙份的快樂，痛苦與人分享會減半。學會分享是人生最大的樂趣。也許有人會說，分享也需要教嗎？不就是把東西給人家嗎？不是的，除了簡單的本能反應，孩子是「一張白紙」，都需要學習。孩子在給予的過程中得到快樂，就會有分享和關心他人的能力。

● 教孩子說關心他人的話

　　關心他人的行為，同樣可以用言語表達。因此，家長應該教孩子說關心他人的話。

首先，家長應該讓孩子知道，每個人都需要別人的關心，如果自己能在別人需要關心的時候，說一些關心的話，會讓別人感到溫暖，對自己產生好感。

　　其次，家長可以教孩子，關心的話怎麼說。比如，媽媽生病了，回到家裡，孩子應該關切地問：「媽媽，你今天好點了嗎？要不要給您倒杯水呢？」

　　同學有幾天都沒有來上課了，除了打電話去關心地詢問情況外，還要在同學回學校讀書的時候上去問候人家，關心他們的情況。可以說：「某某某，你怎麼這麼多天沒有來上課呢？怎麼了？可想死我了。」類似的話，讓他人聽起來，溫暖之情油然而生。

　　……

　　事實上，孩子懂不懂得關心、體貼別人，那都是家長教育出來的。如果家長能從小培養孩子關心他人的意識，教會孩子說關心、體貼他人的話，久而久之，孩子一定也能變得善解人意起來。

　　讓孩子學會說關心別人的話，還應該注意到以下幾點：

✧ **說話的時候要真誠**：正所謂，真誠的言語暖人心懷，如果僅僅只是為了說而說，嘴裡說著關心的話，但從聲音中聽起來顯得冷漠，沒有熱情，也達不到關心人的效果。

✧ **說話的時候要設身處地為別人著想**：豔豔因為生病，已經好幾天沒有到學校上課了。身為班長的巧玲敲開了病房的門，她一進門就笑盈盈地對豔豔說：「今天好點了嗎？知道你生病了，我們大家都很著急，就怕你把功課落下了，所以今天就派我來給你補課哦！」

　　豔豔一聽，感激地笑了，她對巧玲說：「謝謝你們的關心，你代我向

班上同學說聲謝謝哦！」

你看，巧玲懂得設身處地考慮到豔豔的情況，好幾天沒有來上課了，怕豔豔功課落下，代表全班同學來給她補課。這話讓生病的豔豔聽起來窩心極了！如果你的孩子懂得設身處地為人著想，關心他人，又何愁沒有好人緣呢？

✧ **關心也可以透過諮詢的方式達到目的**：戴軍今天上課的時候總是一副精神恍惚的樣子。導師侯老師看在眼裡，記在心裡。下課的時候，侯老師來到戴軍的桌前，關切地問道：「怎麼啦，戴軍，我看你這節課精神很不好，是不是家裡發生了什麼事情，需要老師的幫忙嗎？」

聽了老師的話，戴軍心裡一熱，就一五一十地告訴老師自己家裡遇到的狀況。

侯老師正是透過諮詢的方式讓戴軍感受到了老師的關心與體貼，這樣，他才能敞開心扉，告訴老師自己遇到的事情。

可見，要想讓別人感受到自己的關心並不難，只要語言體貼，方法得當，便能讓受到關心的人倍感溫暖。

口才技巧訓練營

1. 你的同桌因為玩單槓，不小心摔傷了。聽到這個消息，你心急如焚，於是飛快地打電話去問候。你會怎麼表達你的關心之情呢？
2. 爸爸從外地出差回來。你放學回家看到了，會用什麼樣的話表達你的關心呢？

▍麻煩別人的話怎麼說

在日常生活中，我們每個人都免不了會遇到各式各樣的問題或困難。這些問題或困難，有的你可以自己解決，有的則無法。無法解決的問題就要求助於人。但並不等於說你需要幫助，人家就會幫你，這還需要有技巧。一個說話缺乏技巧的人，將很難讓他人願意幫助自己。

一個小女生初次來到大都市，她在一個十字路口不知何去何從。這時候，正好有一位大哥從對面走過來，小女生趕緊上去問道：「喂，車站怎麼走？」

那位大哥連頭都不抬就走開了。小女生生氣地說：「真是都市人，完全都不理人呢！」

大哥邊走邊回答道：「你們鄉下人，連個人話都不會說呢，還喂喂喂的！」

一聽這話，小女生的臉紅了。

這個鄉下來的小女生正是沒有注意到請人幫忙要注意技巧的問題，所以落了沒人幫忙的下場。可見，請人幫忙的說話技巧非常重要。

◇ **請人幫忙的時候，語氣要謙和**：求人辦事要用商量的口氣，對方感覺到你尊重他，他才會願意幫助你。比如以上的問路故事，如果小女生語氣能夠謙和一點，懂得禮貌地說：「大哥，打擾您了，向您打聽一下車站怎麼走可以嗎？」、「大哥，打擾了。請問去車站的路怎麼走？」那位大哥自然就願意幫她的忙，為她指路了。

另外，還要區別不同年齡、性別和職業等，冠之以對方不同的尊稱。即使是對要好的朋友，也不能用命令的口氣；否則，人家就是幫了你，心情也不痛快，下次可能就會避而遠之。如果向別人借東西，應

把困難說清楚，客客氣氣地提出請求；若是口氣生硬，別人也可能直接拒絕。常言道：「問路不當，多繞幾里路」，說的就是這個道理。

✧ **請人幫忙不要說沮喪的話**：一個人處於困難和危難的時候，往往會情緒低落，說一些情緒沮喪的話，這是不得體的？容易給人一種壓抑的氣氛，常引起對方不愉快的心情。所以，家長應該告訴孩子，請人幫忙，應該就事論事，不要把自己的情緒加在別人的身上，讓別人也覺得不開心。

✧ **請人幫忙，不要說擔心、懷疑對方的話**：求人辦事的人，往往意願都比較迫切，因此，容易說一些急於求成，催促對方的話，或猜疑對方能力、權力和身分的話以及表現自己的擔心和懷疑的話。這些話暴露的多是一些負面意識，因而也會產生一些負面效應。這一點，家長應該讓孩子盡量避免。

✧ **請人幫忙，不要說貶低自己的話**：請人幫忙並不是什麼沒有面子的事情，所以，不要透過貶低自己來抬高別人。這樣的方式，只會讓對方覺得你畏縮、沒有能力。所以，自貶的話千萬不能說。

✧ **請人幫忙，也要能夠體諒別人**：求人辦事不可能每次都是有求必應。由於主觀或客觀的原因，有時別人也難以滿足你的求助。遇到求人不成，要能夠體諒人家的難處，絕不能因為自己的願望沒有得到滿足就氣惱，甚至出言不遜，這是傷感情的。求人不成，你不妨大度地說：「那就不難為您了，我再找別人試試看。」、「沒事兒，我另想辦法。」這樣一來，對方反倒會不好意思，以後再求他，多半會熱情相助的。

✧ **請人幫忙，不要忘記致謝**：別人幫助你是盡分外的義務，事後應當表示感謝。哪怕只是簡單的一聲「謝謝」，也會使幫你的人心裡舒坦，不可過河拆橋、知恩不報、忘恩負義。

此外，請人幫忙，還應該注意態度要誠懇，要盡快向別人說明自己的目的，不要說話支支吾吾，讓人覺得心裡不暢快。

總之，請人幫忙，說話技巧有著難以估量的作用，能言善道，會使孩子順利地達到目的。只有學會有技巧地說話，才能讓孩子在今後的人生路上盡得貴人的相助！

口才技巧訓練營

1. 你要去同學曉彤家玩，可是忘記了去她家的路，正好你看見了曉彤的鄰居小明在路邊散步，你會怎麼做？
2. 放學回家的路上，看見一位老爺爺躺在地上不省人事，你會怎麼做？
3. 父母不在家，要出門時你不知道應不應該帶傘，這時你想問問自己的同學邱明知不知道天氣狀況，你會怎麼做？
4. 晚上回家做作業的時候，你突然發現自己忘了哪些作業要做了，你就打電話到班長笑笑家去問作業。在電話裡，你會怎麼說呢？

▌坦率地表達自己的歉意

在日常生活中，我們總會在有意無意之間給別人造成不同程度的傷害，踩腳、碰撞、言語傷害等，隨時都有可能發生。當因為你有意或無意的過錯對別人帶來傷害的時候，道歉是解決矛盾的唯一途徑。只要勇於道歉，很多即將發生的衝突便有可能因為你的一句誠懇的「對不起」得到化解。美國口才大師，卡內基先生就曾講過這麼一個關於道歉的故事：

卡內基先生常常帶著他的愛犬雷斯到附近的森林公園去散步。

有一天，他們在公園遇見一位騎馬的員警，這位員警好像迫不及待地要表現出他的權威，便說：

「你為什麼讓你的狗跑來跑去，不給牠繫上鍊子或戴上口罩呢？」他喝斥卡內基，「難道你不曉得這是違法的嗎？牠可能在這裡咬死松鼠，或咬傷小孩。這次我就不追究，但假如下回在公園裡我看到這隻狗還沒有繫上鍊子或套上口罩的話，你就必須去跟法官解釋了。」

卡內基客客氣氣地答應照辦。

卡內基的確想照辦，可是雷斯不肯戴口罩。

一天下午，雷斯和卡內基在一座小山坡上賽跑，突然卡內基看到那位員警，騎在一匹紅棕色的馬上。雷斯跑在前頭，直向那位員警衝去。

卡內基這下栽了。他知道這點，所以他決定不等員警開口就先發制人。

卡內基說：「員警先生，這下你當場逮到我了。我有罪。我沒有推託之詞、沒有藉口了。你上星期警告過我，若是再帶小狗出來而不替牠戴口罩你就要罰我。」

「好說，好說，」員警回答的聲調很柔和，「我曉得在沒有人的時候，誰都忍不住要帶這麼一條小狗出來溜達。」

「的確是忍不住，」卡內基回答，「但是這是違法的。」

「像這樣的小狗大概不會咬傷別人吧？」員警反而為卡內基開脫。

「不，牠可能會咬死松鼠。」卡內基說。

「哦，你大概把事情看得太嚴重了，」他告訴卡內基，「我們這樣辦吧，你只要讓它跑過小山，到我看不到的地方，事情就算了。」

因為知道道歉的重要性，所以卡內基先生主動道歉，用自己真誠、巧

妙的歉意換來了員警先生的諒解，避免了責罰。相反，如果犯錯一方明明錯了，卻始終不肯承認錯誤，就有可能使矛盾激化，導致最後大動干戈。

在一所中學的餐廳裡，學生們正井然有序地排著隊，這時候，有一個國三的男生被前面的同學一推，不小心後退踩到了自己身後的一位同學的腳。因為覺得自己也是受害者，所以這個男生沒有道歉。這可把他身後的男生惹火了，他大聲罵了起來：「你有沒有修養啊？踩到人了不會道歉呀？」

前面的那個男生也急了，用胳膊肘狠狠地戳了一下後面的那個同學，於是，兩位同學抱在一團，飯也不吃了，開始大打出手。直到老師趕到，才制止了這一場可能會進一步激化的打鬥。

本就是一件小事情，卻因為不道歉而釀成大錯，這是值得我們所有的人都深思的呀！為了避免這樣的事情發生在我們的孩子身上，家長應該從小培養孩子說「對不起」的習慣。

每個孩子都會犯錯誤，犯錯之後能否及時承認錯誤、運用適當的方法道歉，關係到能否取得他人的諒解以及能否緩解因犯錯造成的緊張關係。這就依賴於孩子的語言表達能力，能否把歉意巧妙地表達出來，既讓對方原諒自己，又不致於使自己太難堪。讓孩子說對不起，應讓孩子注意以下幾點原則：

● 犯了錯誤要立即道歉

拖得越久就越難以啟齒，有時甚至追悔莫及，所以，如果你錯了，就得及時承認。與其等別人提出批評、指責，還不如主動認錯、道歉，更易於獲得諒解和寬恕。如果我們每個人都能錯了就及時承認，不必要的矛盾、糾紛就會大為減少，整個社會的人際關係也會和諧很多。

有些道歉如果不能馬上進行，以後也要找準時機表示自己的歉意。如果雙方成見很深，或當對方正處在氣頭上，聽不進話時，最好先透過第三者轉達歉意，等對方火氣平息之後，再當面賠禮道歉。

● 道歉時的態度要誠懇

　　道歉不僅不是一件丟臉的事情，反而更能展現一個人良好的品格與修養。因此，道歉時的態度一定要誠懇、自然、落落大方。

　　有些人知道自己的過錯，也有心向別人道歉，但說話語氣讓別人聽來顯得不誠懇、態度傲慢。諸如衝著別人說：「對不起，噢！」，「我說對不起你還不行嗎？」這樣的道歉不僅不能讓對方接受，相反還會引起對方的反感。因此，家長讓孩子說「對不起」時，應該要求他們面帶微笑，語氣低緩，使人感覺到他是真心悔過。

● 道歉時，要主動承擔錯誤的責任

　　有些孩子明知自己有錯卻還百般抵賴，這是一種不負責任的表現。因此，家長應教育孩子，只有懦夫才會逃避責任，一個真正有勇氣的人，在自己犯了錯誤以後，會說明引起錯誤的原因，但絕不能找藉口或者把責任推卸給對方，即使自己只有部分責任，也要主動承擔。主動為自己的行為承擔責任，會鼓勵對方也承擔屬於他自己的那部分責任。這樣的道歉方式，不但讓人感覺到誠意，更能為自己贏得成功的人際關係。

● 道歉用語應合乎禮儀規範

　　讓孩子多掌握一些道歉用語，有愧對他人之處，宜說：「深感歉疚」、「非常慚愧」；渴望見諒，需說：「請您原諒」；麻煩了別人，可說：「真是打擾了」、「太麻煩你了」。一般場合，則可以講：「對不起」、「很抱

歉」等。道歉是一件很嚴肅的事情，不能讓孩子表現得太隨意。

　　道歉的語言以簡潔為主，切忌囉唆、重複，也不必誇大其詞，一味往自己臉上抹黑，那樣，對方不僅不會接受你的道歉，甚至會覺得你過於虛偽。

　　當然，向對方道歉，也有一些特殊的情況，如覺得道歉的話一時說不出口，或者是出於某種場合的特殊性不便說出口，不妨用別的辦法替代。

- ✧ **用書面方式道歉**：有時光嘴上說「對不起」是不夠的，寫在紙上比嘴裡說的更有分量。你可以給對方寫一封道歉信，表達你由衷的歉意。
- ✧ **給對方發洩心中不快的機會**：讓對方將心中的怒氣發出來，是挽回友誼的好辦法，否則不滿累積在對方心中，你與對方將永遠難修舊好。
- ✧ **誇大自己的過錯**：你越是誇大自己的過錯，對方越不得不原諒你。
- ✧ **採取補償的具體行動**：比如託人送件小禮物，請對方一起吃飯等，間接幫助對方解決某些困難等都不失為道歉的好方式。這些具體行動更能表現出道歉者的誠意。
- ✧ **讚美對方心胸寬廣**：大多數人受到讚美後，都會不自覺地按讚美的話去做。因此，你讚美對方心胸寬廣，對方可能就真的寬容大量地接受了你的歉意。

　　總之，道歉的方式有很多，最關鍵的是向對方表達自己的想法和誠意。

口才技巧訓練營

1. 你下課的時候，不小心碰掉了同學的文具盒。（表演道歉情景）

2. 你的同學生病了，你跟這位同學是鄰居，老師讓你把一本書帶給同學，可是在放學回家的路上你不小心把書弄丟了。你該怎麼辦？

3. 你打掃時不小心打碎了一個花瓶。應該何時跟父母道歉？怎麼道歉？

4. 你與同學約好週日上午九點在圖書館門前碰頭。可是，由於你晚起，遲到了半小時，這時你該怎麼辦？（表演道歉情景）

5. 早上起來，你怎麼也找不到名牌，你不停地埋怨媽媽，怪媽媽把名牌放在你找不到的地方。晚上睡覺前，你在收拾房間時才發現名牌不知什麼時候被你扔到了床底下。你該怎樣向媽媽道歉？

讓孩子學會輕鬆說「不」

外語系大學生湯姆對別人的要求從來不拒絕，因為他不好意思說「不」。

一天，他的阿姨來找他，並讓他請吃午飯。他隨阿姨進了一家豪華的餐館，阿姨卻不顧他的學生身分，點了一大堆價格不菲的菜。

湯姆雖囊中羞澀，卻不好意思說「不」。

吃完午飯，湯姆付過錢，已是身無分文了，他正在盤算這個月怎麼應付過去。卻見阿姨笑道：「孩子，你的心腸太好了，可你也太傻了！我問

你，你是學語言的，你知道世上什麼詞最難說嗎？」

湯姆一臉茫然地看著阿姨。

阿姨說：「是『不』字，我知道你的錢不多，我一直點價錢昂貴的菜，就是在等你說『不』字，可是你始終沒說。你要想以後做個堂堂正正的人，不受別人牽制，你就必須學會說『不』字、學會拒絕。」

生活中很多孩子像故事中的湯姆一樣，因為缺乏拒絕人的習慣和經驗，所以，有時候明明應該說「不」的事情，卻總是硬著頭皮答應。這對孩子而言，並無多大好處。畢竟，生活中很多事情是應該「拒絕」的。比如有些壞人會利用孩子的這種心理投機做一些犯罪的事情，或者利用孩子的不懂拒絕，引誘孩子做壞事等。因此，家長要從小培養孩子的「拒絕」意識。不但要教孩子學會拒絕，還應該教給孩子婉言拒絕的技巧。這樣孩子拒絕他人時，就能做到把拒絕帶來的遺憾縮小到最低程度，即便拒絕，也不傷感情。所以，讓孩子學會巧妙地拒絕別人不合理的要求，既是他們與人交流中需要掌握的一種處世技巧，也是口才訓練中不可缺少的環節。

那麼，要讓孩子學會拒絕，應該要掌握哪些拒絕技巧呢？

● 學會委婉的拒絕

拒絕，不僅要曉之以理，委婉地陳述原因，還要訴之以情，特別是訴之以誠。只有這樣，才能使對方將心比心，即使自己的需求未被滿足也不會動怒。

家長可以根據孩子所經歷的一些事情以及當時的情境和具體情況，教孩子以什麼樣的方式婉言拒絕他人的要求。

文學大師錢鍾書先生是個「甘於平淡」的人。他不願意被人炒作，也不願拋頭露面，只想潛心做學問。

當他的《圍城》出版後，引起國內外讀者的轟動。可是很多人對這位作家比較陌生，許多記者想採訪他，都被他婉言謝絕了。

一天，一位讀者女士打電話來，說她很喜歡《圍城》，想見見錢先生。錢鍾書婉言回絕了，但這位女士卻十分的執著，錢先生最後實在沒辦法，便以其特有的幽默語言對她說：「假如你吃了一個雞蛋覺得不錯的話，你認為有必要去認識那隻下蛋的母雞嗎？」

錢先生抓住問題的細微之處，透過一句巧妙的話語，春風化雨般地解決了一場讀者的「糾纏」。這既表現他的學識涵養，又完美地謝絕了對方的要求。家長一定要讓孩子明白，即使拒絕對方，也要讓對方了解到自己的拒絕不是草率的，實在是超出自己的能力範圍。給對方留一個面子，也是給自己留一條退路。

● 拒絕的話不要脫口而出

每一個人都有自尊心，都希望能得到別人的重視，同時也不希望自己做不喜歡做的事。這就要求孩子們既要拒絕對方的不適宜要求，又要講究拒絕的技巧。

家長要告訴孩子，不要在別人剛開口時就斷然拒絕，這只會讓人覺得你根本沒考慮別人的處境，因此最易引起對方的反感。即使自己想拒絕，也應該耐心地聽完對方的話，弄清楚對方的理由和要求，要站在對方立場上考慮問題，理解對方的要求。

● 借他人找一個合理的藉口

怎樣說才能既不傷害對方，又不使自己為難，不是每個人都能做到的。拒絕他人，最困難的就是在不便說出真實原因時又找不到可信而合理的藉口。那麼，不妨在別人身上動腦筋，比如藉口家人方面的原因。

第七章　坦率真誠的話語最動聽

小麗的工作是推銷保養品。一次，她到曉娜家裡推銷。告訴曉娜產品的種種好處。曉娜熱情地招待了小麗，但她態度禮貌而堅定地說：「我婆婆堅決不讓我們買這類的保養品，你看，我不買你的商品，不是因為我不願意掏腰包捧你的場，而是為了保持和婆婆的良好關係。這樣吧，過些時候我再跟我婆婆的溝通，她要是覺得還不錯，我一定請你幫忙哦！」

小麗一聽這話，也不好再說什麼了。只好附和著說：「是呀，還是家庭和睦重要！」

可見，借用他人的原因為自己的拒絕找一個合理的藉口，不但不會招到被拒絕人的怨恨，還能讓對方將心比心，從而欣然接受你的拒絕，且找到了一個臺階下，也不致於因為被拒絕而覺得尷尬。

● 學會利用對方的言辭拒絕對方

有時候，我們還可以借用對方的話語表達不便直說或使人感到難堪的拒絕。

羅斯福在沒有當上美國總統之前，曾在海軍部任職。有一次，他的一位好朋友向他打聽海軍在加勒比海的一個小島上建立潛艇基地的情況，羅斯福謹慎地向四周看了看，然後低聲地問：「你能保證不說出去嗎？」「當然能。」「那麼……」羅斯福微笑著對他說：「我也能！」。

羅斯福借用了對方的話語，運用含蓄委婉的語言，既保守了國家的軍事祕密，又沒有讓朋友過分難堪。兩人四目對視，相互在理解的笑聲中結束了這個問題。

● 幫拒絕加上幽默的元素

不好正面拒絕時，可採取迂迴的戰術，讓對方無法反擊。

有一則這樣的故事：

一個吝嗇的地主叫僕人去買酒，僕人向他要錢，他說：「用錢買酒，這是誰都能辦到的；如果不花錢買酒，那才是有能耐的人。」

一會兒，僕人提著空瓶回來了。地主十分惱火，責問道：「你要讓我喝什麼？」

僕人從容地回答說：「從有酒的瓶裡喝到酒，這是誰都能辦到的；如果能從空瓶裡喝到酒，那才是真正有能耐的人。」

顯然，地主不想花錢喝酒的言行是不適當的，但是，如果僕人不知如何機智應對的話，那麼，可能等待他的要嘛是地主的嚴厲斥責，要嘛是自己掏錢給地主買酒喝。

總之，孩子在成長的過程中一定要學會恰當地拒絕，這不僅是自我保護必須邁出的第一步，也是將來採取更恰當的方式與人交流需要掌握的一種處世技巧。一個不會拒絕別人的人很容易被他人左右，一個沒有自己主張的人，其實就是一個不善於表達自己感受的人，很難得到別人的尊重和認可。

拒絕別人必先說服別人。讓孩子學會拒絕，就是讓他在拒絕中鍛鍊自己說服別人的能力，使被拒絕的人即使被拒絕了，也不致於心懷不滿，從而影響孩子與他人的人際關係。

口才技巧訓練營

1. 小明經常向同學借錢，而且總是有借無還的。如果他也向你借錢，你會怎麼做？
2. 一個陌生的叔叔敲你家的門，說是找你爸爸的。但因為爸爸媽媽都不在家，你知道不能隨便讓不熟悉的人進家裡，你會怎麼做呢？

> 3. 你班上的同學邀請你週末的時候一起去遊樂園玩，你不想去，你會怎麼說才不讓對方覺得你不爽快呢？
> 4. 後桌的小胖跟你說了他的祕密，同桌夏林也想知道這個祕密，你會怎麼拒絕夏林呢？

無理的冒犯巧妙還擊

在生活中，孩子可能會經常碰到一些無理的人，說一些讓他難堪、下不了臺的話。面對他人冒犯的語言與無理的行為，很多孩子常常大發怒火、大罵對方一頓。結果是非但沒有把對方鎮住，還可能讓自己更加生氣。因此，家長應教孩子怎樣說話才能反擊那些無理的行為，使得對方覺得理屈詞窮、無言以對。

那麼，應如何還擊無理的冒犯呢？以下幾點可供參考：

● 情緒應該平和

遇到無理的行為，首先要做到的就是不要激動，要控制情緒。這個時候的心境平和，對反擊對方有兩個重要作用。一是表現自己的涵養與力量，以「驟然臨之而不驚，無故加之而不怒」的「大丈夫」氣概，在氣勢上鎮住對方，如果一下子就犯顏動怒，變臉作色，反而不是勇敢的行為。蘇軾〈留侯論〉曰：「匹夫見辱，拔劍而起，挺身而鬥，此不足為勇也。」對方對此不但不會懼怕，反而會對你的失態感到得意。二是能夠冷靜地考慮對策，只有平靜情緒，才能從容選出最佳對策，否則人都糊塗了，很容易就做出莽撞之舉來，更不要說什麼最佳對策了。

● 反擊的話要說的有力

對無理行為進行語言反擊，不能說了半天不得要領或詞軟話綿。要做到打擊點要準，一下子擊中要害；反擊力量要猛，一下子就使對方啞口無言。

有一個常以愚弄他人而自得的人，名叫湯姆。這天早晨，他正在門口吃著麵包，忽然看見傑克遜大叔騎著毛驢哼哼呀呀地走了過來。於是，他就喊道：「喂，吃塊麵包吧！」大傑克遜大叔連忙從驢背上跳下來，說：「謝謝您的好意。我已經吃過早飯了。」湯姆一本正經地說：「我沒問你呀，我問的是毛驢。」說完得意地一笑。

傑克遜大叔以禮相待，卻反遭一頓侮辱。是可忍，孰不可忍！他非常氣憤，可是又難以責罵這個無賴。他稍加思索，突然轉過身子，照準毛驢臉上「啪、啪」，就是兩巴掌，罵道：「出門時我問你城裡有沒有朋友，你斬釘截鐵地說沒有，沒有朋友為什麼人家會請你吃麵包呢？」罵完驢子後對準驢屁股又是兩鞭子，說：「看你以後還敢不敢撒謊。」說完，翻身上驢，揚長而去。

傑克遜大叔的反擊力相當強。既然你以你和驢說話的假設來侮辱我，我就姑且承認你的假設，藉著教訓毛驢來嘲弄你自己建立和毛驢的「朋友」關係，給這個人一頓教訓。

● 含蓄地諷刺

對無理行為進行反擊，可直言相告，但有時不宜鋒芒畢露，露則太剛，剛則易折。有時，旁敲側擊、綿裡藏針反而更見力量，它使對方無機可乘，只得將自己種的「苦果」往自己肚裡吞，在心中暗暗叫苦，就像蘇格蘭詩人羅伯特·伯恩斯那樣。

有一天，伯恩斯在泰晤士河畔見到一個富翁被人從河裡救起，富翁給

了那個冒著生命危險救他的人一塊錢做為報酬。圍觀的路人都為這種無恥行徑所激怒，要把富翁再投到河裡去。伯恩斯上前阻止道：「放了他吧，他很了解自己生命的價值。」

● 巧妙借用

　　對無理的冒犯進行語言反擊，是正義的語言與無理的語言的對抗。所以，反擊的語言一定要與對方的語言表現出某種關聯，正是在這種關聯中，才會充分表現出自己的機智與力量。要做到雙方語言的巧妙關聯方法有三：

✧ **順其言，反其意**：這種方法的效果在於使人感到那個無理的人是引火焚身，搬起石頭砸自己的腳。例如德國大詩人海涅因為是個猶太人，常遭到一些無禮者的攻擊。在一個晚會上，一個人對他說：「我發現了一個小島，這個小島上竟然沒有猶太人和驢子！」海涅白了他一眼，不動聲色地說：「看來，只有你我一起去那個島上，才能彌補這個缺陷。」

　　「驢子」在當地語言中，常常是「傻瓜，笨蛋」的代名詞，面對是猶太人的海涅，將「猶太人與驢」的並稱，無疑是侮辱人。可海涅沒有對他大罵，甚至對這種說法也沒有表示異議，相反，他把這種並稱換上「你我」，這樣就一下子就把「你」與「驢」相比了。

✧ **結構相仿，意義相對**：這種方法是在雙方語言的相仿與相對中，表現出極其鮮明的對抗性。如丹麥著名童話作家安徒生一生簡樸，常常戴頂破舊的帽子在街上行走。有個不懷好意的人嘲笑道：「腦袋上面的那個玩意兒是個什麼東西，能算是頂帽子嗎？」安徒生回敬道：「你帽子下面那個玩意兒是個什麼東西，能算是個腦袋嗎？」安徒生的話語和對方的話語結構、語詞都相仿，只是幾個關鍵字的位置顛倒一

下，顯得對立色彩格外鮮明。

✧ **佯裝進入，大智若愚**：即假裝沒識破對方的圈套，照直鑽進去。這種方法的效果是顯出自己完全不在乎對方的那種小伎倆。例如：一個嫉妒的人寫了一封諷刺信給美國著名作家海明威，信上說：「我知道你現在是一字千金，現在附上一美元，請你寄個樣品來看看。」海明威收下錢，回答一個字 ── 「謝！」海明威完全識破對方的刁難、侮辱人的行為，但他根本不將此放在眼裡，他就照他人的刁難要求辦，結果也真搞得那人反而難下臺。

家長應該告訴孩子，有時候，我們應該寬容那些無心的行為，退一步海闊天空，這不僅能顯示自己有風度、有涵養，還能讓對方因此恢復理性。但如果對方一再得寸進尺，並沒有因為你的寬容而有所收斂，那你就應該還擊，因為，有些時候反擊是維護我們自己正當的權益。

以下是一些巧還擊的例子，也許能為你的孩子從中得到一些啟發 ──

小朱和小黃因為一件事情發生了爭執。小黃一氣之下脫口而出：「我真不知道你父母是怎樣教你的？」

談話之中突然牽扯到父母是最讓人生氣的事情，不過小朱知道對方可能只是一時衝動的氣話。

這個時候小朱故意深思熟慮了一會兒，然後對小黃說：「我實在記不起了，恐怕還得麻煩你親自去問他們。」一句詼諧幽默的話惹得小黃哈哈大笑起來，也為自己的無禮覺得有些不好意思了。於是，他趕緊抓住這個機會向小朱道歉。

小朱用自己的機智和幽默，巧妙地還擊了小黃的話，讓小黃意識到自己的無禮，因此恢復了理性。如果你的孩子也能像小朱那麼機智、幽默，想必就沒有他處理不了的人際關係了。

第七章 坦率真誠的話語最動聽

　　自習課上，李旭和周文文大吵了起來，班長過來勸合。李旭正在氣頭上，就脫口而出「你叫我們別吵就不吵？你以為你是誰？」

　　這時，班長愣了一下，然後謙和地請教他：「我還真沒有想過這個問題，你呢？你認為自己是誰呢？」一聽這話，李旭愣住了，再看看班上的同學都正盯著自己呢，便不好意思地坐了下來。是呀，他是誰，他怎麼可以因為自己而影響到班上的同學呢？

　　有時候，面對對方無禮的語言攻擊，你可以直接還回去，讓他自己質問自己。只有這樣，他才能意識到自己多荒謬、多無理。

　　方航和宋濤是好朋友，平常，方航有事沒事老找宋濤幫忙。有一次，方航又找宋濤幫忙，而宋濤正忙著自己的事情，於是就忍不住抱怨道：「你連這點小事都不知道怎麼做嗎？」

　　方航一點也不生氣，他繼續求教：「我不知道，請問你可以告訴我第一步該怎麼做嗎？」

　　方航的話讓宋濤真是哭笑不得。於是只好教他怎麼做了。

　　人們在交談的過程中，難免會說出氣話，然而也許對方話一出就已經為自己的一時惱怒而後悔了，但是倘若孩子的反應也很強烈，那麼，對方便會不甘示弱地與孩子針鋒相對，從而傷害彼此的感情。

　　因此，家長應該教孩子，聽到別人不禮貌的話時，最好先判斷對方說得是否是無心之語，然後再巧妙地應對，讓對方心平氣和地知道是自己錯了。

　　總之，讓孩子反擊的方法有很多，重在如何反擊又不會讓自己陷入更加難堪的境地，或者是讓彼此的關係陷入僵局，這對孩子、對別人都是不好的。因此，讓孩子學會恰到好處的以言語反擊的技巧很重要。

口才技巧訓練營

1. 在做作業的時候，你遇到了一道難題，於是你去請教同學，可是，那同學看了這道題一眼，就嘲笑地說：「不會吧，你連這樣簡單的問題都不會嗎？」這時候，你會怎麼做，是轉身就走，還是巧言反擊？怎麼反擊？

2. 同桌的小亮正在抄別人的作業，你勸說他，他不但不聽你的勸說，還出言不遜：「你以為你是誰？怎麼這麼愛管閒事？」這時候，你會怎麼說、怎麼做呢？

第八章　美麗的話能讓愛綻放

常言道：「良言一句三冬暖，惡語傷人六月寒。」這句話準確地說明了「良言」在與人交往過程中的重要意義。一句恰到好處的「良言」猶如一縷春風，能讓聽者倍感親切、溫暖；一句善解人意的「良言」猶如潤物無聲的春雨，給予聽者的心靈洗滌與滋養……生活中，善吐甜言蜜語的孩子最討人喜歡。

常把「謝謝」掛在嘴邊

　　有一個有趣的故事是這樣講的：

　　一位農夫的家裡養了一條小花狗和一隻小花貓。小花狗在家裡負責看門，有了陌生人，牠就會大聲提醒主人，告訴主人家裡來了客人了。而小花貓呢，牠晚上負責捉老鼠，白天就「呼嚕、呼嚕」地睡大覺。

　　雖然小花狗和小花貓各有用處，但主人明顯還是喜歡小花狗多一點。這是為什麼呢？原來呀，主人從田裡一回來，小花狗就會「汪汪」地叫喚了，迎了上去，舔舔主人的手、蹭蹭主人的腿，可親熱了！這讓勞累了一天的主人頓時覺得疲憊消失了不少。而小花貓呢，卻還不知道躲到哪裡睡大覺呢！主人連牠的影子都沒見到。

　　吃飯的時候，主人餵給小花狗一點狗食，小花狗就高興得歡呼雀躍，牠會向主人高興地搖尾巴，以表示牠的感謝之情。主人總欣慰地說：「小花狗真聰明，小花狗真是通人性呀！」而小花貓呢，悄悄地進來吃了東西，然後又悄悄地走了，連聲「喵喵」的招呼都不打。

　　晚上，小花狗警惕地注意著屋子外的動靜，留心雞窩、鴨窩的情況。一有什麼響動就從地上騰空爬了起來。而小花貓呢，只在捉到老鼠的時候才得意地「喵喵」叫上幾聲，似乎在告訴主人「嘿，我很有本事吧？我又捉到老鼠了！」這個時候，主人好不容易睡著了，卻被牠自我炫耀的「喵

喵」聲驚醒了！只好無奈地說：「這貓真是不懂得體諒人！」

　　故事中的小花狗不但善解人意、對主人忠心耿耿、體貼入微，更懂得向主人搖尾巴，表達自己的謝意。而小花貓即便很會捉老鼠，但因為不懂得體貼他人，不會表達謝意，因此主人並不喜歡牠。可見，懂得說謝謝的，往往更討人喜歡。

　　現在的很多孩子都是獨生子女，他們習慣了不斷地索取，對別人的付出毫不在意，以為那都是別人應該做的，沒有什麼值得感謝的。因為吝於說「謝謝」，這些孩子在與人交往的過程中，往往會碰到釘子。畢竟，誰也不喜歡一個成天繃著臉，不懂得說「謝謝」的孩子。

　　身為家長，應該從小培養孩子說「謝謝」的習慣。讓孩子學會在隨時隨地把「謝謝」掛在嘴邊，這不但有利於融洽孩子與他人的關係，還能讓孩子變得更加快樂。

　　一位外國總統問一位活了104歲的老太太長壽的祕訣時，老太太回答說，一是要幽默，二是學會感謝。從25歲結婚起，每天她說得最多的兩個字便是「謝謝」。她感謝丈夫、感謝父母、感謝兒女、感謝鄰居、感謝大自然給予她的種種關懷和體貼，感謝每一個祥和、溫暖、快樂的日子。別人每對她說一句親切的話語，每為她做一件平凡的小事，每送給她一張問候的笑臉，她都忘不了說聲「謝謝」……80年過去了，是「謝謝」二字使老太太的快樂長久，使老太太的幸福長久，使老太太的生命長久，使老太太一切的一切長久。

　　可見，「謝謝」是多麼美好的字眼呀！它看似微不足道，但意義重大。那麼，家長應如何培養孩子說「謝謝」的習慣呢？

● 做孩子的榜樣，把「謝謝」經常掛在嘴邊

　　孩子的學習就是一個不斷模仿的過程，而模仿的對象往往就是自己的父母。所以，想讓孩子成為一個懂得感謝的人，家長應該做孩子的榜樣，比如，爸爸幫媽媽拿東西，媽媽接到東西的時候，應該對爸爸說「謝謝」；如果是孩子幫了自己的忙，也別忘了說一聲「謝謝」或者做一些動作，如擁抱等來表達自己的感謝。讓孩子體會到被人感謝的快樂，這樣，孩子在得到別人的幫助時，自然而然就會懂得說「謝謝」了！

● 讓孩子回想一下別人曾給予他的幫助

　　家長可以找一個合適的時機和孩子一起談論一下，家裡的每個人是如何互相幫助、互相照顧的。每一個人都為彼此做了些什麼，讓孩子能感受到每個人對別人的貢獻有多大。平時也可以和孩子談談例如稻米是怎麼來的、玩具是怎麼生產出來的，這些都是工人叔叔和農民伯伯的辛勤工作才創造出來的。透過說明，孩子更能理解每個人都需要別人的幫助和付出，才能得到自己需要的東西，而這些是多麼需要我們去感謝的呀！孩子在父母的教育中深受啟發，從而理解到說「謝謝」的重要性。因此，也會把「謝謝」掛在嘴邊。

● 小事也必須表示感謝

　　家長應該告訴孩子，一些比較大的援助，我們說「謝謝」對方可能並不會太在意。但如果對方只是做了一件微不足道的事情，如幫你撿起你掉在地上的東西，替你讓了一下路，或者是幫你倒水的時候，你彬彬有禮地說了聲「謝謝」，那將會讓他人印象更加深刻，會覺得你這個人有教養，值得交往。

● **即便是從來沒有從對方哪裡得到幫助，也要說聲「謝謝」**

不管是誰，其實都希望被人感謝，而且也會對感謝自己的人保持好感。一般而言，被人認真且正式地表達謝意時，心中自然而然會興起一股欣悅之感，不管是個性多麼惡劣、態度多麼差勁的人，一經別人道謝，心情就算再不愉快，也會將怒氣按捺下來。

從現在開始，讓我們的孩子習慣以「謝謝」作為結語。一句發自內心的「謝謝」，是待人處事中不需勞心勞力的最大服務。它能讓孩子的人生之路變得更加順暢。

口才技巧訓練營

1. 讀一讀下面的小故事，想想方明說的對嗎？為什麼？
   小浩進班的時候，方明幫小浩開了門，小浩很高興地拍著方明的肩膀說：「哥們，謝謝你哦！」方明聽了，不以為意地說：「你也太虛偽了吧？這點小事情還說謝謝！」聽了這話，小浩有點不高興了！

2. 下雨了，媽媽特地從家裡幫你把雨傘送到學校。你會對媽媽說什麼呢？

3. 你幫了同學的忙，可是他一句「謝謝」的話都沒有說，你會覺得心裡舒服嗎？如果是你，別人幫你的忙，你會怎麼說？

讓對方心花怒放的稱讚

讚美，就是用語言表達對人或事物優點的喜愛之意。它不是虛偽，不是恭維，是發自內心地對他人的欣賞與鼓勵。渴望得到他人的讚美是人的天性，被別人欣賞，得到他人尊重是一種正常的心理需求。因此，要滿足他人的這種需求，就應該讓孩子學會真誠地讚揚他人。真誠的讚美，常常會在最恰當的時刻發揮最好的效果。

真誠的讚美和鼓勵，就是對他人價值的認同與重視。真誠的讚美能讓人的心靈需求得到滿足，有助於增強這個人的自尊心和自信心，給他以勇氣，激發其潛力。得到讚美的人會因此表現的更加卓越，從而有效地提升其做事效率。如孩子因為聽到同學的讚美，變得更加自信、飽滿、富有鬥志；因為家長的讚美，孩子能表現的更加乖巧、懂事、善解人意；因為老師的讚美，孩子能更好地完成學習任務，取得優異的成績。世界上，不知有多少人從讚美的掌聲中汲取力量、奮發有為；又有多少人在責罵、抱怨聲中意志消沉、碌碌無為呢？

有甲乙兩個獵人，各獵得兩隻野兔回家。

甲的妻子看到丈夫打回的野兔冷冷地說：「才打兩隻？」甲心裡很不高興，反駁說：「你以為很容易打嗎？」第二天他故意空手回來，好讓妻子知道打野兔並不是輕而易舉的事。

乙的妻子看到兔子則高興地說：「你竟然能打回了兩隻，真是了不起！」第二天，乙打回了四隻。

讓孩子學會讚美，有助於孩子多去發現別人的優點，從而提升自我。每個人身上都存在著優點，都有值得別人去讚揚的方面。讚美別人就是要發現別人身上的優點，盡量找出他身上與眾不同的地方，並在適當的場合，以適當的方式告訴他。透過發現他人的優點，可以觸動孩子對所稱讚

的美德或事物的嚮往，促使孩子以人之長補己之短，從而在溫暖和鼓舞他人的同時完善自己。

　　真誠的讚美可以融洽人與人之間的關係。讚美別人是處理人際關係的一種策略，也是良好心理素養的表現。在人和人的交往中，適當地讚美對方，總是能夠創造出一種熱情友好、積極懇切的交往氣氛。受讚美的人會因為自尊心、榮譽感得到滿足而倍感愉悅和鼓舞，並對讚美者產生親切感，這時彼此的心理距離就會因讚美而縮短，自然也就為交際成功創造了必要的心理條件。一個人善於讚美和發現別人的長處，也正好表明了他的胸襟開闊，人際關係和諧。

　　讚美的好處很多，但也要審時度勢，講究方法和技巧。恰到好處的讚美才能收到好的效果，不適當的讚美，只會讓人覺得言不由衷，從而產生憎惡的感覺。所以，懂得讚美的技巧，才能讓讚美變得更加有魅力。

　　那麼，家長該如何教孩子學會讚美他人呢？

✧ **讚美要實事求是**：讚美他人應當實事求是，這就要求將讚美建立在客觀事實的基礎上。譬如，明明這個人的學習成績不如別人，你卻說他「名列前茅，才智過人，聰明絕頂」，他必會反感，覺得你是在諷刺他，聽了也不舒服。

✧ **讚美別人時，態度要誠懇**：讚美要發自內心，用語真誠，讓別人覺得你是真心的，不虛偽、不客套，這樣才會有好的效果。有些人見面便說：「久仰大名，如雷貫耳。小弟才疏學淺，請閣下多多關照。聽說你才高八斗，學富五車，貌若潘安，才如子建啊！」這類話像是從故事書上學來的，使人感覺缺少誠意。如果說「早就聽人說過你，說你文章寫得不錯，課講得挺受學生歡迎，我還說要去找你聊聊呢！」，這樣的讚美別人愛聽，因為它實在、懇切，語出內心，話顯真誠。

✧ **讚美的時候措詞應得當**：在事實確鑿、態度誠懇的基礎上，讚美的措詞也應得當，不要油嘴滑舌、大而無當。比如你讚美孩子，可以說：「你真是個好孩子，又聽話、又聰明，還很懂禮貌，將來一定有出息。」這就很有分寸。如果你說：「這孩子絕頂聰明，智慧過人，真是個天才，世上無人能比，將來必做大官、成偉人。」那就過分了。

✧ **讚美的語言應該具體**：在日常交往中，從具體的事件入手，善於發現別人哪怕是最微小的長處，並不失時機地給予以讚美，更加能令人感動。讚美用語愈詳實具體，說明你對對方越了解，對他的長處和成績越看重。讓對方感到你的真摯、親切和可信，你們之間的人際距離就會越來越近。如果你只是含糊其辭地讚美對方，說一些「很好」或者「不錯」等空泛的話語，非但不能引起對方的感謝，甚至會產生不必要的誤解和信任危機。「你的髮型簡潔利索，看起來整個人都精神了很多。」、「你朗誦的時候，聲情並茂，我們都被感染了」這種具體的語言，會使被讚美的人覺得：「啊，這麼細節的問題他都注意到，真是我的知己。」

✧ **讚美的話還應該因人而異**：人有學識高低之分，有年齡長幼之別，因人而異、突出個性、有特點的讚美比一般化的讚美更能收到效果。孩子和爺爺奶奶一輩的人聊天時，應多稱讚他們引為自豪的過去會讓老人家興高采烈，精神煥發；如果是自己的叔叔、阿姨或者爸爸媽媽的同事，不妨用驚訝、崇拜的語氣稍為誇張地讚揚他在工作上的創造才能和開拓精神。稱讚一位老師，可以從他講課生動、關心同學等方面突出對他工作的肯定；稱讚自己的同學和朋友，可以說他樂於助人、聰明活潑……總之，為不同的人「量體裁衣」，根據他們的性格特點或者是給予自己的幫助，明確地讚美，讓他們感覺到你的讚美獨一無二。

第八章　美麗的話能讓愛綻放

　　此外，家長還應該讓孩子明白，讚美並不一定總是用一些固定的詞語，見人便說「好」有時，投以讚許的目光、做一個誇獎的手勢、送一個友好的微笑也能收到意想不到的效果。

　　從小就懂得讚美他人的孩子，不但能贏得他人的喜愛，還能得到善意的回報，因此能獲得更多發展的空間與成功的機遇。一個善於把讚美獻給他人的孩子，一定是一個時刻快樂、幸福的人。

口才技巧訓練營

　　1. 判斷果果以下的讚美語用得恰當嗎？如果你是果果，你會怎麼讚美那位阿姨呢？

　　媽媽經常告訴果果，見到人的時候，嘴巴要甜一點。果果把媽媽的話牢牢地記在了心裡。

　　有一天，媽媽的一個同事來家裡玩，果果覺得是自己表現的時機到了，於是連忙跑過去向那位阿姨問好：「阿姨好，阿姨長得真漂亮，比我們家的大花狗還可愛呀！」那位阿姨剛聽到果果讚美自己漂亮，心裡很高興，但果果把她跟大花狗進行比較，她就有點不高興了。

　　這時候，果果還沒意識到自己的話說得不恰當，繼續讚美：「阿姨的眼睛圓圓的，真像熊貓的大眼睛呀！」

　　媽媽與那位阿姨相視一笑，真是有些哭笑不得。

　　2. 你的好朋友小琴今天穿了一條漂亮的裙子來上課。你看到了會怎麼讚美她呢？

讓人充滿希望的善意謊言

誠實是一種良好的品德，但是，在現實生活中，很多情況下我們必須學會說一些善意的謊言。善意的謊言為的是用某種完滿的、美麗的、友愛的、禮貌的藉口去掩蓋生活中某種真實卻又令人不堪忍受的事實，去迴避生活中一些令人不高興的事情。它的出發點是「善」的。有些時候，善意的謊言說得恰到好處，是能產生神奇的效果。

孩子的母親第一次去參加家長會，幼稚園的老師對她說：「您的兒子有過動症，在板凳上連三分鐘都坐不了，您最好帶他去醫院看一看。」

回家的路上，兒子問：「媽媽，老師說了什麼？」母親鼻子一酸，差點流下淚來。因為，全班 30 個小朋友，兒子的表現是最差的，連老師都顯露出不屑。然而，媽媽卻說：「老師表揚了你，說寶寶原本在板凳上坐不了一分鐘，現在能坐三分鐘！其他媽媽都羨慕媽媽，因為全班只有寶寶進步了。」

那天晚上，兒子破天荒地吃了兩碗米飯，並且沒讓媽媽餵。

兒子上小學了。在家長會上，老師說：「這次考試，全班 50 名同學，你兒子排第 49 名，我們懷疑他智力上有些問題，您最好帶她去醫院檢查。」

回家的路上，母親流下了眼淚。當母親回到家時，看著神情黯淡的兒子，卻說：「好兒子！老師對你充滿信心！他說，只要你細心些，就會超過你的同桌，這次你的同桌排在 30 名！」當兒子聽到媽媽的話時，黯淡的眼神瞬間充滿神采，沮喪的臉也一下子舒展開來。媽媽甚至發現，兒子溫順得讓媽媽吃驚，他好像長大了許多。

第二天上學，兒子起得比平時都要早。

孩子上初中了，又一次家長會。母親坐在兒子的座位上，等著老師點

第八章　美麗的話能讓愛綻放

兒子的名字，因為每次的家長會，兒子的名字總是被點到。然而，這次卻出乎他的意料，直到結束，都沒有聽到。母親臨走時問老師。

老師說：「依照您兒子的成績，要去考公立高中是有點危險。」母親懷著驚喜地心情走出校門。看到在校門口等著的兒子，媽媽跑上前去，拍著兒子的肩膀，心中有一種說不出的甜蜜。媽媽說：「孩子，你太棒啦！導師對你非常滿意，他說了，只要您再稍稍努力，就很有希望能考上公立高中。」

兒子高中畢業了。第一批大學錄取通知書下來了，學校打來電話。兒子被國立大學錄取了。當兒子把一封印有國立大學的錄取通知書交到媽媽的手裡時，媽媽激動地流下熱淚，因為，在考試時，媽媽還在鼓勵兒子：相信你能考上國立大學的。現在，夢想終於成真了。

兒子也激動地流下熱淚。他感激地對母親說：「媽媽！我知道我不是個聰明孩子，可是，在這個世界上，我卻有一個最欣賞我的媽媽！」

善良的謊言，其用心是善良的，即為了減輕不幸者的精神痛苦，幫助其重振生活的勇氣。即使此人以後明白了真相，也只會感激，不會埋怨。故事中的媽媽，為了讓自己的孩子得到更多的關愛與鼓勵，她一次次為孩子編造美麗的謊言，讓孩子因為這謊言充滿了力量和勇氣，從而獲得了學業上的成功。

人生的道路不平坦，逆境常多於順境。身處逆境，面對不幸，當事者不僅需要堅強，也迫切需要別人的勸慰。而此時及時送上真誠的安慰，必要時說上幾句謊言，如雪中送炭，能給不幸者以溫暖、光明和力量。正因如此，家長應該讓你的孩子學會說「善意的謊言」那是孩子表達對他人關愛的一種樸素而真誠的方式。

當然，善意的謊言其用心是「善」的，讓孩子說善意的謊言，應符合以下兩個原則：

● 善意的謊言應合情合理

合情合理是謊言得以存在為重要前提，許多謊言明顯是與事實不符的。但因為它合乎情理，因而也同樣能展現人們的善良、愛心和美好。

過去有一架美國的運輸機在沙漠裡遇到沙塵暴襲擊而迫降，但飛機已經嚴重損毀，無法恢復起飛，通訊設備也損壞，與外界通訊聯絡中斷。九名乘客和一名駕駛員陷入絕望之中。求生的本能使他們為爭奪有限的乾糧和水而動起干戈。

緊急關頭，一個臨時搭乘飛機的乘客站出來說：「大家不要驚慌，我是飛機設計師，只要大家齊心協力聽我指揮，就可以修好飛機！」

這句話好比一針強心劑，穩定了大家的情緒，他們自發節省水和乾糧。一切井然有序，大家團結起來和風沙困難決鬥。

十幾天過去了。飛機並沒有修好。但有一隊往返沙漠裡的商人駝隊經過這裡並搭救了他們。

幾天後，人們才發現那個臨時乘客根本就不是什麼飛機設計師，他是一個對飛機一無所知的小學老師。

這位小學老師用自己善意的謊言救了所有的乘客，使他們最終等到救援的人。可見，合乎情理的善意謊言才能說。

● 善意的謊言，善良是前提

謊言如果不是出於「善良」的動機，就不能稱之為善意的謊言。比如，為了維護某人的自尊，我們要說「善意的謊言」；為了隱瞞親人的病情，我們要說「善意的謊言」；為了能讓他人感覺到溫暖，我們也要說「善意的謊言」。

以善良為前提，所有的謊言都是那麼溫暖可親。

第八章 美麗的話能讓愛綻放

方村得了重病，醫生隱瞞了他的病情，把他的情況告訴了方村的媽媽，方媽媽強忍著內心的悲痛告訴方村說：「醫生說你不過是得了一點小病，好好調養，保持好的心情就不會有事情的！」

在媽媽的照顧下，方村的病居然一天天好轉，讓醫生都暗暗稱奇。

● 善意的謊言非說不可

有些時候，誠實的話語不會起到促進的作用，不說出來才是體貼的行為，說出來反而變成了「蠢話」。

曾經有一位老師，他撒了一個謊說自己可以幫學生預測未來：你將來可能成為數學家、他能當作家、那一個具有藝術天賦⋯⋯

在老師的指點、薰染、鼓勵和塑造中，孩子們變得勤奮刻苦、懂事好學。幾年後，大批學生以優異成績邁進大學的校門。人們都以為這位老老師能掐會算，可以感知未來。

其實，老師的良苦用心是將一個美麗的謊言種植在孩子的心靈，就像播一粒種子在土裡，終將枝繁葉茂，開花結果。

一個一輩子都生活在山裡的父親為了能讓自己的孩子對未來充滿希望，他告訴孩子：「爸爸曾經爬過了一座座山，來到了繁華的都市裡，那裡有很多很多的學校，有很多很多知識淵博的人，他們知道很多山裡的人所不知道的事情。」

孩子為了知道很多山裡人所不知道的事情，努力地學習，終於到了山的外邊去了。他也真的去了有很多很多知識淵博的人的地方 —— 某知名大學。孩子是以全縣第一名的成績考進去的。

孩子說：「因為爸爸告訴過我，山外的世界很神奇！」

可是，孩子的母親卻說：「你爸爸從來沒有到過山的外面去！」

是父親，用善意的謊言喚醒了孩子沉睡的潛力，使孩子能夠一直走到知名大學去。

善意的謊言是以維護他人利益為目的和出發點的，它是一種善良的處世態度。一個懂得運用善意謊言給人希望的孩子，他的人生也同樣充滿了希望和歡喜。

口才技巧訓練營

1. 你跟鄰居家的調皮大王君君一起玩，媽媽把你叫回去，警告你不要跟君君一起玩。後來，君君問起這件事情，你怎麼說才不會傷了他的自尊心呢？
2. 爸爸到外地出差了，媽媽又生病了，因為怕爸爸擔心，媽媽告訴你不要告訴爸爸她生病的事情。晚上，爸爸打電話回來，問起媽媽的情況，你將會怎麼跟爸爸說呢？

忠言可以如此順耳

人們常說：「良藥苦口利於病，忠言逆耳利於行。」事實上，「忠言」只要措辭得當，同樣能讓人欣然接受。新聞上曾有過這樣一個報導：

11 歲的小女孩毛毛，在上學途中被三個歹徒綁架。毛毛在緊張過後，就想起了老師和爸爸媽媽平時說的話。於是便和那兩個看守她的歹徒聊天，她的天真活潑很快贏得了綁匪的好感。

熟悉後，毛毛對他們說：「叔叔，如果你們殺了我可以拯救更多的小朋友，那我也願意死！以後你們一定要自己去賺錢。錢是不會從天上掉下來的，一定要靠自己的雙手去掙啊！」正是這句話，感動得綁匪流下了眼

淚，最終放棄了加害毛毛的打算。

正是靠著「忠言」，毛毛拯救了自己也減輕了綁匪的罪行。

故事中的毛毛曉之以情，動之以理，以自己誠摯的忠告幫歹徒改正了錯誤，挽救了自己的生命。可見，恰到好處的「忠言」是多麼重要、多麼富有魅力呀！如果你的孩子掌握了「勸告」的語言藝術，不但可以使別人少走彎路，避免無謂的損失，還能讓孩子的人際關係變得更加順暢，贏得更多的喜愛與尊重。以下是勸告的幾種方法：

● 激將法

早期全靠進口的盤尼西林（青黴素）缺貨，這種特效藥缺貨，對民眾的生命安全造成了嚴重的影響。為了自己造出盤尼西林，市長決定請某位著名化學家來主持這項工作。但由於他早期不受重視，對政治非常失望，躲進書齋裡進行科學研究，即使是市長請他參加會議也照樣不予理睬。

面對清高的化學家，市長決心親自出馬請他協助。化學家本來不願意接待市長，但是，看到市長親自來了，只好請他進屋，但仍重申他的規定：「閒談不得超過三分鐘。」對於這個苛刻的要求，市長滿口答應。

市長故作神祕地說：「我以為，您雖然是海內外聞名的化學家，可是對有一門化學，您好像一竅不通！」

化學家激動地反駁道：「什麼？我研究化學四十餘年，雖然生性愚鈍，建樹不多，但是舉凡化學，不才總還略有所知……我倒要請教，敢問是哪門化學？」

市長故意看錶：「唉呀，三分鐘已到，改日再來奉告。」說完做出要走的姿勢。

化學家攔住市長不讓他走：「學者以無知為最大的恥辱，我一定要問

個明白……你可以不受三分鐘之限。」

市長坦誠地說：「你還不懂得我們國家人民的化學，社會變化之學！就是要把被傳統壓迫的舊社會，變成民主、自由、繁榮、富強的新時代的化學嘛！」

化學家說：「可惜我對這門化學不感興趣。」

市長誠懇地說：「先生之言差矣！孟子說，大而化之謂之聖。社會若不起革命變化，實驗室裡也無法進行化學變化。您自己不是也說致力於化學四十餘年，而建樹不多，啥道理呢？並非您才疏學淺，而是社會未起變化之故。想當初，您從海外學成歸國，雄心勃勃，一心想為國家的醫藥化學事業貢獻自己的力量。可惜未被重視，您奔走呼告，盡遭冷落，以致心灰意冷，躲進書齋，閉門研究化學以自娛，從此不再過問世事。您之所以英雄無用武之地，難道不是當時社會狀況造成的嗎？」

當市長告訴化學家準備請他出山建造我們自己的第一家盤尼西林製藥廠時，一聽到自己終身所學就要發揮作用時，化學家興奮得要拉市長暢談三天三夜。

市長針對他「學者以無知為最大的恥辱」的心態，因人制宜，採取激將法，說他「對有一門化學一竅不通」。化學家果然「上當」，追問自己的「化學」能力到底哪裡還有不足，主動破除了三分鐘的規定。「知己知彼，百戰不殆」，市長透過「激將法」一舉打開了深入交談的局面。

● 比喻法

春秋時代，晉靈公貪圖享樂，派大臣屠岸賈給他造一座九層的瓊臺，他怕有勸阻，下令說：「誰敢進諫一律殺頭！」

大臣荀息知道後，便來求見晉靈公。晉靈公為了防止荀息勸阻，命

武士彎弓搭箭，只要旬息一開口勸諫，便立刻把他射死。旬息見到晉靈公後，故作輕鬆地對晉靈公說：「我今天來拜見大王，並不敢向你規勸什麼，只是來給你表演一個特技。我能夠把 12 顆棋子疊起來，再把 9 個雞蛋疊上去也不會倒塌。」

晉靈公聽了，便叫旬息表演。旬息先把 12 顆棋子疊起來，再把雞蛋一個個加上去。晉靈公見了，在一旁大叫「危險」，旬息慢條斯理地說：「這有什麼危險，還有比這更危險的呢？」

晉靈公問他更危險的是什麼，旬息說：「大王，您造九層高臺，弄得國內已沒有男人耕地，國庫空虛，一旦外敵入侵，國家危在旦夕，難道不更危險嗎？」

晉靈公聽了，這才醒悟過來，立刻下令停止了九層高臺的工程。

故事中的旬息巧用比喻，以平等的方式曉之以理，動之以情，取得了良好的效果。

● 例證法

1939 年 10 月 11 日，美國總統羅斯福收到一封信，其內容是對德國在原子彈實驗方面遙遙領先表示憂慮，並要求美國搶在希特勒之前研製成原子彈。然而，羅斯福總統看了信卻不以為然。

當時，身為總統顧問的美國核子物理學家亞歷山大·薩克斯認為這件事關及世界人民的命運，但是怎樣才能引起總統的重視呢？

薩克斯和羅斯福總統共進午餐時，講了一個故事：

有一次，輪船發明家羅伯特富爾頓拜謁拿破崙，他建議成立一支由蒸汽機船組成的艦隊，這樣，在氣候惡劣的時候，也能順利地在英國登陸……遺憾的是拿破崙以嘲笑的口吻回答了富爾頓：軍艦不用帆？靠你發

明的蒸汽機？

科學家的建議被拒絕了，使用帆船的拿破崙終於沒能橫渡英吉利海峽，征服英國的願望也落空了。

薩克斯講的故事，引起羅斯福的深思，一個星期後，羅斯福拍板決定製造原子彈。

對於羅斯福的不以為然，薩克斯並沒有單刀直入，直接勸告，讓羅斯福心生抵觸，甚至反感。因為知道「直諫」行不通，所以他以相同或相似的事情為例，進行勸告。達到了良好的說服效果。

● 故事法

用故事進行勸告，故事的內容必須生動有趣，有吸引力。如果故事缺乏趣味性，對方不願意聽，那也就削弱了說服力。

戰國時期，趙國打算進攻燕國，蘇代便從燕國到趙國打算遊說趙惠王。

他對趙惠王說：「剛才臣來時，經過易水，蚌正出殼曬太陽。鷸鳥來了，就啄它的肉，而蚌合緊了殼，鉗住了鷸鳥的嘴。鷸鳥說：『今天不下雨，明天不下雨，就會渴死你！』蚌也說：『我今天不放你，明天不放你，就會餓死你！』雙方互不相讓。漁夫來了，就把牠們都捉住了。現在趙國要攻打燕國，燕、趙兩國僵持不下，百姓將不堪忍受，臣恐怕強大的秦國就是漁夫了。因此，希望大王深思阿。」

趙惠王說：「說得好！」，於是放棄了攻打燕國的打算。

這是一個著名的故事。故事中蘇代沒有乾巴巴地談大道理，而是講了這麼一個十分生動的故事，從而達到了遊說的目的。

227

第八章　美麗的話能讓愛綻放

● 直言法

在一些特定的場合，直言同樣也能起到「忠告」的效果。

二年三班的英語老師有拖堂的壞習慣，同學們私下裡稱她為「拖大媽」。

一天，下課鈴早已響過，英語老師還在爭分奪秒，幫大家加班加點。同學們個個無心聽講，騷動中充滿了困乏和不滿。

如何讓老師改掉拖延下課時間的習慣呢？如何讓老師知道同學們渴望下課的自由呢？如何把大家的心聲回饋給英語老師呢？如果直接指出，可能會傷害老師的積極性，而且還是不尊重老師的表現，甚至還會把問題弄僵，產生不應有的誤會和難堪。

想來想去，同學們終於想出了一個妙法：教師節那天，英語課代表製作了一個具有特別意義的賀卡，上面留言道：「老師，感謝您為我們付出的多餘的汗水，我們知道您所做出的都是為了我們，我們從心底感激您。但我們真誠地希望您保重身體、多休息，我們會充實利用寶貴的下課時間的。請把下課時間留給我們吧！—— 一群渴望下課的頑童。」

果然，英語老師從那以後再也沒有拖延下課時間了。

在這一案例中，二年三班的同學直陳道理，直接點出對方的問題，透過道理分析不利的後果讓英語老師意識到拖延下課時間的不良後果，從而達到了良好的效果。

● 說服法

太太拿著電話帳單跟丈夫說：「看看，兒子在我們去歐洲這段時間打了多少長途電話。」她指著其中一項說：「單這一天，一個電話就打了一個半小時。也不知道聊什麼？」丈夫準備立刻上樓去說。可是站起來又坐

下了，他想自己正在氣頭上，還是應該先冷靜一下。況且兒子已經大了，說話也應該講究點技巧。

第二天吃午飯的時候，父親笑著對兒子說：「你馬上就要回學校了，查一查資料，找一家長途費率最低的電話公司。」然後，又說，「咳，其實你上學挺忙的，估計也沒時間打，我是多操心了。」

「是啊，是啊！」兒子有些不好意思，「您是不是看到了我上個月的電話帳單？那陣子有一大堆事急著聯絡，確實打多了。」

這位父親就很高明，他把要說的「省錢、少打電話、別耽誤了功課」這些話，統統換了個方式說出來了，沒有造成絲毫的不愉快。

責備的態度比較嚴肅或嚴厲，說話的語氣也比較重、比較強硬；相對而言，說服的態度較溫和，說服的語氣也較輕、較委婉，所以讓人容易接受。

接受責備，有時是自覺自願，但有時可能是不得已，多少帶點勉強。但接受說服卻完全是心甘情願的，不帶任何勉強。

雖然說服與責備皆不可少，但我們希望在社交場合中，說服多一點，責備少一點。遇有矛盾分歧，盡可能多採用說服手段。要改進，但是在獻忠告時，最好高呼理解萬歲，講結果也要講過程。

● 說理法

在一個圖書館的閱覽室裡，讀者們正在專心致志地看書。突然，一個男學生大聲地講起話來，安靜的氣氛立即被破壞了。這時，工作人員走過來，有禮貌地制止他：「同學，請不要大聲講話！」不料男學生把眼一瞪：「誰講話了？」工作人員一愣：「剛才不是你嗎？」

「是你跟我說話，我才回話的。」男同學的無禮狡辯顯然激怒了周圍

的人，大家不約而同地望著工作人員，希望能狠狠地教訓男同學幾句。

　　只見工作人員略加思索，笑著對他說：「看來是我錯怪你了，真對不起！」然後把目光轉向大家說：「我們這邊是公共閱覽室，需要有個安靜的環境，而這安靜的環境要靠大家共同維護。如果有人大聲說話，勢必影響他人閱讀，這是一種不道德的行為。大家說，對待這樣的人該怎麼辦？」許多人紛紛表態：「讓他出去」「罰他款！」……

　　工作人員接著說道：「大家說得都有道理。不過，我看他也是求知而來，影響別人並非出於本意，只要改正了，還是讓他看下去吧！」說到這，轉頭又問那男同學：「同學，你的意見呢？」

　　男同學面紅耳赤，啞口無言。

　　這個工作人員的講話十分巧妙的，但是單憑巧妙並不能說服人，這位工作人員所以能說服人，關鍵在於他掌握圖書館內要安靜這個道理，而這個道理是那個男同學能接受的，所以那個男同學才無話可說。如果沒有這個理，那個男青年是絕對不會這樣善罷甘休的。

　　當然，僅僅掌握勸告方法還是不夠的，畢竟，現實生活中，勸告的場合是複雜的，所以，在學習勸告他人的時候，我們還應該讓孩子考慮到場合、時機、動作、神態等多方面因素。以下是勸告別人時需要注意的事項：

✧ 勸告要知己知彼，了解自己也要了解對方。要了解清楚事情的來龍去脈。事實勝於雄辯。一切語言在事實面前都顯得蒼白無力。向別人提出忠告時，一定要建立在事實真相的基礎上，而不能捕風捉影、無中生有。只有在了解事實真相的情況下，才不致於弄巧成拙。

✧ 提出忠告的時候，應該注意「場合」。沒有人願意在大庭廣眾之下被人教訓。給對方提出忠告的時候勢必會涉及對方的缺點，有時候甚至

可能觸動對方的「傷疤」。人有臉、樹有皮，任何人被當眾揭短，心裡都不會好受，一旦下不來臺，就自然會產生抵觸情緒。因此，即使你是善意的，他人也不會領你的情。

✧ 向別人提出勸告的時候，還應該注意說話的語氣，做到動之以情，曉之以理，說話的語氣委婉、誠摯，這樣才能打動人心。當然，還應該注意到對方的自尊心。當你勸告別人時，如果沒有顧及到別人的自尊心，那麼再好的言語都沒有用的。

同樣的一個忠告，不同的提醒方式可能會為你贏得尊敬，也有可能惹來不必要的麻煩。所以，在為他人提忠告時千萬要謹慎行事、點到為止、留有餘地。

● 口才技巧訓練營

1. 班級調皮王劉飛課間在教室裡追逐打鬧，一看見班導進來，就敏捷地三蹦兩跳，輕輕一彈，飛跨到座椅上。如果你是班級導師，你對他的行為該如何勸告呢？
2. 小明的父親吸煙成癮，如果你是小明，該怎樣勸告他父親？
3. 某校一名學生迷戀上網打遊戲，延誤了學業，如果你是班幹部，該如何勸告他？

在讓孩子進行以上的「勸告」技巧訓練時，應讓孩子注意以下幾點要求：

1. 思考勸說內容以及動作、表情等。
2. 符合評價量表的要求。
3. 用勸說的不同策略來進行表演。

┃有理也要把話說得好聽

在一個人成長的過程中，常常會因為思想、行為、習慣等方面的差異與他人產生一些爭執與矛盾。這個時候，要將極有可能引起不愉快的爭執，轉變成一種愉快、平和的思想交換或者積極的爭辯。這種能力離不開一個人的口才技巧。

在一輛公車上，一批外地遊客上車後買了 10 張票，售票員觀察了一下，他覺得不只 10 個人便問：

「哈囉，你們一起上車的好像不只 10 個人，會不會沒有數清楚？」

「不會的，就是 10 個人。」

這時，車上的其他乘客搭話了：「肯定不只 10 個人」，「大概是想逃票吧？」

只見售票員平靜地對幫腔的乘客說：「他們人數多，出來玩可能分組的，一下子不太容易數清楚。」

車到站後，小伙子不好意思地說：「剛才確實少數了，實在對不起，再買 6 張票。」

別人有了錯，也許他自己已經意識到了，對所犯的錯誤多少有了罪惡感，如果不分場合，一味理直氣壯地譴責別人，會讓人十分難堪。故事中的售票員懂得掌握說話的分寸，顧及到別人的自尊，因此獲得了小伙子的好感，從而主動補了票。如果那個售票員得理不饒人，一直說一些讓小伙子難堪的話，讓他下不了臺，售票員可能也因此跟別人接下了怨恨，從而留下了禍端。

身為家長，應從小教育孩子，讓孩子學會說話的時候要得饒人處且饒人。不要覺得自己有道理，就不給他人留一點面子。得理讓三分，不但能

顯出孩子的氣度和修養，還能讓人心生好感。

要做到得理也能饒人，家長應該引導孩子做到以下幾個方面：

● 給別人一個臺階下

一位顧客到一家超市要求退回一件外衣。但這件衣服已買回家並且穿過了，只是她丈夫不喜歡。她堅持說「絕沒穿過」，要求退換。

售貨員檢查了外衣，發現有明顯乾洗過的痕跡。但是，直截了當地向顧客說明這一點，顧客是決不會輕易承認的，因為她已經說過「絕沒穿過」，而且精心地做了一定的偽裝。於是，機敏的售貨員說：

「我很想知道這件衣服是否有被不小心錯送到乾洗店去過。不久前我也發生過一件同樣的事情，我把一件剛買回來的衣服和其他衣服堆在一起，結果我丈夫沒注意，就把新衣服和一大堆髒衣服全塞進了洗衣機。我猜您可能也遇到一樣的狀況，因為這件衣服的確看得出來已經有被洗過的痕跡。不信的話，您可以跟其他衣服比一比。」

顧客看了看衣服上的證據知道無可辯駁，而售貨員又給了她一個臺階下。於是，她順水推舟，吞吞吐吐地說了幾句，就收起衣服走了。

上述例子中的售貨員，在明知對方穿過且洗過衣服後卻不直接點破，給了對方一個臺階下，讓事情得到了解決。試想，她若堅持說顧客「一定穿過」，而對方則堅持說「沒有穿過」，事情一鬧下去，不管結果如何都將不歡而散，也會影響到超市的生意。這個店員從關心和諒解出發，不但維護了超市的利益，也維護了顧客的面子，讓對方有臺階可下。

● 應有冷靜的頭腦，遠大的目光和寬廣的胸懷。

一個老漢在田邊放牛，旁邊一塊田裡的農作物不知道被誰的牛吃了，恰巧這塊田的主人——一個年輕氣盛的小夥子經過這兒，看到自己快到

手的糧食被糟蹋，頓時暴跳如雷，問都不問，竟動手打人。

　　有人將消息告訴了老漢的四個兒子。四個兒子聽了添油加醋的描述，氣呼呼地找到父親，問他是否被人打了。老漢喝道：「你們不要聽別人瞎說。這事我自有辦法，你們不要胡來！」兒子們只好退出。私下商量，要一起動手，將那傢伙狠狠揍一頓。

　　第二天是趕集日。一大早，老漢將四個兒子叫來：「今天趕集，你們到市集上幫我買些菜和肉。」

　　中午，一家人坐在酒席上。老漢開始發話：「我活了這麼大歲數，心中無愧。我半截身子進黃土了，不想給後輩們帶來任何負擔。不錯，那傢伙確實打了我，但不管我傷得重不重，錯都在他。因為我的牛沒有吃他的稻子。他不對，自然應該好好教訓他一番。但是，要是你們哥們四個一擁而上，將那傢伙狠狠揍一頓，那仇恨必將從此生根，我們兩家必將結成世代冤家。今天的酒席就是為了這個，就是為了消災避禍。你們若是聽我的話，這就是我的祝壽酒，我還可以安心活幾年；要是不聽，這是我的送終酒！在打架中誰能保證沒有傷呢？」一席話後，四個兒子都點頭稱是。

　　不久，那小伙子聽說老漢所做的一切，心中後悔不已，自覺對不住老漢，便來到老漢跟前，賠禮道歉並求老漢寬恕。

　　老漢沒有做錯事，完全有理，但他還是嚴肅管教自己的兒子，寬恕了那個不講道理的年輕小伙子，避免了日後沒完沒了的糾紛和仇恨，他真是一個胸懷寬廣的人呀！如果我們的孩子同樣也能有寬廣的胸懷，不拘於小矛盾，必然能解決大問題。

● 遭人侮辱時，避免反應激烈，應適當地給別人臺階下

　　一天，當時任美國國防部部長的斯坦頓來到林肯面前，氣呼呼地對林

肯訴說有一位少將用侮辱的話指責他的事。林肯建議他寫封信針鋒相對地進行反駁。

「可以狠狠地罵他一下！」林肯說。

斯坦頓立即寫了一封措詞很強硬的信拿給總統看。

「不錯，不錯！」林肯完全贊成，大聲喊道：「寫得好，嚴厲地責備他一頓，這是個最好的辦法，斯坦頓。」

但當斯坦頓把信放進信封裡時，林肯卻又阻止他，問道：「你打算怎樣處置它？」

「寄出去呀！」斯坦頓倒是被問得糊塗起來。

「不要胡鬧！」林肯大聲說：「你不應把信寄出去，快把它扔進火爐中去吧！每次當我發火時，我就盡情地寫封信發洩，寫完後就把它扔了。我每次都是這樣做的。當你花了許多時間把信寫好時，不用說，你的氣已經消了很多，也就心平氣和了。怎麼樣？還未消氣，那麼現在再寫第二封信吧！」

上述例子中的斯坦頓顯然是被那些侮辱性的指責所激怒，但強硬的還擊並不能解決任何問題。因此，林肯總統建議要想真正做到據理力爭，必須先消去自己的怒氣，這樣才能避免跟他人產生無謂的爭吵，給別人面子，也給自己面子。

當然，有理讓人不是不講原則，不分是非，也不是軟弱的表現，恰恰相反，是對自己優勢的一種白信。得理讓人，於理上必須說清楚，處理上則可以容忍，這就使自己始終處於主動的位置。

總之，尊重他人是做人最起碼的修養，如果孩子做不到尊重他人，他在生活中、學習中肯定會處處碰壁。因此，父母要多教育孩子從日常生活的小事中，學會尊重他人，從而形成一個良好的人際溝通環境。

第八章　美麗的話能讓愛綻放

口才技巧訓練營

1. 同桌的筆記本弄丟了，他沒有仔細找就指責一定是你偷了，這讓你非常難堪。後來，同桌在家裡書桌的夾縫裡找到了那本筆記本。當他向你認錯時，你將會怎麼說呢？

2. 爸爸工作特別忙，經常出差在外。這一次他到國外出差，答應你回來的時候會買給你當地的紀念品。可是，當他回來時，你發現爸爸忘記帶禮物給你，你覺得非常失望。這時候，爸爸也意識到了自己的疏忽，所以，向你道歉。面對誠懇的爸爸，你將會怎麼說呢？

3. 上課時，班上有人在吹口哨，老師誤以為是你，於是把你叫到辦公室，狠狠地罵了一頓，面對這種情況，你要怎麼為自己申訴呢？

第九章　巧言妙語會傳情達意

第九章　巧言妙語會傳情達意

　　真正的好口才，講究的是「巧」，能因人而言，因事而言，當言則言言無不盡，當止則止片言不語。他們以獨特的眼光去審視世界，以特有的智慧去指揮嘴巴。

　　相傳孔融幼時口才了得，人皆稱奇。有個叫陳韙的大官卻不以為然，他說：「小的時候很聰明，長大了未必很有才華。」孔融聽了當即回道：「我猜想您小的時候一定很聰明吧！」陳韙聽了一時語塞，無以為答。

　　高明的口才，即使是遇到再刁鑽的問題、再難解的語言，也能以驚人又合理的方式來巧妙破解。當然，這需要深厚的知識累積與口才磨鍊。

▌說話就應說在「點」上

　　有一次，墨子的學生 —— 子禽請教老師：「老師，多說話有好處嗎？」

　　墨子微笑地回答道：「青蛙，還有蒼蠅，牠們不分晝夜地叫，以此來顯示自己的存在。可是，即使叫得口乾舌燥、疲憊不堪，也沒有誰會去注意牠們到底在叫些什麼，因為人們對這些聲音早已充耳不聞了。現在你再來看看這報曉的雄雞，牠只在每天黎明到來的時候按時啼叫，然而，『雄雞一唱天下白』，天地都要為之振動，人人聞雞起舞，開始新一天的勞動。兩相對比，你認為多說話能有什麼好處呢？只有準確掌握說話的時機和火候，努力把話說到點上，這樣才能引起他人的注意，收到預想的效果啊！」

　　子禽聽了墨子的這番教誨，頻頻點頭稱是。

　　是呀，話並不在於說了多少，而在於是否把話說到恰當的地方，也就是我們說的，有沒有把話說到了「點」上。只有說到「點」上的話，才稱得上是「好話」。也只有懂得把話說到「點」上的人，才能稱之為會說話的人。那麼，身為家長，應該如何教孩子把話說得恰到好處呢？

把話說到「點」上，也就是說話要掌握恰當的時機。對孩子來說，說話時機的掌握比運用其他說話技巧更難、更重要。一個具有高明的說話技巧的人，會很快地發現聽眾感興趣的話題，同時能夠說得適時適地、恰到好處。也就是說他能把聽眾想要聽的事情，在他們想要聽的時間以適當的方式說出來。擁有這種技能的人即便遭到突發狀況、受到阻礙，也能轉危為安、轉禍為福。戰國時的安陵君就是這樣的人：

　　戰國時，楚王的寵臣安陵君能言善道，很受楚王器重。但他並不遇事張口就說，而是很講究說話的時機。他有一位朋友名叫江乙，對他說：「您沒有一寸土地，又沒有至親骨肉，然而身居高位，享受優厚的俸祿，國人見了您，無不整衣跪拜，無不接受您的號令，為您效勞，這是為什麼呢？」

　　安陵君說：「這是大王太抬舉我了。不然哪能這樣！」

　　江乙憂慮地指出：「用錢財相交的人，錢財一旦用盡，交情也就斷了；靠美色相交的人，色衰則情移。因此，狐媚的女子不等臥席磨破，就遭遺棄；得寵的臣子不等車子坐壞，早被驅逐。如今您掌握楚國大權，卻沒有辦法和大王深交，我暗自替您著急，覺得您的處境太危險了。」

　　安陵君一聽，恍然大悟，畢恭畢敬地拜問江乙：「既然這樣，請先生指點迷津。」

　　江乙說：「希望您一定要找個機會對大工說『願隨大王一起死，以身為大王殉葬』。如果您這樣說了，必能長久地保住權位。」

　　安陵君說：「謹依先生之言。」但是，過了很長時間，安陵君依然沒有對楚王提起這話。

　　江乙又去見安陵君，說：「我對您說的那些話，您為何至今不對楚王說？既然您不用我的計謀，我就不再管了。」

安陵君急忙回答：「我怎敢忘記先生的教誨，只是一時還沒有合適的機會。」

又過一段時間，機會終於來了。此時楚王到雲夢澤打獵，一箭射死了一頭狂怒奔來的野牛。百官和護衛歡聲雷動，齊聲稱讚。楚王也高興得仰天大笑，說：「痛快啊！今天的遊獵，寡人何等快活！待寡人萬歲千秋之後，你們誰能和我共有今天的快樂呢？」

此時，安陵君抓住機會，淚流滿面地走上前來，說：「臣進宮就與大王同共一席，出官與大王同乘一車，如果大王萬歲千秋之後，我願隨大王奔赴黃泉，變作蘆草為大王阻擋螻蟻，那便是臣最大的榮幸。」

楚王聽到這話，大受感動，隨即正式設壇封他為安陵君。

正是安陵君明智地選擇對的說話「點」，才感動了君王，贏得了更加深厚的寵信。相反，如果安陵君只是隨便選擇一個場合，表明心意，只會讓楚王覺得他心存諂媚、蓄意討好自己，反而對他產生反感。可見，說話選擇一個恰當的時機是非常重要。

要想你的孩子把話說到「點」上，就應該教育他們做到不同的場合、時間、地點，說出的話應該不同。

◇ **歡樂的場合，助興的語言能推波助瀾**：如聯歡晚會、茶話會、遊園會等，要盡量使自己融入活動的歡快氣氛裡，說話也要愉快。孩子說出來的話不但要使自己舒心，更要令別人開心。在氣氛最融洽或者熱烈的時刻，說上幾句助興的話，能夠使場面更加熱烈，也會使自己脫穎而出。最忌諱的就是在這種場合說晦氣或抱怨的話，也不要在這種場合下發脾氣，如果確實有急需處理的事情，可以默默地離開，千萬不要打擾到別人的興致。

◇ **和長者說話的場合，巧妙插言不失尊重**：不論他比你大多少歲，孩子首先要表現出的就是尊重。說話要實事求是，別不懂裝懂。在沒有得到特別示意的情況下，不要無故地結束談話；有什麼想法要禮貌地提出，或者是利用長者語言中稍長時間的停頓簡短地插入自己的意見，趁機長篇大論地插話會引起長輩的不悅。

◇ **嚴肅的場合，冷靜的語言能穩住陣腳**：如聽報告、表彰會、座談會等，應該謹慎對待。如果在這樣的場合有孩子發言的機會，那麼話在說出口之前，應該好好思索，用謙虛、懇切、清晰的語言來說話，讓聽眾感受到講話者的威嚴和話語的可信度高。不要在這種場合開玩笑，或說一些誇張的話，否則會顯得你很輕浮，讓人覺得你沒有禮貌。

◇ **悲傷的場合，用真情表達來巧妙控制哀傷**：如送別某位老師，或在大家剛看完一部催人淚下的影視劇時，說話更要考究。既需要控制好自己的情緒，說話不過分渲染悲涼的氣氛，又不可全然麻木，說話絲毫也不悲傷。如果周圍的環境被濃重的悲傷所籠罩，也可透過真情的話語讓大家振作起來。但要記住，這個時候不能打打鬧鬧、嘻嘻哈哈，因為這個時候如果還打打鬧鬧、嘻嘻哈哈的話，就只能惹人反感了。

總之，說話找時機、看場合非常重要，只有看準時機表達，才能把話說到「點」上，讓自己的話一語中的，既有說服力，又有魅力！

口才技巧訓練營

1. 讀一讀下面的小故事，判斷小桃說話的時機恰當嗎？
劉歡歡的奶奶去世了，這幾天，劉歡歡都顯得特別悲傷，但她的同桌 —— 小桃的心情似乎不錯，她跟前後桌的同

學嘻嘻哈哈、打打鬧鬧。劉歡歡很生氣，就對小桃說：「你能不能安靜點？怎麼跟蒼蠅一樣討厭呢？」小桃一聽，惱了：「我說話我礙到誰了呢？」

2. 你們班的同學有急事，要你到辦公室找你們班的國語老師，但你發現老師在開會，你會怎麼做呢？

眼為心生，學會用眼睛說話

俗話說「眼睛是心靈的窗戶」它能反映出一個人的喜怒哀樂，也能流露出一個人的喜好厭惡。在很多時候，眼神也是一種語言，一種表達內心情感的，最直接、最真切、最豐富的言語。在人與人交往的過程中，眼神起著重要的作用，人們可以透過對方的眼神了解他人的意圖，也可以用自己的眼神傳遞思想與資訊。正因如此，家長應教孩子學會用眼睛說話，用眼神傳達自己的想法與某種特定的情感。

◇ **可以用眼睛表示喜愛之情**：很多情況下，孩子懂得用眼睛表達自己的喜愛之情。如，孩子喜歡上了一個玩具，他就會愛不釋手地拿在手裡，看了又看，遲遲不肯放下。透過他依依不捨的眼睛語言，大人便能「聽出」孩子的內心的喜愛。於是，很容易就滿足了孩子的要求。

◇ **用眼睛表示請求之意**：很多不善言辭的孩子總喜歡透過他們的眼睛來說話。比如，某個孩子想吃西瓜，他便會用眼睛盯著大人，再看看西瓜，透過眼神示意告訴大人自己的需求、自己的意圖。

◇ **用眼神安慰、鼓勵他人**：在朋友情緒低落、心灰意冷的時候，孩子若能投去安慰、期待的眼神，孩子的朋友便能從這種眼神裡得到更多的溫暖與信心。他們會因此克服沮喪的心理，積極地投入學習中去。

在朋友膽怯、缺乏自信的時候，如果孩子能不失時機地給予對方鼓勵的眼神，無疑能讓朋友得到極大的鼓舞與影響，從而有了做好事情的動力與勇氣。

✧ **教孩子學會用眼神去讚美別人**：每個人都希望得到表揚，孩子也不例外。當然，表揚與讚美不僅僅可以用語言，還能用眼神。一個充滿讚賞的眼神能讓自己的朋友覺得默契而貼心。達到「此時無聲勝有聲」的良好成效。

✧ **讓孩子懂得用眼神道歉**：如果做了錯事，卻沒有勇氣開口道歉。該怎麼辦呢？讓孩子學會運用眼神 —— 這「無聲的語言」吧。微微地低著頭，充滿歉意地看著對方，讓對方知道自己有悔改的心，自己覺得很抱歉。也許，正是這麼一個充滿歉意的眼神讓他人怒氣盡失。從而換得莞爾一笑。

✧ **還可以教孩子用眼睛責備**：在生活中，很多孩子可能遇到這種情況：調皮的小朋友對自己新理的髮型嘲笑諷刺，甚至製造難堪；回答錯老師的提問，有的同學會帶頭起哄，讓自己「下不了臺」，遇到這種情況，孩子該怎麼辦呢？

有的孩子選擇和其他小朋友針鋒相對，更有膽怯的孩子心裡雖然委屈，卻還是選擇了默默承受。這個時候，家長可以教孩子學會用眼神去責備別人：讓孩子保持不動聲色，蘊含著責備、批評、警告的眼神看著對方，讓對方為自己的錯誤行為內疚、慚愧、不安。

當然，無論是用眼神表達什麼樣的語言，其表達的意思要準確、明白，讓人一看就懂，這才達到用眼睛「說話」的效果。

在教孩子用眼睛「說話」時，家長應該讓孩子注意以下兩點：

第九章　巧言妙語會傳情達意

◇ **眼神應該有禮貌**：目光的交流也有禮節。一般忌諱用眼睛死死地盯視別人，認為大眼瞪小眼地看人是沒有禮貌的表現。怎樣做才不會失禮呢？禮貌的作法是：用自然、柔和的眼光看著對方雙眼與嘴部之間的區域。目光停留的時間占全部談話時間的 30 ～ 60%，也就是說，既不能死死地盯著對方，也不能眼珠溜溜地來回轉動，看得讓人心慌意亂。

◇ **眼神應該有焦點**：用眼睛看著他人身體的不同部位，對於交往性質和效果會產生不同的影響。如果是課堂回答問題、發表演講、商量事宜或普通交談等場合，孩子的眼睛最好看著對方眼睛以上的部分。交談時，如果看著對方的這個部位，便會顯得嚴肅認真，而對方則會覺得有誠意，這樣，孩子能較容易地掌控交談的主動權和控制權。

口才技巧訓練營

1. 假設同學因為受到挫折，此時非常傷心，請用你的眼神表達自己的安慰之情吧。
   媽媽可以提示孩子，此時的眼神應該柔和、誠懇、真摯。

2. 訓練說話時的眼神習慣，聽別人說話的時候，眼睛該怎麼樣呢？
   爸爸媽媽可以協助孩子訓練，如爸爸媽媽說話時，讓孩子看著自己，認真地傾聽，贊同的時候，點頭表示，不贊同的時候，發表意見。切不可東張西望、心不在焉。

▎安慰的話像一朵溫馨的花

在這個世界上，沒有人可以永遠一帆風順、萬事如意，不管是誰，在

生活中都要經歷這樣或者那樣的傷痛、坎坷與挫折。一個人在經歷著傷痛、坎坷與挫折的時候，即便只是「一塊木炭」也能讓他感到溫暖並且銘記終身。因此，讓孩子學會適時地給予別人安慰很重要。一個懂得安慰他人的孩子，無疑是一個善解人意的天使，能給別人帶來溫暖、光明和力量。讓經歷痛苦與挫折的人看到未來的希望。

那麼，安慰的話應該怎麼說才能起到安慰人的效果呢？

● 聆聽是一種無聲的安慰

對於正經歷著痛苦與不幸的人來說，他人的聆聽是幫助他們發洩情感的最佳方式。一個懂得安慰的孩子，首先必須是一個善於聆聽的人。所謂善於聆聽，應該是用眼、耳和心去「聽」對方的聲音，同時不急著立刻知道事情的前因後果。這樣的聆聽，才能喚起不幸者說話的意願，從而願意讓你分享他的傷痛與不安。

當然，聆聽不是保持沉默，而是仔細聽對方說了什麼、沒說什麼以及真正的含義。這樣，才能喚起內心更多的同情與共鳴，說出體貼、周到、有效的安慰語。

● 眞正的安慰建立在同情的基礎上

讓孩子懂得安慰別人，不是做表面工夫，最重要的是抱著真誠同情的態度。真誠的同情不僅能使痛苦、沮喪的消極情緒得到宣洩，而且有助於消除心理上的孤獨感，增強戰勝困難的信心。用孩子真誠的心去貼近朋友、感染朋友，會使對方在情感上得到溫暖。在安慰時，要採取平等的態度，這樣，孩子的好口才才能在真情的感召之下發揮出積極的力量，幫助遭遇挫折或經受痛苦的朋友堅強地面對未來。

如果孩子不懂得同情別人，就無法達到較好的安慰效果。

小張被老闆責備了，心裡非常難過，就對自己的好朋友小王說起這件事。小王還沒等小張說完，就打斷他的話：「這算得了什麼呢？何必為此苦惱呢？」

小王一聽這話，更加不高興了。他心裡想：「原本希望你能說出安慰人的話，沒想到你只會說風涼話，這樣的朋友真不值得我交往呀！」

從此，小王有什麼事情就再也不會跟小張說了。

可見，安慰的必要條件是同情，只有「我明白你的痛苦，我理解你的感受」才能讓對方感到安慰，覺得自己受尊重，被理解。

● 學會在第一時間安慰朋友

家長應該讓孩子知道，當朋友遭遇痛苦的時候，你第一時間來到他身邊，即使對自己不知該說什麼而感到困窘，也是無妨的。甚至可以老實地說：「我不知道你的感覺，也不知道自己該說什麼，但我是真的很關心你。」這樣，孩子慢慢地就會領悟到，在朋友需要安慰的時候，只要能陪在他身邊就已經足夠了。

● 安慰別人應設身處地、主動幫忙

當我們問：「有沒有我可以幫忙的地方？」有時候有答案，有時候對方也不知道需要怎麼樣回答。然而，人們有時會對自己真正的需要開不了口。設身處地地考慮人們可能需要的協助，是有效助人的第一步。

● 安慰別人可以用自己的故事

在安慰別人的時候，讓別人覺得自己找到了知心的人很重要。如果孩子懂得在安慰別人的時候，用自己的故事去啟發對方，那麼，將會讓對方覺得，他自己的處境別人是多麼能夠理解和體諒呀！這樣，他才不會覺得

自己孤立無援，從而消除心理上的孤獨感，增強戰勝困難的信心。

當然，在用自己的故事啟發對方的時候，一定要讓孩子先耐心聽完別人的故事，再考慮有沒有必要讓他們分享自己的故事，而分享的結果是否對對方有幫助呢？

● 說安慰的話時要適當停頓

適當的停頓有助於在重要的時刻發揮同情心，如果沒有做適當的停頓，孩子可能會在某個時刻，說出等等會反悔的話。停頓就像開車變換擋位時所需使用的離合器：先減速到某種程度，扣上齒輪之後，才能進一步加速。

● 幽默的話是安慰人的潤滑劑

在安慰他人的時候，不一定總是一副鄭重其事的樣子，適時的幽默有時候更能讓受安慰的人覺得溫馨。

有一次，家明生病在床不能起來，他的一個朋友來看他，朋友一見面就說了這樣的話：「你多麼好啊，我也想生點小病，好讓我也能安靜地躺在床上休息幾天。」聽了這些話，家明想起每天忙碌而繁重的工作，不覺中就為自己因病能暫時擺脫一切而私下慶幸了。

值得注意的是，在安慰人的過程中要杜絕以下的行為。

✧ 絕不要囉嗦地追問事情的起因、經過、結果，這樣的追問並不表示你很關心對方，反而會讓對方覺得心煩意亂。

✧ 安慰別人不能表現出憐憫別人的樣子，沒有幾個人會接受別人的憐憫，因為你越憐憫他，越使他覺得自己很痛苦。相反，在別人痛苦的時候，你可以多說幾句俏皮的話，讓對方的心情變得好一點。

口才技巧訓練營

1. 讀一讀下面的小故事，想一想他們兩個人誰說的對？如果是你，你會怎麼說？

   班裡一個同學因為淋了雨，得了重感冒，臥床不起，兩個關係較好的同學來看他。一個同學說：「我太羨慕你了，我也想生點病，好讓我也能安靜地躺在床上睡幾天，天天上課多累啊！」另一個同學說：「感冒沒有什麼，很快就會好的。」

   通常情況下，病人的精神狀態比普通人要差，他們心情憂鬱。所以好朋友不但可以說一些安慰的話，如「好好休息吧」之類的話，還可以說一些調侃但不失安慰的話，這樣能讓病人的心情為之一振，所以，這兩位同學說的沒有什麼不對。然後讓孩子也學一學，怎麼安慰病人。

2. 你的同學黃平最喜歡的小狗被車撞了，黃平特別難過。如果你也曾有過這樣的經歷，你會怎麼安慰黃平呢？

批評要講求語言藝術

讚美、頌揚的話誰都樂於聽，相對而言，「批評」就沒有那麼容易讓人接受了。生活中，不同的人，對批評的反應是不同的。有些人反應遲鈍，即使受了批評也滿不在意；有些人反應敏感、感情脆弱、愛面子，受了批評就難以承受，甚至有可能因此一蹶不振；還有些人死要面子，遇事好衝動，受不了當面批評，如果批評不當，他可能因此惱羞成怒，大發雷霆。因此，家長應該讓孩子知道，批評別人時要看對象，還應該注意批評

的語言藝術，這樣才能做到指出錯誤但不傷人，糾正錯誤，讓人警醒又心悅誠服。

那麼，批評他人，應該注意哪些說話技巧呢？

● 批評不可全盤否定

別人犯的什麼錯誤就應對其錯誤加以批評，使其及時改正，不可一概而論。

有一個公司的老闆讓一個新職員處理一個案子。那個新職員花了三天時間好不容易才把案子做好遞交上來。

老闆一看：這個簡單的案子花了三天的時間不說，內容還雜亂無章，讓人看起來莫名其妙。老闆立即火冒三丈：「你看你的案子，雜亂無章、毫無頭緒，這樣的案子給我打分數，只能給你 0 分，做不好也不會請教別人，你這樣的人注定一事無成。」說的那個新職員當時就哭了走人。

顯然，這位老闆的批評就犯了「全盤否定」的毛病。像這樣的批評不僅達不到激勵人的目的，反而傷了被批評者的自尊，讓他無法下臺。

恰到好處的批評應該是指出正題，讓被批評者能自我反思領悟，從而自覺愉快地接受批評，改正錯誤，這才是我們所關心的方法。同樣的事件，另一個老闆處理的就富有人情味！

美國某公司有一位高級負責人，曾由於工作嚴重失誤造成了數百萬美元的巨額損失。為了此事，他心裡十分緊張。許多人向董事長提出應把他「革職查辦」，但董事長卻認為一時的失敗是企業家精神的「副產品」，如果能繼續給他工作的機會，他的進取心和才智有可能超過未受過挫折的常人。因為挫折對有進取心的人來說是最好的激勵劑。第二天，董事長把這位高級負責人叫到辦公室，通知他調任同等重要的新職。這位負責人十

分吃驚：「為什麼沒有把我開除或降職？」「若是那樣做，豈不是在你身上白花了幾百萬美元的學費？」

後來，這位負責人用堅強的毅力和智慧為公司做出了卓越的貢獻。

同樣是批評，因為批評者說話方式的不同，收到的效果也就全然不一樣。可見，會不會批評是一個人贏得人心、獲得成功的關鍵。

● 學會用讚賞式的責備

美國第三十任總統柯立芝剛上任時，聘了一個女祕書協助他。這個女祕書年輕又漂亮，但是她的工作卻屢屢出問題，不是字打錯了，就是時間記錯了，這給柯立芝的工作帶來了很多的麻煩。

有一天，女祕書一進辦公室，柯立芝就誇獎她的衣服很好看，盛讚她的美麗，女祕書受寵若驚，要知道總統可是很少這樣誇獎人的。柯立芝接著說：「相信妳的工作也可以像妳的人一樣，都辦得很漂亮。」

當然，女祕書的公文從那天起就再沒有出現過什麼錯誤。有個知道來龍去脈的參議員就好奇地問，總統：「你的讚美療法很妙，是怎麼想出來的？」

柯立芝笑一笑：「這很簡單，你看理髮師幫客人刮鬍子之前，都會先塗上肥皂水，這樣做的目的就是讓別人不會覺得疼痛，我不過就是用了這個類似的方法而已！」

讚美的妙處在於，隨後你的要求會因為讚美而變得更有效。因為每個人都希望聽到讚賞自己的話。如果你想批評別人，不如先讚美他的優點。

● 批評的話可以說得幽默、委婉

批評的出發點在於幫助和愛護別人，如果經過批評給對方留下了不愉快的心裡感受或與之結下仇怨顯然與批評的初衷背道而馳。為避免上述情

況的出現，就需要批評者考慮周全，多用些幽默、委婉的話語，讓受批評的人樂於接受。

一位小學三年級的老師教孩子寫作文。因為作文才剛起步，許多孩子沒有興趣，尤其是一個叫小凱的孩子，每次的作文都很簡短，常常連頭帶尾才五、六行。

有一次，這位老師給了他這樣的評語：「孩子，甘蔗越吃越短，文章越寫越長。你希望你的作文是甘蔗，還是文章呢？」

第二天上午，這個叫小凱的孩子再交作文，是一頁半，足足 26 行端端正正的字。

你看，寓批評於幽默，將批評的話說得委婉，其效果往往遠勝於耳提面命、疾言厲色的批評或是苦口婆心、喋喋不休的勸誡。

● 寬容是一種無聲的批評

傳說，古代有位智慧而寬容的老禪師。

有一天晚上，他在禪院裡散步。走著，走著，他發現牆角邊有一張椅子。他一看就知道一定有人違反寺規越牆出去溜達了。

老禪師也不聲張，他走到牆邊，移開椅子，就地而蹲。

過了一會兒，果真有一個小和尚翻牆進來，黑暗中，他踩著老禪師的背脊跳進了院子。當他雙腳著地時，才發覺自己剛才踏的不是椅子，而是自己的師傅。

小和尚頓時驚慌失措、張口結舌。但出乎意料的是，師傅並沒有厲聲責備他，只是以平靜的語調說：「夜深天涼，快去多穿一件衣服。」

在這種寬容無聲的教育中，徒弟羞愧地低下了頭。

小和尚從老禪師的寬容中獲得啟示，他收住了心再沒有去翻牆了，透

過刻苦修煉，成了寺院裡的佼佼者。若干年後，成為這裡的長老。

「寬容」的力量是無窮的，寬容他人，給他人機會，別人才有機會變好。因此，寬容是一種無聲的批評，它如春風化雨一般，在無聲無息之中讓犯錯的人受到了教育與批評。

● 把批評轉化為建議

用意非常明顯的批評總是讓人不愉快的。那麼，何不把批評轉化為一種建議呢？這樣既能避免對方的反感情緒，又能向對方傳達自己的善意。

我覺得你可以把字寫得更漂亮一點，這樣作業本就顯得更加整潔了，不是嗎？

如果你能早點起床就不會遲到了，你說是不是？

……

這樣的建議遠比批評更深入人心，也能讓孩子在批評別人的同時不傷害彼此間的感情。

● 旁敲側擊進行暗示

對一些自尊心較強的人，不適合直接批評，那就進行暗示批評，也就是不挑明事情的端倪，委婉地對對方的缺點、不足進行批評的方式。適時使用這種批評，常常能收到「潤物細無聲」的效果。

鳳星是班上的活躍分子，社交能力強，成績也不錯。但是，他寫的字讓老師非常頭痛。

班上評選模範生的時候，鳳星當之無愧地被選上，趁著這個機會，班導師找到了他，首先為他所獲得的榮譽由衷地表示祝賀：「你優秀的表現，是大家有目共睹的，你已經成為班上同學的榜樣。」之後，班導師的話題一轉，「當然，其他同學的優點也很多，都是值得學習的地方，比如

王婷婷寫的字非常漂亮，讓人看起來清清楚楚，老師也愛看她的作業，你也應該向她學習哦！」

鳳星馬上意識到自己還有不足，欣然接受了這種暗示性的批評。

● 批評的話點到為止

一般而言，不管採用哪種方式，人們對批評都是比較敏感的。所以批評的話語應該點到為止，解決問題即可。

有一次，三年三班的導師讓班長帶領幾個同學去工具間搬一張講桌到班上。班長帶著幾個同學一起去搬講桌，但因為講桌太重，工具間的門又太小，幾個同學試了幾次都搬不出來，只好先回去交差了。老師見他們空手回來，便好奇地問：「怎麼沒搬過來？」班長回答：「門太小，出不來。」老師皺著眉頭說：「這我就不明白了，你們說看看：是先蓋起這間房子呢？還是先擺好講桌再蓋這房子呢？」幾個去搬講桌的同學一聽臉都紅了，後來，在班長的帶領下，經過努力，他們終於把講桌搬來了。

這位老師的這幾句頗具啟發性的批評語言，柔中寓剛，巧妙地表達本意，引導同學們思考搬不出講桌究竟是講桌本身的問題還是搬運方法的問題，進而找到解決辦法。這樣的方法比老師當場批評他們：「你們怎麼這麼笨呢？不會想個辦法！」有效多了。

正因如此，我們說，批評是一門語言藝術，內涵豐富，方法多樣。只要批評時能夠本著實事求是的原則，不主觀、武斷，做到對事不對人，就能讓自己的批評深入人心，讓受批評的人心服口服。

口才技巧訓練營

1. 妹妹做什麼事情都馬馬虎虎、忘東忘西的。像今天已經到

學校了，她才記起自己的作業本沒有拿呢！如果你是姐姐，請你用委婉、幽默的語言批評她，讓她以後不再犯類似的錯誤。

2. 王老師正在上課，可是班上的調皮大王林峰卻突然哼起了歌曲。假設你是王老師，你會怎麼用寬容的語言批評林峰呢？

3. 鳳鳳的作業做得亂七八糟。小陳老師把鳳鳳找來了，準備狠狠地批評她一頓。這時候，小陳老師發現鳳鳳今天穿了一條漂亮的裙子。她眼睛一亮，計上心來。她準備用讚賞式的責備來打動鳳鳳。你覺得小陳老師會說什麼呢？

▎讓電話傳達語言的魅力

電話是當今社會人與人之間進行交流和溝通的最便捷的工具，透過電話談話，人與人之間的情感得到交流、思想得到溝通、許多重要的事情得到解決……可見，電話的重要性不容忽視。但電話的溝通效果如何？利用電話談話有什麼應該注意的地方呢？這就需要我們掌握一定的接聽電話的技巧了。培養孩子接電話的技巧，家長需要做到以下幾個方面：

✧ **讓孩子在電話鈴聲響過兩聲之後接聽電話**：一些孩子由於擔心處理方式不妥當而招致父母的責備，因此，把電話當成「燙手的山芋」，抱有能不接電話就盡量不接的情緒。此外，不少孩子認為家裡電話大多是找父母的，自己多一事不如少一事，因而聽到電話鈴響，嘴裡喊著「老媽電話」也不願意去接。

實際上，電話溝通的過程也能鍛鍊孩子與人溝通協調的能力。只要養

成良好的接聽習慣，接電話並不是一件困難的事情。通常，應該在鈴聲響過兩聲之後接聽電話，如果電話鈴聲三響之後仍然無人接聽，別人往往會認為這個家裡沒人或者主人的精神狀態不佳。一般情況下，沒有人願意浪費時間長久等待，但是，接聽得太快也不妥當。人需要有一個心理適應期，如果太快接聽電話，接聽者往往會措手不及，影響接下來說話的儀態。

✧ **做好聽電話的準備**：左手持聽筒，右手拿筆。大多數人習慣用右手拿起電話聽筒，但是，在與人進行電話溝通時往往需要做必要的文字紀錄。寫字的時候一般會將話筒夾在耳朵旁邊，這樣，電話很容易因夾不住而掉下來，以致發出刺耳的聲音，讓對方帶來不適。

為了避免這種情況，家長應讓孩子做好接電話的準備，左手拿聽筒，右手寫字記錄，這樣就可以輕鬆自如地達到與人溝通的目的。

✧ **拿起電話先說「您好」，然後自報家門**：等鈴聲響過兩聲以後，只要一聽到對方的話就可以開始交談了。教孩子拿起電話先說「你好」，並立刻報出本電話主人名稱，如「您好，這裡是某某家」。很多孩子拿起電話往往張口就問：「喂，找誰，幹嘛？」這是很不禮貌的。因此彬彬有禮地向客人問好，然後自報家門，不但能給別人有禮貌、有素養的感覺，還能讓對方判斷自己的電話是否撥錯了，以做好說話的心理準備。

✧ **確定來電者身分**：自報家門以後，接下來需要確定來電者的身分。這時候，應讓孩子溫和地詢問對方是誰。在確定來電者身分的過程中，尤其要注意給予對方親切隨和的問候，避免對方不耐煩。

✧ **聽清楚來電目的**：了解清楚來電的目的，有利於對該電話採取合適的處理方式。電話的接聽者應該弄清楚以下一些問題：本次來電的目的

是什麼？是否可以代為轉告？是否一定要被指名者親自接聽？

✧ **打電話時的姿勢、聲音和表情**：讓孩子注意，接聽電話的過程中應該始終保持端坐的正確姿勢，此外，說話時的聲音要柔和，還應該帶著微笑讓別人感受到你的愉悅。

✧ **如果有需要，還應該複述來電的要點**：提醒孩子，電話接聽完畢之前，不要忘記複述一遍來電的要點，防止記錄錯誤或者偏差而帶來的誤會。如對會面時間、地點、聯絡電話、區域號碼等各方面的資訊進行核查校對，盡可能避免錯誤。

✧ **打完電話，注意道別**：打完電話，客氣的禮貌是不可缺少的。這個時候，應彬彬有禮地道別，等對方把電話放下以後，自己再放下電話，以表示自己的尊重之意。

打電話時應該避免以下幾點：

· **打電話不要兜圈子**：打電話時，要切中要領，簡明扼要地介紹自己是誰，打電話的目的和需求。這樣才能讓別人更準確地了解自己。不要兜了很大圈子，說了很多話，卻依然讓別人聽起來一頭霧水，不知道你到底要說什麼。

· **打電話時不要有不雅的舉動**：尤其要注意的是，不要在接聽電話的時候晃著二郎腿，邊接電話邊吃東西，這是非常不禮貌的。也不能趴在桌面上接電話，這種行為如果讓對方感覺到了，心裡是會很不愉快的。

· **打電話時，說話不能粗聲粗氣**：我們都知道，面對面交流時，表情與語態可以傳達一定的情感，但是在電話裡，就只有靠聲音跟語調了，如果你在電話裡說話粗聲粗氣，即便你態度再怎麼誠懇，對方也一定不會買你的帳！

口才技巧訓練營

1. 讓孩子做以下的測試，認真思考下列問題，對照自己平時打電話時的行為是否與以下的表現一致，如果不一致，就應該幫助孩子糾正自己的行為。

（01）你家的電話機旁是否有準備記錄用的紙筆？（是）

（02）你是否在電話鈴響 3 聲之內接起電話？（否）

（03）是否在接聽電話時做紀錄？（是）

（04）接起電話是否說「您好」或「您好，這裡是某某家」？（是）

（05）客人來電時，是否對其表示謝意？（是）

（06）對來電是否使用禮貌用語？（是）

（07）對長輩來電是否使用敬語？（是）

（08）是否讓對方等候 30 秒以上才接電話？（否）

（09）打電話時，是否讓對方猜測你是誰？（否）

（10）是否正確聽取了對方打電話的意圖？（是）

（11）是否記得重複電話中的重要事項？（是）

（12）要轉達或留言時，是否告知對方自己的姓名？（是）

（13）接到打錯的電話時，是否能禮貌解釋？（是）

（14）撥打電話時，是否能選擇對方方便的時間？（是）

（15）說話是否清晰、有條理？（是）

（16）電話聽筒是否輕輕放下？（是）

2. 根據本文提到的打電話技巧，學一學如何打電話。爸爸媽媽可以協助孩子完成這一項練習。

第十章　避免不良的說話習慣

鋼針刺入人體，尚且可以拔出來，話語進了人的耳裡心中，你無法從別人的體內拿出來。因此《聖經》裡有這樣一句話——世界上無法留住的三樣東西：飛出去的箭、說出去的話和逝去的光陰。佛家則認為，人的話是「因」，一旦說了，「果」便已經注定，並且再也改變不了。

這些經典，在用它們的方式來告誡世人：說話一定要三思而言、小心謹慎。說話是這個世界上最容易的一件事，如果沒有生理上的缺陷，我們都可以張嘴就說。但如何說好它，不要讓自己為說過的話感到後悔，卻是一門學問。

馬克·吐溫曾說，我可以靠別人對我說的一句好話，快活上兩個月——這是極有意思的。其實，你我又何嘗不是如此呢？既然我們的一句好話，就可能暖人心田、贏得人心，那麼我們何不一試呢？

在與人交往的過程中，很多孩子往往因為一些不良的說話習慣，使溝通出現障礙，影響了與其他人的正常交往。更有一些孩子因為語言過激、爭鋒相對，惹出了一些不愉快的事端。因此，家長應該讓孩子改掉不好的說話習慣，做到在交流中控制自己的感情，勇於說真話，善於傾聽他人的意見和建議。只有這樣，才能成為受歡迎的人！

讓孩子看對象、分場合說話

有個財主晚年得子，非常高興。生日那天，大家都來祝賀。財主問客人：「這孩子將來怎麼樣？」

客人甲說：「這孩子將來能當大官！」財主大喜，給了賞錢。

財主又問第二個客人：「這個孩子將來怎麼樣？」

客人乙說：「這個孩子將來要發大財！」財主又賞了錢。

財主又問第三個客人：「這個孩子將來怎麼樣？」

第十章　避免不良的說話習慣

客人丙說：「這個孩子終究要死。」財主氣極了，叫人狠狠地把他打了一頓。

客人丙說得顯然是大實話，畢竟每個人都是要死的呀！但這大實話在人家孩子滿月的時候說，就顯得太不吉利，不合乎規矩了。難怪財主把他轟出去。無獨有偶，生活中還有這麼一個不注意場合亂說話，被人轟出去的例子。

有一個小鄒醫生，要趕到好朋友小張家去參加小張的婚宴。

他拚命踩著腳踏車，但來到小張家，已經遲到了一段時間，於是小張要罰他三杯酒。

小鄒聽了急得亂叫：「我也不想遲到，誰知道送來了急診病人，救了半天也沒救活，死了。」大家聽了，個個臉有慍色，小張想改變一下氣氛，連忙讓小鄒去見新娘。來到新娘面前，小張想介紹小鄒和新娘認識。小鄒得意地說：「新娘子嗎，我跟她熟透了，她燒成灰我也認得！」

新娘立刻氣得臉通紅，滿屋子的好朋友都尷尬極了。

最後，雖然小鄒滴酒未沾，但大家一致認為他喝醉了，於是決定把小鄒送回家去。可是，小鄒自己還不知道是什麼原因呢！

小鄒因為說話不注意場合，所以也落了個被送出婚宴的下場。可見，說話注意場合很重要，如果不注意場合隨便亂說話，那麼，就會像客人丙和小鄒一樣，成為一個不受歡迎的人。

生活中，像客人丙、小鄒那樣「天真」、「敢說真話」的孩子不少。畢竟童言無忌嘛，他們還不懂得看場合、分對象說話。

小王帶著自己的兒子去參加同事的婚禮。

婚宴上，新郎帶著新娘子逐桌敬酒，來到小王這一桌的時候，小王的兒子突然對媽媽說：「媽媽，新娘阿姨長得真醜呀，臉上都是雀斑！」

一聽這話，新娘原本笑容可掬的臉一下子拉長了。而小王尷尬的差點要找一個地洞鑽進去了。

類似的例子數不勝數。孩子性格外向，愛表達、愛說話原本是好事，可是，如果說話不看對象、不分場合亂說，就顯然不是一件值得高興的事情了。家長應該如何引導孩子注意說話的對象和場合呢？

● 說話之前，應該先了解相關場合的一些知識

如，13 這個數，歐美人認為它不吉利，他們盡量避免與之打交道。而4 和 9 是日本人的忌諱。原因是日語中「4」的發音同「死」相似，而「9」的發音與「苦」相近。

又比如，菊花，在日本是天皇的象徵，所以送日本人的禮物上，不能飾有菊花圖案，否則會被認為是一種放肆行為。在拉丁美洲國家，菊花是最常用的葬禮之花，因此，看到菊花會使人聯想到死亡。

再比如，熊貓，是中國的國寶，憨厚可愛，深得人們的喜愛。但在信仰伊斯蘭教的國家，牠卻是忌諱的，因為熊貓的形體與肥豬相似。

而平時，總有些場合禁忌語特別多，婚喪喜慶以及開會、社交、遊樂等諸多場合，都各有各的特點和約定俗成的規矩，都應該讓孩子認真學習。只有這樣，才能避免孩子說出一些不合時宜的話來。

● 讓孩子說話要看對象

要做到說話看對象，首先要了解交談的對象是誰。孩子對家人、親朋好友很熟悉，說話時自然會注意到每個人的不同特點。但是與初次相識的人交談就需要一些技巧。有些資訊能夠從他人的神情、精神狀態上直接獲得，有些資訊則必須透過言談話語去了解。因此，與陌生人見面，讓孩子不要急於表達，而要先傾聽對方的話語。如果對方彬彬有禮，就應該讓孩

第十章　避免不良的說話習慣

子和氣、謙遜、文雅；如果對方說話很直，不拐彎抹角，就應該讓孩子直接、坦誠，想到什麼就說出來；如：看對方情緒低落，不愛說也不想聽，就應該讓孩子少說幾句，或者乾脆不說。總之，只有讓你的孩子多了解對方，才能說出合適、有禮貌的話。

● 教孩子說話的時候看場合

人們常說，「到什麼山唱什麼歌，在什麼場合說什麼話」。

生活中，有些孩子能言善道，但因為說話不分場合、口無遮攔，經常使雙方陷入尷尬，讓別人覺得彆扭，甚至讓別人錯誤理解話意，造成矛盾。

因為孩子不懂得分場合說話，經常會因無心的言語而傷害到他人。雖然童言無忌，但是說錯了話必然會讓人掃興。因此，家長還是應該教教孩子看場合說話。也唯有教會孩子看對象、分場合說話，孩子才能真正擁有好口才。

口才技巧訓練營

1. 說一說，小璐做得對嗎？如果不對，你覺得她該怎麼做？
   辦公室裡靜悄悄的，5年1班的小璐沒有敲門就突然闖了進去，大聲地尖叫起來：「老師，你看看，你把這道題算錯了，我做的沒有錯的！」一時間，辦公室裡的所有老師都轉過頭來，驚訝地看著她。
2. 以下是欣宜的一個小故事，你覺得欣宜的表現好嗎？
   爸爸的老戰友帶著他的女兒到欣宜家做客。一見到老戰友的女兒，爸爸就高興地叫了起來：「哇，盈盈好漂亮哦，

真是女大十八變，越變越好看！」

站在一旁的欣宜聽了，心裡可不是滋味了，她翻了翻白眼說：「真是拍馬屁，你沒看見她長得太胖了嗎？」

一聽這話，爸爸和他的戰友都尷尬地說不出話來，而難堪的盈盈則嚶嚶地哭了起來。

家長在引導孩子回答以上的問題的時候，還應該讓孩子來充當故事裡的人物，訓練他們說話的口才。

不要隨意打斷別人的談話

生活中，許多家長可能會發現，自己的孩子老喜歡插話，特別是當家裡的大人專注於討論某件事情的時候，孩子就更喜歡打斷家長的講話，然後說自己的事情。大人越是不理他，他越是非讓你聽他說不可。

當然，孩子的這點伎倆往往很奏效，家長通常是會放下自己的事情，聽孩子把話講完。久而久之，孩子覺得這種說話方式很管用，大人會因此注意到自己。所以他就變本加厲了。事實上，孩子之所以養成這種不良的壞習慣，跟家長的教育是分不開的。

一般來說，孩子常常用以下幾種方式打斷別人的對話：

✧ **插嘴**：獨生子女在家中缺少有共同語言的同齡人，常常急切地插嘴到大人的談話之中，使大人的談話不得不中斷。也有的孩子，在聽大人談話時，聽到大人所談論的內容，曾經聽說過或有點似懂非懂，他就會產生「共鳴」，急於想「表現」自己，講一講自己的「看法」。或者對講話中的部分內容感到好奇，迫不及待地想解決心中的「疑問」。於是他可能會不顧場合打斷別人的談話。

第十章　避免不良的說話習慣

- ◇ **故意找碴**：在大人之間進行較長談話的時候，孩子在一旁會有被忽略的感覺。這時，他們就會因為內心的小小不滿故意發些小脾氣，或者弄些小彆扭甚至哭鬧起來，讓大人的談話不得不停止。

- ◇ **不停地在大人之間來回地跑動**：有的孩子常有一些「人來瘋」的情緒，看見家裡來了客人，孩子會顯得非常興奮，總想做出點什麼引起大人的注意，所以常常在大人之間來回跑動。如果大人之間正在進行重要的談話，難免常常被打斷。

事實上，沒有人喜歡自己說話的時候，無端被打斷的。但是，孩子並沒有意識到這一點，所以經常扮演這麼一個讓人「討厭」的角色。這樣的不良習慣影響到孩子正常的社交，對其今後的發展不利。如果你發現自己的孩子有愛打斷別人說話的壞習慣，既不能放任不管，也要注意處理方式。家長應注意以下幾點：

- ◇ **針對孩子不同的情況加以引導**：比如，當孩子對家人的談話內容提出疑問時，千萬不要因為孩子打斷大人的談話而一時惱火，並當別人的面訓斥孩子，這只會傷害孩子的「好奇心」和「自尊心」。父母應該在事後教育孩子，談話中間不要隨便插嘴，這樣做是不禮貌的。

  當然，更重要的是，父母要抓住平時有利於對孩子進行教育的機會，對孩子加以啟發和誘導，特別要注意運用發生在孩子身邊的事情來教育孩子，使孩子受到啟發和提升。例如，爸爸媽媽帶孩子上街玩，看到別的孩子在其父母和別人講話時隨意插嘴、吵鬧不休，惹得父母心煩時，就可以問自己的孩子：「剛才那個孩子做得對不對？為什麼？如果是你，你會這樣做嗎？」用具體的事件，孩子從中會得到很好的教育。

如果是談話結束後孩子來提問，父母回答完以後，還可以再誇獎他一句：「你真愛動腦筋！」這樣孩子的好習慣會得到強化。

✧ **教孩子如何正確表達自己的意見**：當遇到非打斷別人說話不可，問題必須當時就解決時，父母就應教孩子如何表達自己的意見又不失彬彬有禮。比如：要打斷別人講話之前先要對大家說聲「對不起」，在徵得別人同意後才可以說自己想說的內容；當有客人在場的情況下，如果孩子只跟父母說話時，可以讓孩子趴在大人的耳邊悄悄地說，而不要影響到別人的談話。

✧ **不要對孩子的正當要求置之不理**：父母平時盡量做到及時回答孩子提出的問題；只要有可能，就要及時地對孩子的要求做出反應，不要讓孩子等太久；特別是當孩子用適當的方式提出正當的要求時，父母更不應該置之不理，而應適當滿足。

總之，做一個受人歡迎的傾聽者，不隨便打斷別人說話，是人與人之間相處的一門重要藝術，也是一個好的說話習慣。

口才技巧訓練營

訓練孩子「察言觀色」的習慣，告訴孩子，什麼情況下可以插嘴，什麼情況下不能打擾別人。幫孩子做做以下的小測試：

1. 爸爸媽媽正在談一件重要的事情，你正好想喝水，你會自己去倒水，還是打斷爸爸媽媽的談話，要媽媽幫你倒呢？

2. 老師在跟校長交流事情，你正好有急事要報告老師，你會怎麼做呢？

第十章　避免不良的說話習慣

> 3. 同學正在回答問題，但是錯了，而你知道答案，你想幫一幫他，你會打斷他的話嗎？如果不會，你會怎麼做？以上的幾個小測試家長可以引導孩子認真回答，並分析為什麼這麼做。

愛說髒話是壞習慣

生活中，有許多家長經常接到老師的回饋意見，孩子在學校裡喜歡說髒話、粗話，愛罵人。要求家長在家中要嚴加約束、管教。家長得到這個回饋，自然是覺得難堪又煩惱的。為什麼自己的孩子有這樣不禮貌的語言習慣呢？事實上，孩子之所以會說髒話、粗話，不外乎以下幾種情況：

✧ **沒有明確的是非觀念，還沒弄懂那些髒話的真正意義**：孩子的好奇心強，有一種情不自禁的模仿本能，偶爾聽見別人說一句髒話，他並不知道這句話的意思就跟著學了。而許多家長剛開始的時候，往往覺得很好玩，故意逗孩子說髒話，孩子也因此覺得新鮮好玩，故意用來取悅成人或表現自己。這樣的行為強化了孩子說髒話的習慣。

✧ **家長的「潛移默化」，讓孩子學會了說髒話**：有些家長平時不太檢點自己的言行，孩子受其影響，也學會了說粗話。這樣的家長首先要提升自己的修養，嚴於律己，從頭做起，為孩子營造禮貌的語言環境；其次，透過講故事、玩遊戲等形式教會孩子學用禮貌用語。如果家長偶爾再犯，那麼就應該坦誠地向孩子檢討：「剛才由於不高興，說出了那句話，我們是不對的，你也不要學，今後我們誰都不說這種話了。」

✧ **被迫罵人**：這種情況一般發生在同伴之間：發生了矛盾，以牙還牙，

受了欺負，借罵人來發洩自己的不滿……這時父母千萬不能劈頭蓋臉地訓斥一番，或袒護自己的孩子，而要耐心地進行說服教育，教孩子用謙讓的態度來解決朋友之間的糾紛，並應明確表態。孩子怕失去父母的愛、怕失去朋友的心理，會促使孩子改掉自己的不良言行。

「冰凍三尺，非一日之寒。」孩子生活在社會的大環境中，難免受到各種不良言行的影響，說粗話也是如此。家長應該如何糾正孩子說粗話、髒話的習慣呢？

◇ **家長應該「淨化」孩子的語言環境**：孩子喜歡模仿，且缺乏是非觀，他們往往從電視、電影中，從父母、同伴那兒學來許多髒話和一些不健康的兒歌、順口溜。為此，父母應該做好表率，帶頭說禮貌語言，並且要慎重選擇影視節目，引導孩子玩健康的遊戲；如發現孩子和其他小朋友說粗話時，應及時指出並給予糾正。

◇ **增強孩子的「免疫」力**：家長應該教育孩子，讓孩子明辨是非，告訴孩子，罵人、說粗話是不文雅的行為。當孩子說髒話、粗話的時候，家長可以採用暫時的冷漠、不理睬他、不高興的臉色、嚴厲的語調等來對待，這些都會幫助孩子明辨是非，抑制、減少他的不良行為，從而建立良好的行為規範。

◇ **採取恰當的態度和措施**：對偶爾說粗話的孩子，成人應以禮貌的語言把孩子所要表達的思想、情感重複說一遍，形成正確示範。如孩子經常津津樂道重複一些髒話，家長應嚴肅地告訴孩子這句話不禮貌、不好聽，爸爸、媽媽和所有的人都不喜歡聽，並和孩子一起分析孩子喜歡的、尊敬的成人以及小英雄們是怎樣說話的。利用榜樣的力量，可使孩子產生說粗話不好的感覺。

在此基礎上，教育孩子表達氣憤、激動情緒和處理矛盾的禮貌用語和方法。和他人發生爭執時可以說：「你住口！」、「請你走開！」、「你不講道理，我很不高興」或自己先走開等。

✧ **對症下藥**：家長要解決孩子愛說髒話這一問題，就應先了解孩子說髒話的原因，然後再有針對性地給予指導。

　　如果孩子說髒話是因為沒有明確的是非觀念，家長就要在日常生活中，抓住每一個能增強孩子判斷是非能力的機會，加以利用，進而給其深刻而有力的教育。孩子做得對時，應給予表揚；做錯了，就應該即時給予善意的批評。

　　透過正反教育使孩子是非分明，從而在孩子的頭腦中形成正確的是非觀念。這樣，孩子在生活中就能夠排斥不良影響，為養成良好的語言習慣打下基礎。

　　如果孩子說粗話是因為發洩不滿，家長就要隨時教給孩子表達情緒的正確方式。家長可在孩子安靜時告訴他如何表達心中的不滿，如告訴對方：「你沒道理」、「我想你不對」等，甚至生氣不理對方也行，總之比罵人更能解決問題。

　　如果孩子說髒話只是因為覺得新鮮好玩，故意說來取悅成人或表現自己，家長可在孩子每次說髒話時，表示出不高興或覺得無味，幾次下來孩子就不會再「津津樂道」了。

　　此外，家長還應該關注孩子周圍小朋友的情況，為孩子選擇懂禮貌的交友對象，以減少相互學罵人的機會。

　　當然，孩子的自制力差，明白了罵人不好的道理之後，髒話有時還會脫口而出，所以家長要經常提醒他。如果孩子屢教不改，家長可採取適當的懲罰措施，明確告訴他，如果不改掉說髒話的毛病，就會失去某些權

利，如不帶他出去郊遊或者不帶他去吃他愛吃的東西等。這些都能很好地抑制孩子「說髒話」的壞毛病滋長。

口才技巧訓練營

1. 說一說，明明做得對嗎？如果不對，你覺得他該怎麼做？
   明明正在認真地寫作業，淘淘看見了，想捉弄一下明明，就從屋外扔了一塊小石子進來。這石子正好砸到明明的手背上，明明非常生氣，破口大罵：「他 × 的，是誰呀？有種就站出來讓我看看！」
   淘淘原是想開玩笑的，現在聽到明明罵人，臉上掛不住了，於是站了起來，生氣地說：「你怎麼這麼沒有教養呀，我這不是跟你開個玩笑嗎？」
2. 劉輝愛罵人，媽媽責備他，他居然反駁起來：「你還教訓我，爸爸為什麼可以罵人呢？我怎麼就不能嗎？」你覺得劉輝對嗎？如果你是媽媽，你會怎麼教育劉輝，怎麼勸告劉輝的爸爸不要再罵人了呢？

糾正孩子愛說謊話的習慣

謊言好比一劑毒藥，開始的時候能讓孩子嘗到甜頭，但最終卻會給他們帶來惡果。當謊言成為一種習慣的時候，可愛的孩子已經失去了純真、善良的本性，變得讓家長和社會為之憂心。為了能讓孩子「真實」的花兒開得更加璀璨、更加長久，我們一定要從小培養孩子誠實、不說謊的習慣。擁有這種習慣，即擁有讓人信任的美德，這樣，孩子也才能擁有更加光明的未來。

第十章　避免不良的說話習慣

曾經有這樣一個故事：

距離華沙 170 公里遠的凱爾采市的幾百名群情激奮的市民衝向街頭，見猶太人就打、就抓、就殺，有的猶太人被抓到帕蘭蒂大街 7 號的一幢房子裡被活活打死。這場肆無忌憚的屠殺從早上 10 點持續到下午 4 點，有 42 人被殺害，其中兩人是被誤認為是猶太人而被打死的。

這說來令人難以相信，這場屠殺是由小孩子的說謊所引起的。

赫里安，波蘭的一個鞋匠的孩子，當時他和父母從 20 公里外的鄉村搬到凱爾采市，住了才幾個星期，對城裡的生活很不習慣。7 月 1 日，他偷偷搭車回到鄉村小朋友家，3 天後他又溜回城裡。

見兒子回來，父母非常生氣，拿起皮鞭就要教訓這個不聽話的兒子，並大聲責罵：「這幾天你跑到哪裡去了？是不是給猶太人拐去了？」

孩子見父親氣勢洶洶的樣子，害怕了，於是就順水推舟地「承認」這幾天被猶太人拐去了，還謊稱被拐到帕蘭蒂大街 7 號的一個地窖裡虐待。

第二天上午，憤怒的父親到警察局去報案。在回家的路上，很多路人好奇地問父子倆發生了什麼事，父子倆繪聲繪影地說赫里安被猶太人拐去折騰了幾天。

當時，雖然「第二次世界大戰」已經結束，但德國法西斯排猶思潮的陰霾並未完全散去。幾個民眾聽信了謊言，十分憤怒，揚言要對猶太人展開報復，而捏造的「事實」在幾個小時內一傳十，十傳百，越傳越走樣，最後竟傳說赫里安被猶太人殺害了。於是就釀成了這一天對猶太人的屠殺慘劇。

可以說，這是由於孩子的一句謊話引起的悲劇。赫里安因為自己的謊話也在此後的日子裡充滿負罪感。

說謊讓孩子失去美好的品格，迷失自己的本性。因為讓謊言蒙住了自己的眼睛，因為怕被點破謊言露餡，所以，孩子得不斷用新的謊言遮掩

它，這樣，不要說被孩子騙了的人，即使是他自己的日子也會過得亂七八糟。這些謊言一個接一個地犯下去，最終把孩子引到了一條不歸路上，只要他們稍稍的不留意，就斷送了自己的一生，到那時候後悔也來不及了。

在生活中，孩子說謊的現象普遍存在，只是程度不同罷了。有些孩子長期說謊成了一種習慣。他們回家晚了怕父母責罵時會撒謊，想給同學過生日買禮物沒錢時會撒謊，考試考不好時會撒謊，不想做作業想出去玩時也會撒謊……為此，家長們非常頭痛。其實，孩子並非生來就會撒謊，他們的天性是純真而直率的，他們不會隱瞞自己的意圖，不會掩飾自己的情緒。孩子之所以撒謊，歸納起來有幾個原因：

✧ **模仿大人**：雖然沒有一個家長故意去教孩子說假話，即使經常說謊的家長也並不喜歡自己的孩子說謊。但如果家長在和孩子相處中，為了哄孩子聽話，經常用一些假話來騙他，或者是家長經常對別人說假話，不時地被孩子耳聞目睹，孩子就會慢慢學會說假話。還有一種情況，是家長出於成人社會裡的某種掩飾需求，經常說些謊話，雖說並無道德上的不妥，只是一種社交技巧，但如果被年齡尚小的孩子注意到，也會給孩子留下說假話的印象，教會他們說假話。

✧ **怕「壓力」**：有些家長比較嚴厲，對孩子的每一種過錯都不輕易放過，都要批評指責，甚至打罵，或者是家長太強勢，說一不二，不尊重孩子的想法，不體恤孩子的一些願望。這些都會造成孩子的情緒經常性地緊張和不平衡，他們為了逃避處罰、達成願望或取得平衡，就去說假話。

✧ **逃避現實**：有時小孩子為了不願意做或不能做某事時，便叫頭痛呀！肚子痛呀！用各種謊言去欺騙父母或老師，這種謊言又往往得到父母或老師的同情，因此以後便也常說謊去推託了。

第十章　避免不良的說話習慣

◇ **好虛名，要面子**：一件事本來不是他做好的，但說是他做的，可以得到獎賞，面子上有光彩，於是他說謊了；事本來是他做的，但做得不好，怕丟臉，於是他說那件事不是他做的，也說謊了。

◇ **貪利**：很多小孩子為了解饞，要吃東西，便說說謊；又有些小孩子為了要得到很高的分數或獎品，便在考試時作弊還硬說自己的本領高人一等。這都是為了貪利的緣故。

小孩子說謊與他們本質的品性問題無關，這是每個孩子成長過程中常出現的問題，關鍵的是如何進行教育。家長只要及時發現問題，教育得好、引導得好，孩子自然能夠糾正愛說謊的壞習慣。以下是家長糾正孩子壞習慣的一些有效方法：

◇ **家長要以身作則，言傳身教**：父母是孩子最早的老師，一言一行都會影響孩子的成長。所以，為人父母不要把一些無關緊要的小謊當玩笑，或為哄孩子亂許諾而又不兌現。有錯誤要大膽承認，為孩子樹立正確的榜樣，不要認為向孩子認錯有損自己的威信。

◇ **家長應多與孩子交流溝通**：平常要多與孩子交談，透過交談了解孩子的心理希望、要求，對孩子提出的問題，在孩子能夠理解的程度下，耐心解答，並肯定孩子的求知欲。同時，透過與孩子的交談，告訴孩子父母對他的希望和要求。

◇ **家長應該信任孩子**：父母尊重信任孩子，孩子才會反過來會更加尊重信任父母。信任父母的孩子是不會說謊的，因此，和孩子互相信任，孩子說謊的原因就不存在了。

◇ **家長應從小對孩子進行誠實教育**：日常生活中，家長多向孩子講一些誠實的故事，從小給孩子以正確的引導和教育，使孩子從小在潛移默

化中了解到「誠實的孩子受人喜歡，說謊的孩子不受人喜歡」。

對待孩子的說謊問題，應當根據實際情況，從關心的目的出發，向其講清楚危害，耐心說服。同時，日常生活中要以身作則，為孩子樹立榜樣，這樣才能有效地糾正孩子的說謊行為。

口才技巧訓練營

1. 你有過說謊的經歷嗎？回憶一下，說一說你為什麼說謊，你覺得自己說謊對不對呢？
2. 鄭錚考試沒有考好，他擔心爸爸媽媽責備他，就回去對媽媽說：「媽媽，今天數學考試，我得了 96 分，但我不小心把考卷弄丟了，你不會怪我吧？」媽媽知道鄭錚又說謊騙人了，就破口大罵起來，如果你是鄭錚的媽媽，你會怎麼對鄭錚說？如果你想勸告鄭錚的媽媽，你會怎麼說呢？

不禮貌的肢體語言要杜絕

不禮貌的肢體語言，如同不禮貌的有聲語言一樣，讓別人感到不快甚至憤怒。然而，相對來說，話說錯了人們容易發覺一些，肢體的「話」錯了，要發現就難多了。

那麼，哪些肢體語言屬於不禮貌的方式呢？現在歸納如下：

● 逃避眼神接觸

在一對一的談話中，很多孩子總是盯著一旁、腳下或前面的桌子，而從未看過聊天對象肩膀以上的部位。在人多的場合演講，這些孩子的目光

總是盯著講演稿，不敢看下面的觀眾。

　　眼睛是心靈的窗戶，在和人交流時，很多資訊是透過眼神來交流的：互相不「對眼」，怎麼能讓溝通高效率呢？再說，一個眼神躲閃的人，還容易讓人誤會：「是不是心裡有鬼？」、「是不是不尊重我？」

　　與陌生人初次交談，視線落在對方的鼻部是最令人舒服的，直接注視對方眼睛的時間反而不宜過久，因為長時間凝視對方會令人不自在。當然，如果完全不注視對方的眼睛，會被認為是自高自大、傲慢無禮的表現或者試圖去掩飾什麼，所以，學會察言觀色是非常重要的。當你盯著對方雙眼看時，發現對方在談話時目光從專注變得游移，這就說明對方可能因為你的注視而覺得不太自在了，這時不如就將視線移到對方的鼻部或者嘴部。

● 雙臂交叉抱胸

　　早在遠古時代，雙臂緊緊交叉抱於胸前，這個動作有保護自己、防備危險的意思。現在，交談習慣於保持這個動作的，在我們身邊也比較常見。雙臂交叉抱胸，對於本人來說也許很愜意，不過傳遞給對方的是輕佻、冷漠、防備、拒絕等負面訊息。所以，家長應該幫孩子指出，並且要求其糾正過來。

● 多動

　　很多時候，孩子在與人交談的時候喜歡把玩小物件，坐立不安，搖擺或晃動。這些動作雖小，但有失一個人的莊重，也暗示別人自己覺得很無聊。給人的厭惡程度不小。

　　因此，家長要讓孩子學會換位思考，問孩子：「你願意在與別人談話時別人這樣子做嗎？」

● 把手放在口袋中

把手拘謹地放在身體兩側或塞在口袋裡給人的印象是 —— 這孩子說話的時候提不起興趣、不想參與。不論孩子到底是或不是這樣想的。

因此，家長應該告訴孩子，請他在說話的時候把自己的手從口袋裡拿出來，做些有決心的、果斷的手勢。

只要家長細心觀察、耐心引導，便能讓你的孩子杜絕以上不禮貌的肢體語言，給他人帶去莊重、大方的感覺。只有這樣，孩子與他人的交談才能更加愉快、順暢！

口才技巧訓練營

讓孩子做以下的測試，認真思考下列問題，對照自己平時與人談話時的肢體語言。

1. 在一對一的談話中，你總是盯著一旁、腳下或前面的桌子。你從未看過聊天對象肩膀以上的部位嗎？在人多的場合演講，你的目光是否總是盯著講演稿？

   如果孩子的回答是「是」，那麼說明你的孩子是一個缺乏自信心的人。

2. 與人交談的時候，你有雙臂交叉抱胸的習慣，你對自己的習慣習以為常。

   如果孩子的回答是「是」說明還並不知道自己的這種行為習慣對別人來說是非常不禮貌的，因此，家長要幫助孩子糾正這個習慣，培養孩子的禮貌意識。

3. 你在與人交談的時候喜歡把玩小東西、坐立不安、搖擺或晃動？

> 如果孩子回答是，家長應該耐心地告訴孩子這種肢體語言的不雅，讓孩子糾正自己的這種不良習慣。
> 4. 在與人交談的時候，你會不自覺把手放在口袋中嗎？
> 也許孩子做這些動作是不自覺中的，但家長一樣要幫孩子糾正過來！才能給人彬彬有禮的好印象。

惹人討厭的話要少說

正所謂「良言一句三冬暖，惡語傷人六月寒」不同的語言給人的感覺是不一樣的。一個人若能把話說得有水準，那自然是惹人喜歡的。但如果沒有注意自己的說話方式與技巧，就可能弄巧成拙了。

那麼，哪些話不能說，說了會惹人厭煩呢？歸納起來有以下幾種話：

● 喋喋不休的話

有些孩子的表現欲很強，在與人交談中，總將自己放在主要位置，自始至終一人獨唱主角，喋喋不休地推銷自己，滔滔不絕地訴說自己的故事。還有一些孩子，總喜歡喋喋不休地問一些在別人看起來相當無聊的問題。如果你的孩子也有這樣的毛病，你會怎麼教育他呢？以下是一對家長教育孩子的範例──

莎莎：披薩是什麼意思？

爸爸：披薩是一個義大利的詞彙，是一種把料放在麵餅上面的餡餅。

莎莎：商場是什麼意思？

爸爸：是商店的另一種叫法。

莎莎：郵局是什麼意思？

爸爸（有點生氣了）：妳知道那個詞的意思，那是人們收發信件、郵

寄東西的地方。

莎莎：白天是怎麼變成夜晚的？

爸爸（已經很生氣了）：好傢伙，妳已經問了多少問題了！妳知道，當太陽下山後，就沒有光線了，這樣天就變黑了。

莎莎：為什麼月亮會跟著汽車一起走？

（爸爸已經完全不耐煩了，他扭過身去。幸虧媽媽及時地介入了與女兒的問答）

媽媽：多有意思的問題啊！妳知道嗎？這個問題讓科學家傷腦筋了幾百年，然後他們決定要研究月亮的運動。

莎莎：他們怎麼研究月亮啊？

媽媽：他們要做許多事情，其中最主要的就是去圖書館，去查找許多圖書，從中查找問題的答案和線索。

莎莎（激動地）：噢！那我也要做一個科學家。我要去圖書館，看很多的書，書會告訴我關於月亮的所有的事情。

媽媽：我非常喜歡妳這樣愛動腦筋、熱愛讀書的孩子。

……

莎莎不再追問不休了。這位媽媽非常有智慧，她意識到如果不停地直接回答孩子的問題只會鼓勵孩子不停地問更多的問題，而這樣無法從根本上解決 —— 既滿足孩子的好奇心，又不會令父母們無暇處理其他事務。她沒有像丈夫那樣停留在一問一答的模式上，而是用不再給孩子直接的回答的方法引導了孩子。透過啟發誘導，她幫助孩子找到可透過自己的力量去滿足探索外部世界的好奇心，並培養了孩子看書－學習－求知的習慣。

事實上，孩子好奇心強，喜歡探究、追問是一種很正常的行為，家長若能引導得當，不但能維護孩子的求知欲望，還能培養孩子的探究精神，

更重要的是，孩子說話的熱情不會因此受到打擊。

　　當然，如果孩子總是不分場合地喋喋不休，家長就應該教育、引導孩子，讓孩子明白，也要把說話的機會讓給別人。

● 顯得聰明過人的話

　　還有一些孩子，總喜歡在別人面前裝得無事不懂、無事不通。只要別人談到一個問題，他就馬上接話，根本沒有考慮到他人的感受，孩子這樣的行為，勢必要引起他人反感，是不可取的。

　　最好的辦法是，家長應該讓孩子學會認真傾聽，只有足夠尊重別人，才會懂得謙虛，懂得虛懷若谷，也才能贏得別人的尊重與喜愛。一個永遠都說自己懂的孩子，是不會有進步的。

● 武斷的話

　　一些孩子沒有聽他人說話的習慣，總是開口「當然」、閉口「絕對」，這樣的孩子，別人不可能跟他說得上話的。

　　因此，家長應讓孩子保留自己的意見，不要總是搶在別人前面說話，這樣的表現只會讓自己陷入被孤立的狀態中。而適當地保留自己的意見，聽他人表述自己的想法，才能有更多的機會表達自己。

● 質問的話

　　一些孩子胸襟狹窄，好吹毛求疵，因此，談話時總習慣質問別人。這樣的習慣是非常不可取的。畢竟，誰也不喜歡被質問，誰也不希望自己難堪地下不了臺。質問好比一記重拳，往往讓人措手不及，如果對方覺得過於難堪，可能會惱羞成怒，從而激起劇烈的爭辯。所以，讓孩子學會寬容別人，是孩子贏得友情、與人和睦相處的最佳辦法。

總之，身為家長，我們有責任提醒孩子，讓孩子學會做人，學會說話，只有這樣，才能保證孩子獲得好人緣。

口才技巧訓練營

　　讓孩子做以下的測試，認真思考下列問題，對照自己平時與人談話時的行為是否與以下的表現一致，如果不一致，就應該糾正過來。

1. 你總會很耐心地聽別人說話，等別人說完以後才發表自己的意見。（是）

2. 你總是跟同學喋喋不休地談自己的事情，如果同學不愛聽，你就不高興。（否）

3. 你會考慮同學的感受，與同學交流的時候，不會只忙著講自己的事情，還會引導同學也談自己的事情。（是）

4. 你認為自己有不懂的東西，不會動不動就說：「這很簡單啦，我也會！」（是）

5. 你覺得自己的度量還不錯，過去的事情一般不會再追究，質問對方。（是）

6. 你比較注重說話時的禮貌，一般會看著別人的眼睛說話。（是）

7. 你會和朋友交流想法，但會替別人保密。（是）

8. 你總是武斷地說「那是肯定的，一定沒有錯，我敢打包票！」（否）

9. 如果對方告訴你會下雨，但那天沒有下雨，你一定會耿耿於懷，覺得對方欺騙了你，於是，你會找他對質。（否）

10. 談完話以後，你會表情愉悅地告訴對方：「我很喜歡與你
交流！」（是）

十堂說話啟蒙課，孩子開口不再忐忑：

速讀、背誦、複述……從不善言辭到侃侃而談，孩子只是欠缺一點口才訓練

編　　著：呂定茹，陳雪梅

發 行 人：黃振庭

出 版 者：崧燁文化事業有限公司

發 行 者：崧燁文化事業有限公司

E-mail：sonbookservice@gmail.com

粉 絲 頁：https://www.facebook.com/
　　　　　sonbookss/

網　　址：https://sonbook.net/

地　　址：台北市中正區重慶南路一段六十一號八
　　　　　樓 815 室

Rm. 815, 8F., No.61, Sec. 1, Chongqing S. Rd.,
Zhongzheng Dist., Taipei City 100, Taiwan

電　　話：(02)2370-3310

傳　　真：(02)2388-1990

印　　刷：京峯彩色印刷有限公司（京峰數位）

律師顧問：廣華律師事務所 張珮琦律師

──版權聲明────────────────

本作品中文繁體字版由五月星光傳媒文化有限公司授權台灣崧博出版事業有限公司出版發行。未經書面許可，不得複製、發行。

定　　價：375 元

發行日期：2023 年 02 月第一版

◎本書以 POD 印製

國家圖書館出版品預行編目資料

十堂說話啟蒙課，孩子開口不再忐忑：速讀、背誦、複述……從不善言辭到侃侃而談，孩子只是欠缺一點口才訓練 / 呂定茹，陳雪梅編著 . -- 第一版 . -- 臺北市：崧燁文化事業有限公司 , 2023.02
面；　公分
POD 版
ISBN 978-626-332-976-8(平裝)
1.CST: 親職教育 2.CST: 說話藝術 3.CST: 口才
528.2　　111019778

電子書購買

臉書

獨家贈品

親愛的讀者歡迎您選購到您喜愛的書，為了感謝您，我們提供了一份禮品，爽讀 app 的電子書無償使用三個月，近萬本書免費提供您享受閱讀的樂趣。

| ios 系統 | 安卓系統 | 讀者贈品 |

請先依照自己的手機型號掃描安裝 APP 註冊，再掃描「讀者贈品」，複製優惠碼至 APP 內兌換

優惠碼(兌換期限2025/12/30)
READERKUTRA86NWK

爽讀 APP

📖 多元書種、萬卷書籍，電子書飽讀服務引領閱讀新浪潮！

🎧 AI 語音助您閱讀，萬本好書任您挑選

🔍 領取限時優惠碼，三個月沉浸在書海中

🔔 固定月費無限暢讀，輕鬆打造專屬閱讀時光

不用留下個人資料，只需行動電話認證，不會有任何騷擾或詐騙電話。